职业院校汽车整车与配件营销专业系列教材
中等职业学校汽车商务专业系列教材

二手车鉴定评估基础与实务

辛长平　邱贺平　主　编

電子工業出版社
Publishing House of Electronics Industry
北京 • BEIJING

内容简介

本书主要内容有汽车基础知识、二手车鉴定评估机构与鉴定评估师、二手车鉴定评估基础与合同基础、二手车价格评估与交易、二手车车况技术鉴定与成新率计算、二手车鉴定评估实务、典型汽车鉴定与评估实例。

本书知识系统完整、通俗易懂、实用性强，适合二手车鉴定评估人员、二手车营销人员、汽车保险人员和公估人员、汽车维修人员、汽车驾驶员等使用，也是大、中专等院校汽车整车与配件营销专业、汽车商务专业、汽车运用与维修专业的教学用书。

图书在版编目（CIP）数据

二手车鉴定评估基础与实务/辛长平，邱贺平主编. —北京：电子工业出版社，2014.8
职业院校汽车整车与配件营销专业系列教材　中等职业学校汽车商务专业系列教材
ISBN 978-7-121-24079-9

Ⅰ. ①二…　Ⅱ. ①辛…　②邱…　Ⅲ. ①汽车－鉴定－中等专业学校－教材②汽车－价格评估－中等专业学校－教材　Ⅳ. ①U472.9②F766

中国版本图书馆 CIP 数据核字（2014）第 187061 号

策划编辑：杨宏利
责任编辑：杨宏利　　特约编辑：赵红梅
印　　刷：北京七彩京通数码快印有限公司
装　　订：北京七彩京通数码快印有限公司
出版发行：电子工业出版社
　　　　　北京市海淀区万寿路 173 信箱　邮编　100036
开　　本：787×1 092　1/16　印张：16.5　字数：422.4 千字
版　　次：2014 年 8 月第 1 版
印　　次：2024 年 2 月第 9 次印刷
定　　价：34.00 元

凡所购买电子工业出版社图书有缺损问题，请向购买书店调换。若书店售缺，请与本社发行部联系，联系及邮购电话：（010）88254888，88258888。

质量投诉请发邮件至 zlts@phei.com.cn，盗版侵权举报请发邮件至 dbqq@phei.com.cn。

本书咨询联系方式：（010）88254592，bain@phei.com.cn。

FOREWORD 前言

在我国由于二手车鉴定评估行业的发展起步较晚，因此二手车鉴定评估体系还处于萌芽状态，整个二手车鉴定评估行业还没有一套科学、统一、严谨的鉴定评估理论和方法。很多二手车市场采用简单的平均年限折旧法，并辅以眼观、手摸、试驾等老办法，完全凭借评估师的经验进行价值的评估。其结果缺乏依据，具有一定的片面性，致使所定价格缺乏科学性和可信度，难以为公平的市场交易提供价值尺度。在实际的二手车业务操作过程中，在多数情况下，二手车的价格往往由市场决定，即买卖双方在交易过程中通过协商来确定成交价格。这就存在人为因素多、随意成分大等问题，造成车价的漏估、高估、低估等现象。二手车鉴定评估系统的缺失成为制约市场发展的重要原因。因此，二手车鉴定评估系统的完善和鉴定方法的改进成为汽车市场交易和发展的当务之急。有鉴于此，我们编写了《二手车鉴定评估基础与实务》一书，对规范评估行为、提高鉴定评估人员的业务水平、培养评估后备人才等都具有积极和现实的意义。

本书共分 7 章。第 1 章为汽车基础知识，介绍车辆类别及代码、标牌等关键标志；第 2 章为二手车鉴定评估机构与鉴定评估师，介绍行业机构和从业人员的职业规范和道德准则；第 3 章为二手车鉴定评估基础与合同基础，介绍二手车鉴定评估的依据和基本的程序及所需要的法律文书；第 4 章为二手车价格评估与交易，介绍二手车价格的基本评估方法；第 5 章为二手车车况技术鉴定与成新率计算，介绍对二手车车况的检查、检测和成新率的不同计算方法；第 6 章为二手车鉴定评估实务，结合交易市场的实际运作情况，对二手车鉴定评估的操作实务进行完整的介绍；第 7 章为典型汽车鉴定与评估实例，对照典型品牌的二手车，以实例的形式，做出鉴定和评估报告书。

本书在注意基础理论体系完整的前提下，强调实用性和可操作性。本书可作为各类院校汽车类专业（特别是应用技术型大学汽车类专业及高职高专汽车类专业）的教材，由于参与本书创作的作者团队成员来自教研机构和一线中职、高职学校和企业，充分调研中高职衔接、工学结合等当前职业教育特点，本书也适用于中职汽车商务专业以及可作为汽车类相关职业培训用书，以及从事二手车流通、维修、典当、定损、保险、司法鉴定、价格咨询等行业的技术及业务人员的参考书。

本书由辛长平、邱贺平主编，马恩惠、辛星、葛剑青、单茜、徐伯田等参加了编写工作。在此对提供了一手资料的朋友和在本书编写过程中所参考资料的作者，表示真诚的感谢。

编　者

2014 年 6 月

CONTENTS 目录

概　　述

在我国由于二手车鉴定评估行业的发展起步较晚，目前二手车鉴定评估体系还处于萌芽状态，整个二手车鉴定评估行业还没有一套科学、统一、严谨的鉴定评估理论和方法。很多二手车市场采用简单的平均年限折旧法，并辅以眼观、手摸、试驾等老办法，完全凭借评估师的经验进行价值的评估。其结果缺乏依据，具有一定的片面性，致使所定价格缺乏科学性和可信度，难以为公平的市场交易提供价值尺度。在实际的二手车业务操作过程中，多数情况下，二手车的价格往往由市场决定，即买卖双方在交易过程中通过协商来确定成交价格。这就存在人为因素多、随意成分大等问题，造成车价的漏估、高估、低估等现象。二手车鉴定评估系统的缺失成为制约市场发展的重要原因。

1. 二手车鉴定评估师

按照国家相关部委规定，为提高旧机动车鉴定估价人员的素质，统一鉴定估价职业标准，规范旧机动车鉴定估价行为，将对旧机动车鉴定估价人员进行职业技能鉴定，实行职业资格证书制度，根据国家《劳动法》，从事资产价值鉴定职业的，必须持有国家劳动部门颁发的职业资格证书。二手车鉴定评估师就是在这样的时代背景下，依据国家劳动法律法规、相关管理条例和政策而推出的，旨在建立推动二手车市场规范经营、健康发展的职业资格考评体系。

二手车鉴定评估师旧称为“旧机动车鉴定估价师”，其主要工作就是对二手车进行鉴定和估价。据统计，目前我国每年要对约 1000 万辆旧机动车进行鉴定估价，总价值逾 400 亿元，而且这个数量还在以 20%左右的速度逐年递增。

我国的二手车鉴定评估不再局限于二手车产权交易，已经扩展到二手车的纳税、保险、抵押、典当、司法鉴定等非产权交易。执法机关罚没车辆、企业清算车辆、海关查扣车辆的处理、银行放贷抵押车辆，以及协助有关部门鉴定、识别走私车、盗抢车、非法拼装车等，都需要二手车评估师的介入。

（1）职业等级

本职业共设两个等级，分别为二手车鉴定评估师（国家职业资格四级）、高级二手车鉴定评估师（国家职业资格三级）。

（2）培训对象

开展以旧换新业务的各品牌汽车经销商；各旧机动车交易中心（市场）；旧机动车鉴定评估机构、资产评估机构等中介评估机构，其他从事机动车租赁、拍卖、报废回收、置换业务的企、事业单位的从业人员；有关车辆检测鉴定机构和其他从事机动车贷款、抵押、典当、保险、理赔、维修等业务的从业人员。

（3）报考条件

本职业资格分为二手车鉴定评估师（旧机动车鉴定估价师）、高级二手车鉴定评估师两个等级，申请参加二手车鉴定评估师（旧机动车鉴定估价师）职业资格培训的人员要符合《二手车鉴定评估师国家职业标准》对本职业所规定的申报条件。

① 持有《中华人民共和国机动车驾驶证》C1 照以上并具备以下条件之一者。

② 连续从事本职业工作 5 年以上。

③ 具有中等专科学校非机动车专业或非评估类专业毕业证书，连续从事本职业工作 4 年以上。

④ 具有中等专科学校机动车专业或评估类专业毕业证书，连续从事本职业工作 3 年以上。

⑤ 具有大专以上非机动车专业毕业证书，连续从事本职业工作 2 年以上。

⑥ 具有大专以上机动车专业毕业证书，连续从事本职业工作 1 年以上。

（4）证书

《二手车鉴定评估师》职业资格证书分中级和高级，每本证书上盖 4 个章（全国证）。

① 中华人民共和国人力资源和社会保障部。

② 省人力资源和社会保障厅。

③ 人力资源和社会保障部职业技能鉴定中心。

④ 钢印。

（5）申请流程

学员递交书面材料→初审、报批、审查通过→开始培训（80 学时）→考试→成绩查询（考试结束后 90 天）→发证。

（6）技术指导培训单位

中国好技术汽车网校二手车鉴定评估师技术培训中心。

（7）发证单位

国家人力资源和社会保障部。

（8）证书查询

在国家人力资源和社会保障部网站输入身份证号码即可查询。

简单地说，二手车鉴定评估师是指从事二手车车辆技术鉴定及价格评估的一种职业资格，是国务院规范我国资产评估行业后设置的 6 类评估专业之一。二手车有狭义和广义之分，狭义是指经公安部门注册登记并在报废期内服役，通过二手车市场流通转让，发生产权变动的车辆；广义是指经汽车经销商开具发票，到报废拆解之前，发生产权变动的以及没有发生产权变动的一切车辆，包括汽车厂商库存积压商品车辆、司法机关涉案的车辆、海关罚没的车辆等，都属于二手车鉴定评估师的执业范围。

二手车鉴定评估师是一种职业称谓，指专业从事二手机动车辆的鉴定与估价工作的专业汽车评估人员。其工作范围是围绕二手车的车况鉴定与价格评估，其工作模式类似于律师、会计师一类的职业。当前《二手车鉴定评估标准》已经进入讨论阶段，不久即将面世。《二手车鉴定评估标准》的诞生，必将使这个行业更加规范。二手车鉴定评估师是一个技术性比较强的工种。从事二手车的鉴定与估价工作，不仅需要很扎实的理论基础，还需要多年的经验积累，更需要了解市场。具有该职业资格证书的人员，多半从事二手车置换、收购、拍卖、经纪等经营业务，而非纯粹从事二手车鉴定与估价业务。实际上，前者的业务范畴与市场容量更大。

持有《二手车鉴定评估师》职业资格证书是合法从事二手车鉴定与估价工作的前提。经营范围包含二手车的鉴定与估价的，也需要在单位内部符合国家有关部门关于二手车鉴定与估价的特定条件才能合法开展业务，取得经营资质的前提也是取得本职业资格证书。今后，随着二手车市场的进一步发展和规范，《二手车鉴定评估师》职业资格证书将成为进入二手车经营领域的通行证，其作用不可低估。

2. 二手车评估方法

二手车评估方法大体分为网上评估和现场评估。

二手车评估方法中的网上评估，是基本的二手车评估定价方法。一般通过二手车交易平台中的在线二手车评估系统进行评估。

但之前二手车在线评估并不被重视，仅仅起到了一定的参考作用，通过在线二手车评估的价格和真实成交价有一定的差异。更为科学的在线评估除了考虑品牌、型号、行驶里程外，还应结合相应车型的真实成交数据，以及定期保养和事故理赔等因素，这样才能做到更加科学和准确。二手车即时市价和公平价的评估显然更合理。

二手车评估方法中的现场评估，是在网上评估的基础上，对车辆的具体车况进行进一步的评估定价，这就需要评估人对车型和车辆机能有一定的专业认识。一般评估车辆需要通过车漆、颜色、车玻璃、车灯以及车辆缝隙等外观情况判断车辆的整体完好程度，同时通过发动机、水箱等内部零件评估车辆是否发生过严重的事故。

二手车现场评估方法对评估人员的要求比较高。像奥迪、奔驰、通用这样的品牌二手车专营店，更是通过上百种的专业检测项目来进行全方位评估。但国家尚没有出台相应的二手车评估标准，所以不同的二手车评估师或者不同的评估点都会给出不同的评估价格。

无论是二手车网上评估还是现场评估，都有一车一况、一况一价的属性。

3. 二手车评估算法

（1）二手车评估指标体系

本算法涉及两大类指标 24 个具体的指标项，说明如下。

① 第一类：基本信息指标，包括 7 个项目，即车辆类型、规定使用年限、累计行驶里程、维护保养情况、制造质量、工作性质、工作条件。

② 第二类：现时技术指标，包括 17 个项目，即外观状况、内饰、底盘、发动机、转向系统、行驶系统、离合器情况、悬挂系统、润滑系统、变速器、制动系统、冷却系统、大修次数、排污指标、行驶平顺性、操作稳定性、加速动力性。

（2）二手车评估计算公式

总体公式：

车辆评估价值=该上牌年代该车型的市场均价×同型号下不同款新车价的比例系数×里程车况系数

① 该上牌年代该车型的市场均价：在统计了大量同年同型号的二手车出价记录的基础上，权衡得出的加权平均价格。

② 同型号下不同款新车价的比例系数：某款车结合每项配置价格及自身的新车价与同型号下交易量最大的款型的新车价比较得出的系数。

③ 里程车况系数：某辆二手车的行驶里程数和车况与所有同年上牌的同型号车的平均行驶里程数和总体车况的量化比较得出的系数。

对型号统计出的市场均价只能代表该型号下所有款型的总体平均价格；但对于款型不同、配置不同的同型号车，其价值在该型号车市场均价的基础上应该有所浮动，结合具体配置的价格估算后可以得出一款车在正常的行驶里程数和车况下的合理价格。对于个别保养较好或者使用频繁、磨损严重的二手车，要具体量化分析，将其里程数和车况与该款车在正常行驶情况下的里程数和车况相比，用得出的比例系数乘以同年上牌的同款车在正常行驶情况下的市场均价，就可以得出该二手车的合理价格了。

第1章 CHAPTER 1 汽车基础知识

1.1 汽车的分类

汽车的分类对于二手车的评估非常重要。汽车的分类方法有许多种，这里选择几种常用的分类方法进行介绍。

1.1.1 根据汽车的动力装置分类

1．内燃机汽车

内燃机汽车是用内燃机作为动力装置的汽车。通常，内燃机汽车包括以下几种类型。

（1）汽油机汽车

汽油机汽车是用汽油机作为动力装置的汽车。

（2）柴油机汽车

柴油机汽车是用柴油机作为动力装置的汽车。

（3）气体燃料发动机汽车

气体燃料发动机汽车是用天然气、煤气等气体作为燃料的汽车。

（4）旋转活塞发动机汽车

旋转活塞发动机汽车是用旋转活塞发动机作为动力装置的汽车。

2．电动汽车

电动汽车是用电能作为动力的汽车。

3．混合动力汽车

混合动力汽车在传统发动机之外加上了一套电力驱动系统，两者共同作用推动汽车前进。

4. 燃气涡轮机汽车

燃气涡轮机汽车是用燃气涡轮机作为动力装置的汽车。

说明

① 纯电动汽车：完全由可充电电池（如铅酸电池、镍镉电池、镍氢电池或锂离子电池）提供动力源的汽车。

② 燃料电池电动汽车：利用氢气和空气中的氧气在催化剂的作用下，在燃料电池中经电化学反应产生的电能作为主要动力源驱动的汽车。

③ 三纵三横技术车型："三纵"指燃料电池汽车、混合动力电动汽车和纯电动汽车 3 种车型，"三横"指多能源动力总成控制系统、驱动电动机及其控制系统和动力蓄电池及其管理系统 3 种共性技术。

1.1.2 根据发动机位置和驱动方式分类

汽车传动系的布置形式取决于发动机的形式和性能、汽车的总体结构形式、汽车行驶系等因素。根据不同的使用要求，汽车有不同的布置形式，见表 1-1。

表 1-1 汽车布置形式

图示	布置形式		特点
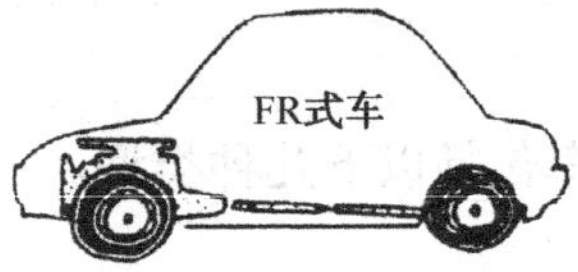	发动机前置，后轮驱动	FR（front engine rear drive）方式	传统布置形式，货车、部分中高级乘用车、客车大都采用这种布置形式
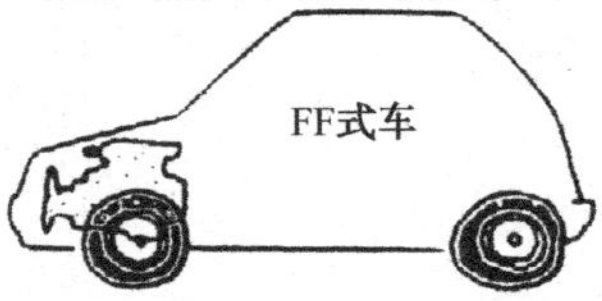	发动机前置，前轮驱动	FF（front engine front drive）方式	结构紧凑，整车质量小，底盘低，高速时操纵稳定性好，越来越多的乘用车采用这种结构形式
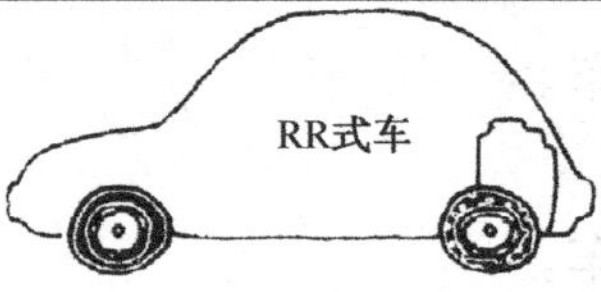	发动机后置，后轮驱动	RR（rear engine rear drive）方式	大、中型客车常采用的布置形式。发动机的振动、噪声、燃油气味对乘员影响小，空间利用率高
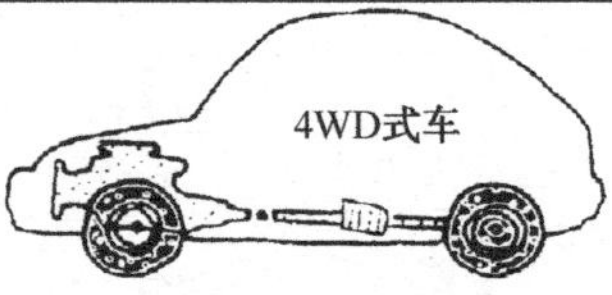	发动机前置，四轮驱动	4WD（four-wheel drive）方式	越野车、高性能跑车上应用得最多。4 个车轮均有动力，地面附着力较大，通过性和动力性好
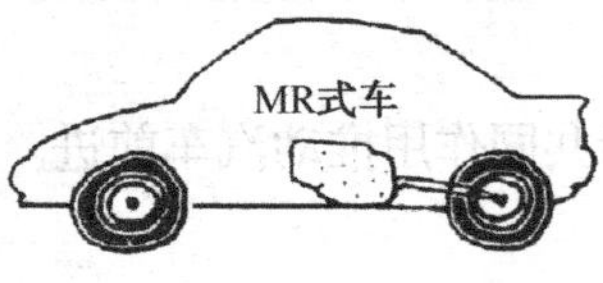	发动机放置在前、后轴之间，后轮驱动	MR（middle engine rear drive）方式	F1 赛车、跑车的布置形式。轴荷分配均匀，具有很中性的操控特性。但是发动机占去了座舱的空间，降低了空间利用率和实用性

1.1.3 根据汽车的用途分类

汽车按用途分为乘用车和商用车两大类。私人作为代步工具的车辆称为乘用车，用于公务及商业经营的运输车辆称为商用车。根据 GB/T 3730.1—2001《汽车和挂车类型的术语和定义》和 GB/T 15089—2001《机动车辆及挂车分类》标准，汽车按用途分类如图 1-1 所示。

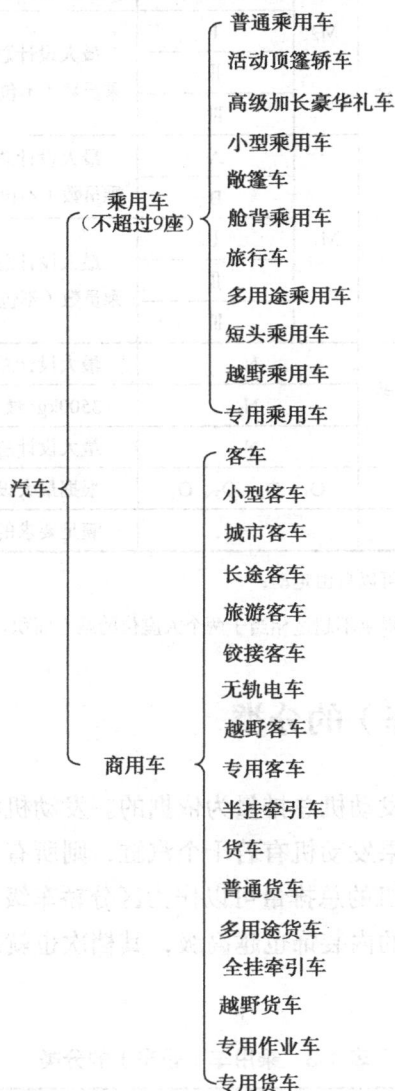

- 汽车
  - 乘用车（不超过9座）
    - 普通乘用车
    - 活动顶篷轿车
    - 高级加长豪华礼车
    - 小型乘用车
    - 敞篷车
    - 舱背乘用车
    - 旅行车
    - 多用途乘用车
    - 短头乘用车
    - 越野乘用车
    - 专用乘用车
  - 商用车
    - 客车
    - 小型客车
    - 城市客车
    - 长途客车
    - 旅游客车
    - 铰接客车
    - 无轨电车
    - 越野客车
    - 专用客车
    - 半挂牵引车
    - 货车
    - 普通货车
    - 多用途货车
    - 全挂牵引车
    - 越野货车
    - 专用作业车
    - 专用货车

图 1-1 汽车按用途分类

1.1.4 根据机动车辆及挂车分类

在汽车性能和维修检测中，往往根据 GB/T 15089—2001《机动车辆及挂车分类》标准对汽车进行分类，分为 L 类、M 类、N 类、O 类和 G 类 5 种类型，见表 1-2。

表 1-2　汽车按国家标准 GB/T 15089—2001 分类

字母代号	种类	细类		内容	
L类车辆	两轮或三轮机动车辆	L_1、L_2、L_3、L_4、L_5		根据排量、驱动方式、车速和车轮数分类	
M类车辆	四个车轮的载客机动车辆	M_1		座位数（包括驾驶员）<9 座	
		M_2	A	最大设计总质量<5000kg，可载乘员数（不包括驾驶员）<22 人	允许站立
			B		不允许站立
			Ⅰ	最大设计总质量<5000kg，可载乘员数（不包括驾驶员）>22 人	①
			Ⅱ		②
			Ⅲ		不允许站立
		M_3	A	最大设计总质量>5000kg，可载乘员数（不包括驾驶员）<22 人	允许站立
			B		不允许站立
			Ⅰ	最大设计总质量>5000kg，可载乘员数（不包括驾驶员）>22 人	①
			Ⅱ		②
			Ⅲ		不允许站立
N类车辆	四个车轮的载货机动车辆	N_1		最大设计总质量<3500kg	
		N_2		3500kg<最大设计总质量<12000kg	
		N_3		最大设计总质量>12000kg	
O类车辆	挂车（包括半挂车）	O_1、O_2、O_3、O_4		根据最大设计总质量分类	
G类车辆	越野车	—		满足要求的 M类、N类	

说明：① 允许乘员站立，并且乘员可以自由走动；

② 只允许乘员站立在过道或提供不超过相当于两个人座位的站立面积。

1.1.5　乘用车（轿车）的分类

我国轿车分级（类）是以发动机总排量为依据的。发动机活塞从上止点移动到下止点所通过的容积称为汽缸排量。如果发动机有若干个汽缸，则所有汽缸工作容积之和称为发动机总排量，单位是 L。轿车发动机的总排量可以作为区分轿车级别的标志。排量越大的轿车，功率越大，动力性能越好，车的内装饰也越高级，其档次也就越高。乘用车（轿车）的分类见表 1-3。

表 1-3　乘用车（轿车）的分类

分类级别	依据（发动机排量）
微型轿车	发动机排量≤1L
普通级轿车	1L<发动机排量≤1.6L
中级轿车	1.6L<发动机排量≤2.5L
中高级轿车	2.5L<发动机排量≤4L
高级轿车	发动机排量>4L

说明：所谓小排量汽车，通常是指排量在1.0L左右的“微型汽车”。其优点如下。

① 节能。小排量汽车油耗量基本上在每百千米5L以下，与一般排量在1.4L以下的家庭经济型轿车相比，每百千米可省3～4L油，能源消耗少。

② 环保。我国城市环境空气质量检测表明，70%的城市环境空气质量不达标。随着城市机动车保有量的急剧增加，机动车污染排放已成为很多城市空气污染的主要来源。小排量汽车可以减少污染。

③ 经济。小排量汽车价格便宜，一般在8万元以下，普通工薪家庭均可承受。同时，可降低制造的材料成本。

1.1.6 德国汽车分级标准

汽车工业是德国国民经济的强大支柱，德国汽车业对世界影响较大。按照德国汽车分级标准，小型轿车包括A00、A0、A级车，B级车是中档轿车，C级车是高档轿车，而D级车则指的是豪华轿车。其等级划分主要依据轴距、排量、质量等参数，字母顺序越靠后，该级别车的轴距越长，排量和质量越大，轿车的豪华程度也越高。德国汽车分级标准见表1-4。

表1-4 德车汽车分级标准

车辆级别	代码	轴距	发动机排量	车型举例
小型轿车	A00	2～2.2m	小于1L	长安奥拓
	A0	2.2～2.3m	1～1.3L	天津夏利
	A	2.3～2.45m	1.3～1.6L	一汽大众的捷达、上海大众POLO
中档轿车	B	2.45～2.6m	1.6～2.4L	奥迪A4、帕萨特、中华、东方之子
高档轿车	C	2.6～2.8m	2.3～3.0L	奥迪A6
豪华轿车	D	>2.8m	3.0L以上	奔驰S系列、宝马7系、奥迪A8

1.1.7 常见车型型号分类

1. 奥迪汽车型号

大部分奥迪汽车的型号用该公司英文名称（Audi）的第一个字母“A”打头，如奥迪A2、A3、A4、A6、A8系列等。后面的数字越大表示等级越高：A2、A3系列是小型轿车，A4系列是中级轿车，A6系列是高级轿车，A8系列是豪华轿车（目前A8是奥迪最高档的轿车）。

奥迪还有S系列和TT系列。S系列多是高性能车型，但并不是越野车，主要有S3、S6及S8等。TT系列则全部是跑车。

2. 奔驰汽车型号

奔驰汽车型号前面的字母表示类型和级别：A 是小型单厢车，C 为小型轿车，E 为中级轿车，S 为高级轿车，M 为 SUV，G 为越野车，V 为多功能厢式车，SLK 为小型跑车，CLK 为中型跑车，SL 为高级跑车，CL 为高级轿跑车，SLR 为超级跑车。

型号中间的数字，如 280、300 及 500 代表发动机排量，分别表示发动机排量为 2.8L、3L 及 5L。

型号尾部的字母 L 表示加长车型，Diesel 表示使用柴油。例如，S600L 则表示为高级、排量 6L、加长型轿车。

3. 宝马汽车型号

宝马（BMW）汽车公司主要有轿车、跑车、越野车三大车种。

轿车有 3、5、7 和 8 四个系列，轿车型号的第一个数字即为系列号，第二个和第三个数字表示排量，最后的字母 i 表示燃油喷射，A 表示自动挡，C 表示双座位，S 表示超级豪华。例如，318iA 表示为 3 系列轿车，排量为 1.8L，燃油喷射，自动挡；850Si 表示为 8 系列轿车，排量为 5L，超级豪华型，燃油喷射。

跑车型号用 Z 打头，主打车型有 Z3、Z4、Z8 等，后面的数字越大表示越高级。

越野车用 X 打头，代表车型是 X5。

1.1.8 汽车界公认的分类

① 微型车，如比亚迪 F0、长安奔奔、长城精灵、奇瑞 A1、昌河铃木北斗星、雪佛兰乐骋等。

② 小型车，如雪铁龙 C2、吉利金刚、广本飞度、马自达 2、名爵 3SW、标致 206、长安铃木利亚纳等。

③ 准中级车（或紧凑级车），如比亚迪 F3、奔腾、旗云、福克斯、吉利远景、福美来、马自达 3、骐达、标致 307、明锐、荣威 550、花冠、天语、斯巴鲁翼豹、BMW1、宝来等。

④ 中级车，如奥迪 A4、别克君越、BMW3、比亚迪 F6、东方之子、雅阁、马自达 6、奔驰 C、名爵 7、天籁、荣威 750、凯美瑞、帕萨特、沃尔沃 S40、讴歌 TL、雷克萨斯 IS、标致 407、斯巴鲁力狮、丰田锐志等。

⑤ 行政级车，如奥迪 A6、BMW5、别克林荫大道、凯迪拉克 SLS、赛威、凯迪拉克 CTS、红旗、奔驰 E、皇冠、讴歌 RL、雪铁龙 C6、雷克萨斯 ES、雷克萨斯 GS、标致 607、沃尔沃 S80 等。

⑥ 豪华级车，如奥迪 A8、BMW7、宾利雅致、宾利飞驰、捷豹 XJ、雷克萨斯 LS、奔驰 S、大众辉腾、劳斯莱斯幻影等。

⑦ 跑车，如中华酷宝、奥迪 R8、奥迪 TT、奥迪 A5、阿斯顿马丁、宾利大陆、

BMWZ4、玛莎拉蒂、捷豹 XK、法拉利 F430、兰博基尼、马自达 RX8、奔驰 CLK、奔驰 CLS、保时捷 911 等。

⑧ 敞篷车，如南汽名爵 TF、奔驰 CLK、奔驰 SL、雷诺梅甘娜 CC、大众 EOS、沃尔沃 C70、雷克萨斯 SC 等。

⑨ 越野车和 SUV，如长城哈佛、郑州日产帕拉丁、丰田兰德库路则、大切诺基、吉普指挥官、吉普牧马人、吉普指南者、丰田 FJ、铃木吉姆尼、奔驰 G、本田 CRV、丰田 RAV4、雪佛兰克帕起、奇瑞瑞虎、陆丰、长丰猎豹、三菱欧蓝德、丰田普拉多、讴歌 MDX、奥迪 Q7/Q5、宝马 X3/X5/X6、凯迪拉克 SRX/凯雷德、英菲尼迪 EX/FX、路虎神性者/揽胜、林肯领航员、奔驰 GL/M、保时捷卡宴、斯巴鲁驰鹏、斯巴鲁森林人、大众途锐、沃尔沃 XC90 等。

⑩ 多功能厢式车，如别克 GL8、大众途安、本田奥德赛、长安杰勋、长城佳誉、东方之子 CROSS、雪铁龙毕加索、C4 毕加索、大发亚森、东风景逸、福特 S-MAX、陆丰风尚、普力马、俊逸、大捷龙、马自达 5、奔驰 R、丰田普瑞维亚、欧宝赛飞利、雷诺风景、三菱菱绅等。

1.2 汽车型号、车辆识别代码编制规则

1.2.1 汽车产品型号

在汽车上使用汽车产品型号是各国政府为管理机动车辆而实施的一项强制性规定。有了产品型号就可以利用计算机对车辆进行检索管理，在处理交通事故、开展交通事故保险赔偿、破获被盗车辆等方面发挥重要作用。各国政府都制定了这方面的专门技术法规，强制要求汽车生产厂家在汽车上使用汽车产品型号。

产品型号是指汽车上安装的一块标牌上的一组罗马字母和阿拉伯数字，每一位代表着某一方面的信息。各国对汽车型号的制定方法既有相同之处，又有不同之处。

我国汽车的产品型号由企业名称代号、车辆类别代号、主参数代号、产品序号组成（必要时可附加企业自定代号）。我国汽车代号排列顺序，如图 1-2 所示。

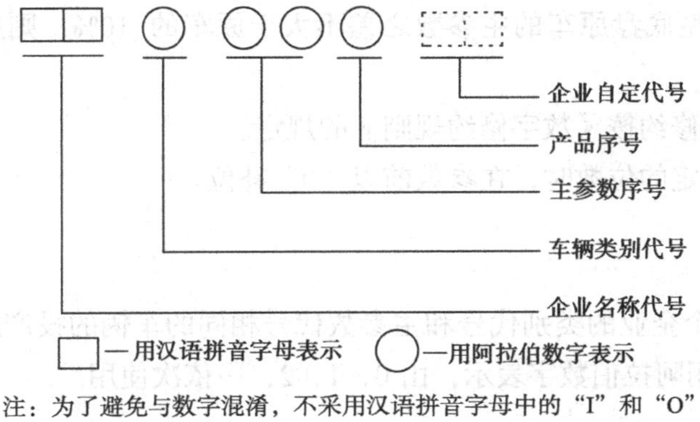

图 1-2 我国汽车代号排列顺序

1. 企业名称代号

企业名称代号是识别车辆制造企业的代号，是产品型号的第一部分，用代表企业名称的两个或三个汉语拼音字母表示。例如，CA：长春一汽；EQ：第二汽车制造厂；FV：一汽大众；SGM：上海通用；SVW：上海大众；DC：东风雪铁龙；HC：广州本田；CAF：长安福特；XMQ：厦门汽车（金龙）。

2. 车辆类别代号

车辆类别代号是表明车辆附属分类的代号。车辆类别代号是产品型号的第二部分，按表1-5的规定用一位阿拉伯数字表示。

表1-5 车辆类别代号

车辆类别代号	车辆种类	车辆类别代号	车辆种类	车辆类别代号	车辆种类
1	载货汽车	4	牵引汽车	7	轿车
2	越野汽车	5	专用汽车	8	—
3	自卸汽车	6	客车	9	半挂车及专用半挂车

3. 主参数代号

主参数代号是表明车辆主要特性的代号，主参数代号是产品型号的第三部分，按下列规定用两位阿拉伯数字表示。

① 载货汽车、越野汽车、自卸汽车、牵引汽车、专用汽车与半挂车的主参数代号为车辆的总质量（t）。当总质量在100t以上时，允许用三位数字表示。

② 客车的主参数代号为车辆长度（m）。当车辆长度小于10m时，应精确到小数点后一位，并以长度（m）值的10倍数值表示。

③ 轿车的主参数代号为发动机排量（L），应精确到小数点后一位，并以其值的10倍数值表示。

④ 专用汽车及专用半挂车的主参数代号在采用定型汽车底盘或定型半挂车底盘改装时，若其主参数与定型底盘原车的主参数之差不大于原车的10%，则应沿用原车的主参数代号。

⑤ 主参数的数字修约按《数字修约规则》的规定。

⑥ 主参数不是规定的位数时，在参数前以“0”补位。

4. 产品序号

产品序号表示一个企业的类别代号和主参数代号相同的车辆的投产顺序，产品序号是产品型号的第四部分，用阿拉伯数字表示，由0，1，2，…依次使用。

5. 企业自定代号

企业自定代号是企业根据需要自行规定的补充代号，一般是产品型号的最后部分。同一种汽车结构略有变化而需要区别时（如汽油、柴油发动机，长、短轴距，单、双排座驾驶室，平、凸头驾驶室，左、右置转向盘等），可用汉语拼音字母或者阿拉伯数字表示，位数也由企业自定。供用户选择的零部件（如暖风装置、收音机、地毯、绞盘等）不属结构特征变化，应不予企业自定代号。

编制型号举例如下。

例 1：CA1091 是中国第一汽车制造厂生产的第二代载货汽车，总质量为 9310kg。

例 2：EQ2080 是中国第二汽车制造厂生产的越野汽车，总质量为 7720kg。

例 3：5H3600 是中国上海重型汽车厂生产的第一代自卸汽车，总质量为 59538kg。

例 4：HY4300 星中国汉阳特种汽车制造厂生产的第一代公路上行驶总质量为 30000kg 的牵引汽车。

例 5：TJ6481 是中国天津客车厂生产的第二代车长为 4750mm 的客车。

例 6：SC7081C 是中国长安铃木汽车制造厂生产的第二代奥拓快乐王子，发动机排量为 0.796L 及 0.8L。

我国汽车产品型号一般印在汽车的尾部，很直观，如图 1-3 所示。也有印在汽车侧面的。

图 1-3 汽车产品型号

1.2.2 车辆识别代号编码

1. 车辆识别代号编码的意义和作用

目前，世界各国汽车公司生产的汽车大部分都使用了车辆识别代号（Vehicle ldentification Number，VIN）编码。VIN 编码由一组字母和阿拉伯数字组成，共 17 位，又称 17 位识别代号编码。VIN 编码分为三部分：世界制造商识别代号（World Manufacturer

Identifier，WMI）、车辆说明部分（Vehicle Descriptor Section，VDS）、车辆指示部分（Vehicie Indicator Section，VIS），如图 1-4 所示。

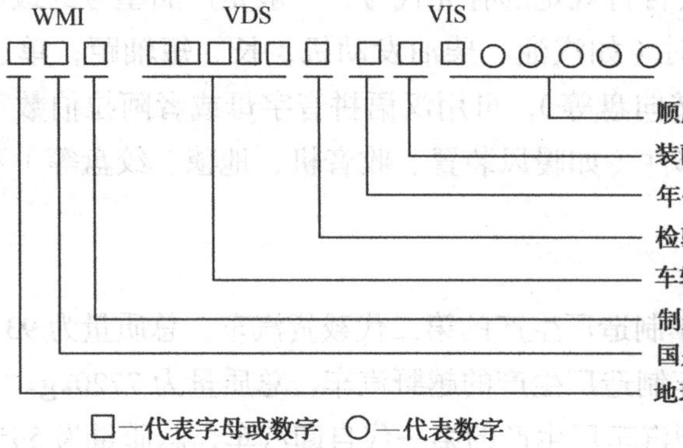

（a）年产量大于500辆的VIN编码

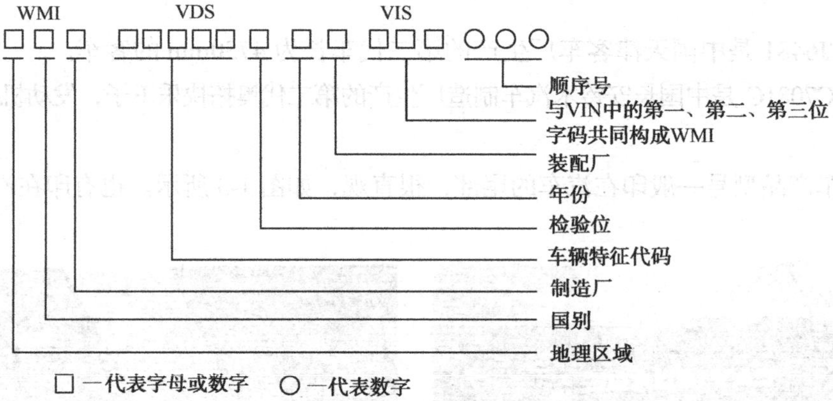

（b）年产量小于500辆的VIN编码

图 1-4 VIN 编码顺序

VIN 的每位代码代表着汽车的某一方面信息参数，它是识别一辆汽车所不可缺少的工具。按照识别代号编码顺序，从 VIN 中可以识别出该车的生产国家、制造公司或生产厂家、车辆类型、品牌名称、车型系列、车身形式、发动机型号、车型年款（属哪年生产的款型）、安全防护装置型号、检验数字、装配工厂名称和出厂顺序号码等。

17 位代号编码经过排列组合的结果可以使生产的车型 30 年之内不会发生重号现象，就像人们的身份证号码一样，故其又被称为“汽车身份证”。因为现在生产的汽车车型使用年限在逐渐缩短，一般 8 ~ 12 年就被淘汰，不再生产，所以 17 位识别代号编码已足够应用。

各国政府及各汽车公司对本国或本公司生产的汽车的 17 位识别代号编码都有具体规定。各国的技术法规一般只规定车辆识别代号的基本要求，如其应由 17 位代号编码组成，字母和数字的尺寸、书写形式、排列位置和安装位置都有相应规定等，并且应保证 30 年内不会重号。除对个别符号的含义有硬性规定外，其他不作硬性规定，而由生产厂家自行规定其代表的含义。各国有关车辆识别代号的技术法规各有差异，也有共同之处，如美国法规规定车辆识别代号的第 9 位必须是工厂检验码；而 EEC（欧洲经济共同体）将 17 位代号编码分成三组（VMI、VDS、VIS），只对每一组的含义范围作了规定。VIN 编码一般以标牌的形式装贴在汽车的不同部位。我国和美国规定其应安装在仪表板左侧（图 1-5），在车外透过挡风玻璃可以清楚地看到而便于检查；而 EEC 规定其应安装在汽车右侧的底盘车架上或标写在厂家铭牌上（图 1-6）。汽车研究及管理部门也有相应的标准，各国机动车辆管理部门办理牌照时可以将 VIN 编码输入计算机存储，以备需要时调用，如处理交通事故、保险索赔、查获被盗车辆、报案等。有的国家规定没有 17 位识别代号编码的汽车不准进口，有的国家规定不得出售没有 17 位识别代号编码的汽车。

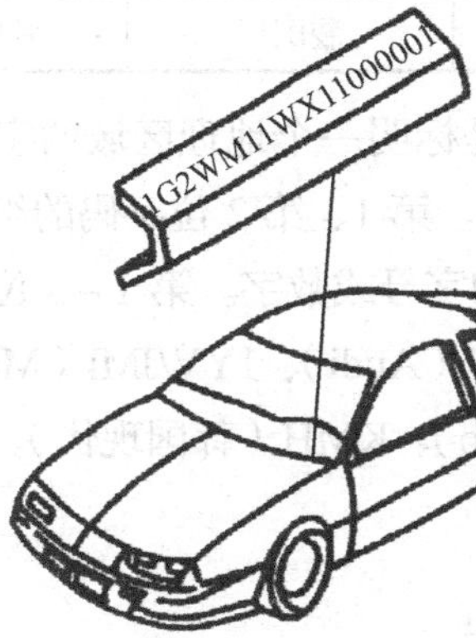

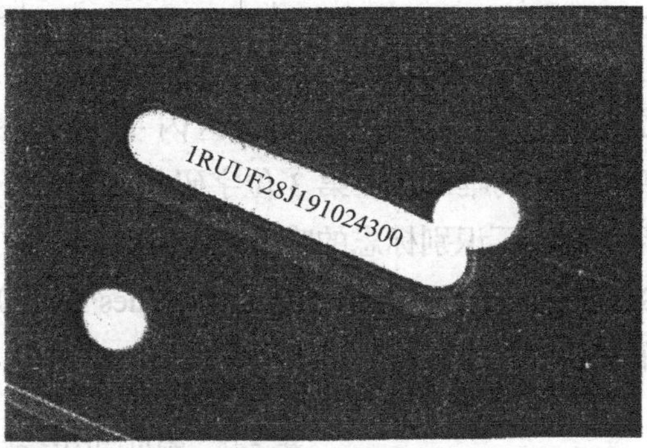

图 1-5 我国和美国轿车 VIN 编码位置

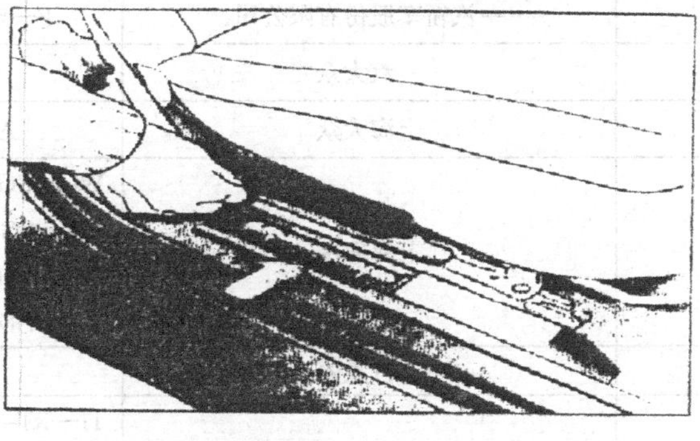

图 1-6 欧盟国家轿车 VIN 编码位置

由于汽车修理逐步实行计算机管理和故障分析诊断，在各种测试仪表和维修设备中都存储有 17 位识别代号编码的数据，以作为修理的依据。17 位识别代号编码在汽车配件经营管理上也起着重要作用，在查找零件目录中的汽车零件号之前，首先要确认 17 位识别代号编码的车型年款，否则会产生误购、错装等现象。

利用 VIN 数据规定还可以鉴别出拼装车、走私车，因为拼装的进口汽车一般是不按 VIN 规定进行组装的。

随着车型年款的不同和汽车发往国家的不同（各国政府对 VIN 有不同规定），VIN 规定会有所不同。有的按公司各汽车分部进行规定（如美国 GM），有的直接按系列车型或车名进行规定（如日本雷克萨斯）。在使用中，一般要由两种 VIN 规定才可验证一辆车的型号和车型参数，因此，大量积累这方面的资料具有重要意义。随着年款的变化，今后还会陆续出现各种 VIN 规定。

2. 二手车 VIN 编码的识别

二手车的 VIN 编码，见表 1-6。

表 1-6　二手车的 VIN 编码

第 1～3 位	第 4～8 位	第 9 位	第 10 位	第 11 位	第 12～17 位
WMI	VDS	检验位	年份	装配厂	顺序号

第 1～3 位（WMI）：世界制造商识别代码。第 1 位字码是标明一个地理区域的字母或数字，第 2 位字码是标明一个特定地区内一个国家的字母或数字。第 1、第 2 位字码的组合能保证国家识别标志的唯一性。第 3 位字码是标明某个特定制造厂的字母或数字。第 1～3 位字码的组合能保证制造厂识别标志的唯一性。例如，进口车 TRU/WAU（Audi）、1YV/JMl（Mazda）、4US/WBA/WBS（BMW）、WDB（Mercedes Benz）、YV1（Volvo）、KMH（韩国现代）。常见国内厂商车型的 VIN 编码，见表 1-7。

表 1-7　常见国内厂商车型的 VIN 编码

WMI（前 3 位）	汽车厂商	VDS（第 4、5 位）
LFP	一汽轿车股份有限公司	F—丰田；X—夏利；H—红旗
LFV	一汽大众	—
LSV	上海大众	A—桑塔纳；B—帕萨特
LSG	上海通用	WG—SGM7200（别克君威 2.0） WL—SGM7300GL（别克 GL） DC—SGM6510GL8（别克 GL8） SJ—SGM7160SL（赛欧）
LSJ	上汽集团	D—奇瑞；W—荣威
LDC	神龙汽车有限公司	11—RT-神龙·富康 ZX 型轿车 12—RL-神龙·富康 ZX1.4i 型轿车 13—RL-神龙·富康 ZX1.4i 型轿车 21—AL-神龙·富康 ZX1.6i 型轿车 22—AT-神龙·富康 ZX1.6i 型轿车 31—EL-神龙·富康 988 型轿车
LGB	东风汽车公司	C—风神蓝鸟
LHG	广州本田汽车有限公司	—
LNB	北京现代汽车有限公司	S—索纳塔

续表

WMI（前3位）	汽车厂商	VDS（第4、5位）
LEN	北京吉普	—
LHB	北汽福田	—
LKD	哈飞汽车	—
LS5	长安汽车	—

第4～8位（VDS）：车辆特征，具体说明如下。

① 轿车：种类、系列、车身类型、发动机类型及约束系统类型。

② MPV：种类、系列、车身类型、发动机类型及车辆额定总重。

③ 载货车：型号或种类、系列、底盘、驾驶室类型、发动机类型、制动系统及车辆额定总重。

④ 客车：型号或种类、系列、车身类型、发动机类型及制动系统。

第9位：检验位。通过一定的算法防止输入错误。

第10位：车型年份，即厂家规定的型年（Model Year），不一定是实际生产的年份，但一般与实际生产的年份之差不超过1年。VIN编码中的第10位就是VIS的第1位字码，即车辆的出厂年份，它是识别车辆的重要标志。年份字码使用规定，见表1-8。

表1-8 年份字码使用规定

年 份	字 码	年 份	字 码	年 份	字 码	年 份	字 码
1981	B	1991	M	2001	1	2011	B
1982	C	1992	N	2002	2	2012	C
1983	D	1993	P	2003	3	2013	D
1984	E	1994	R	2004	4	2014	E
1985	F	1995	S	2005	5	2015	F
1986	G	1996	T	2006	6	2016	G
1987	H	1997	V	2007	7	2017	H
1988	J	1998	W	2008	8	2018	J
1989	K	1999	X	2009	9	2019	K
1990	L	2000	Y	2010	A	2020	L

第11位：表示装配厂。

第12～17位：顺序号。一般情况下，汽车召回都是针对某一顺序号范围内的车辆，即某一批次的车辆。

3．车辆识别代号编码举例说明

车辆识别代号编码，如图 1-7 所示。

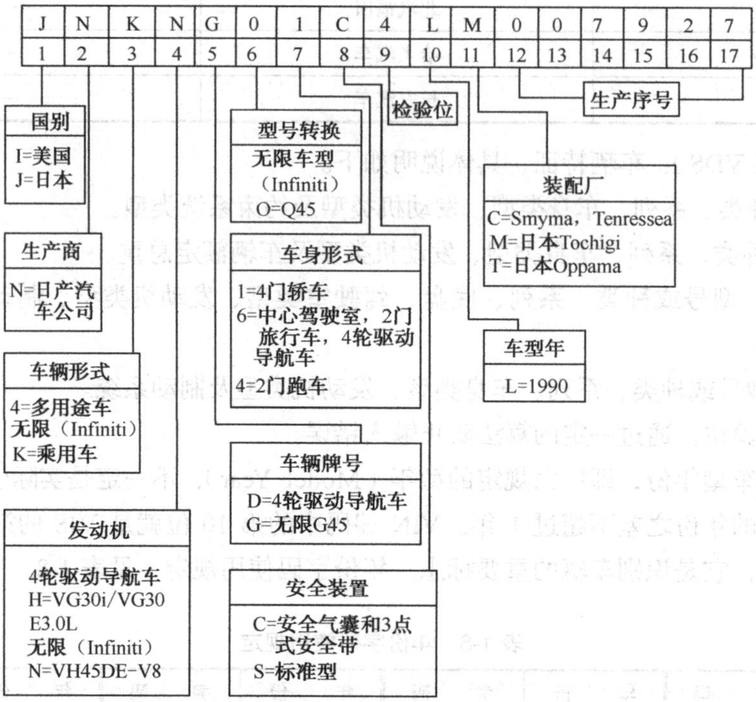

图 1-7　车辆识别代号编码

日本日产汽车公司生产的乘用车无限（Infiniti）G45 系列 VIN 编码：JNKNG01C4LM007927。该编码表示该车装有 VH45DE-V8 4.5L 发动机，为 Q45 4 门轿车，配有安全气囊和 3 点式安全带，检验位为 4，1990 年型，在日本 Tochigi 装配厂总装，生产序号为 014972。

美国通用汽车公司（GM）别克世纪（Buick Century）牌汽车 2003 年 VIN 编码：

2	G	4	W	B	5	2	K	0	3	Z	4	0	0	0	0	1
[1]	[2]	[3]	[4]	[5]	[6]	[7]	[8]	[9]	[10]	[11]	[12]	[13]	[14]	[15]	[16]	[17]

具体说明如下：

第 1 位：汽车生产国家代码。2—加拿大。

第 2 位：生产厂家代码。G—通用汽车公司。

第 3 位：制造厂家代码。4—别克汽车分部。

第 4、5 位：汽车品牌/系列代码。W/B—Regal（君威），W/F—Regal LS（君威 LS）；W/S—Century Custom（世纪牌特制型），W/Y—Century Limited（世纪牌顶级型）。

第 6 位：车身形式代码。5—四门轿车（G69，通用 69 型车身）。

第 7 位：安全防护系统代码。2—主动式（手动）安全带，并带有驾驶员和乘客的安全气囊（前部）。

第 8 位：发动机型号代码。K—RPO，L36，3.8L，V6 型 SFI（顺序燃油喷射）；1—RPO，L67，3.8L，V6 型 SFI。

第 9 位：TF 检验码。0～9 或 X。

第 10 位：汽车生产年型年款代码。3—2003 年。

第 11 位：总装生产工厂代码。

第 12～17 位：生产顺序号。

中国第一汽车集团公司轿车 VIN 编码：

L	F	P	H	5	A	B	A	2	W	8	0	0	4	3	2	1
[1]	[2]	[3]	[4]	[5]	[6]	[7]	[8]	[9]	[10]	[11]	[12]	[13]	[14]	[15]	[16]	[17]

具体说明如下：

第 1～3 位代码：生产国别、制造厂商和车型。LFW—载货汽车，LFD—备用，LFB—客车，LFS—特种车，LFV—轿车（一汽大众公司生产），LFN—非完整车辆，LFT—挂车，LFP—轿车，LFM—多用途乘用车。其中，L—中国，F—First，P—Passenger，W—Works，B—Bus，N—Non-complete vehicle，M—MPV，S—Special，T—Trailer，V—VW（一汽大众轿车）。

第 4 位代码：车辆品牌。J—解放，H—红旗，A—环都，B—罗福，C—长白山，D—德力，E—凤凰，F—先锋，C—星光，K—远达，L—吉林，M—红塔，N—蓝箭，P—蓬翔，R—西南五十铃，S—四环，T—太湖，U—凌河，X—雄风，Y—远征，Z—中海。

第 5 位代码：发动机排量。1—小于等于 1L，2—1.1～1.3L，3—1.4～1.6L，4—1.7～2.0L，5—2.1～2.5L，6—2.6～3.0L，7—3.1～3.5L，8—3.6～4.0L，A—4.1～4.5L，L3—4.6～5.0L，C—大于 5.0L。

第 6 位代码：发动机类型及驱动形式。A—汽油机，前置，前轮驱动；B—汽油机，前置，后轮驱动；C—汽油机，前置，全轮驱动；D—汽油机，后置，前轮驱动；E—汽油机，后置，后轮驱动；F—汽油机，后置，全轮驱动；1—柴油机，前置，前轮驱动；2—柴油机，前置，后轮驱动；3—柴油机，前置，全轮驱动；4—柴油机，后置，前轮驱动；5—柴油机，后置，后轮驱动；6—柴油机，后置，全轮驱动。

第 7 位代码：车身形式。A—二门折背式，J—六门舱背式，B—四门折背式，K—二门短背式，C—六门折背式，L—四门短背式，D—二门直背式，M—六门短背式，E—四门直背式，N—二门敞篷车，F—六门直背式，P—四门敞篷车，G—二门舱背式，R—六门敞篷车，H—四门舱背式，S—检阅车。

第 8 位代码：安全保护装置。A—手动安全带；B—手动安全带，驾驶员气囊；C—手动安全带，驾驶员气囊及乘员气囊；1—自动安全带；2—自动安全带，驾驶员气囊；3—自动安全带，驾驶员气囊及乘员气囊。

第 9 位代码：工厂检验码。用数字 0～9 或 X 表示。

第 10 位代码：生产车款年型（生产年份）。W—1998，X—1999，Y—2000，1—2001，

2—2002，3—2003，4—2004，5—2005，6—2006，7—2007，8—2008，9—2009，A—2010，B—2011。

第 11 位代码：生产装配工厂。1—总装配厂，2—变型车厂，3—专用车厂，4—客车底盘厂，5—汽研中试厂，6—汽研中实改装车厂，7—汽研联合改装车厂，8—第一轿车厂，9—第二轿车厂，0—重型车厂，A—青岛汽车厂，B—顺德汽车厂，C—长春轻型车厂，D—大连客车厂，E—成都汽车厂，F—延边汽车厂，C—一汽三友汽车制造有限公司，H—哈尔滨轻型车厂，J—吉林轻型车厂，K—凌源汽车制造有限公司，L—柳州特种车厂，M—芜湖一汽扬子汽车厂，N—一汽北京汽车制造有限责任公司，P—四平专用车厂，R—山东汽车改装厂，S—一汽四环股份公司机动车厂，T—红塔云南汽车制造有限公司，W—无锡汽车厂，X—无锡柴油机厂，Z—四川专用车厂。

第 12 ~ 17 位代码：工厂生产顺序号。

1.3 汽车的主要技术参数与性能指标

1.3.1 汽车的主要技术参数

1. 质量参数

（1）汽车总质量

汽车总质量是指装备齐全时的汽车自身质量与按规定装满客（包括驾驶员）、货时的载质量之和，也称满载质量。

（2）载质量

载质量是指汽车在硬质良好路面上行驶时所允许的额定载质量。轿车的装载量以座位数表示，城市客车的装载量等于座位数加上站立乘客数，长途客车和旅游客车的装载量等于座位数。

（3）轴荷

轴荷是指汽车满载时各车轴对地面的垂直载荷。

2. 尺寸参数

汽车外形尺寸如图 1-8 所示。

① 汽车长：汽车长是指垂直于车辆纵向对称平面，并分别抵靠在汽车前、后最外端突出部位的两垂面之间的距离。我国公路车辆的极限尺寸规定汽车总长为：货车（包括越野车）不大于 12m，一般客车不大于 12m，铰接式客车不大于 18m，牵引车拖带半挂车不大于 16.5m，汽车拖带挂车不大于 20m。

② 车辆宽：宽度不大于 2.5m。

③ 车辆高：我国公路车辆的极限尺寸规定车辆总高不大于 4m。

④ 轴距：轴距是指通过车辆同一侧相邻两车轮的中点，并垂直于车辆纵向对称平面的二垂线之间的距离。对于三轴以上的车辆，其轴距由从最前面至最后面的相邻两车轮之间的轴距分别表示，总轴距则为各轴距之和。

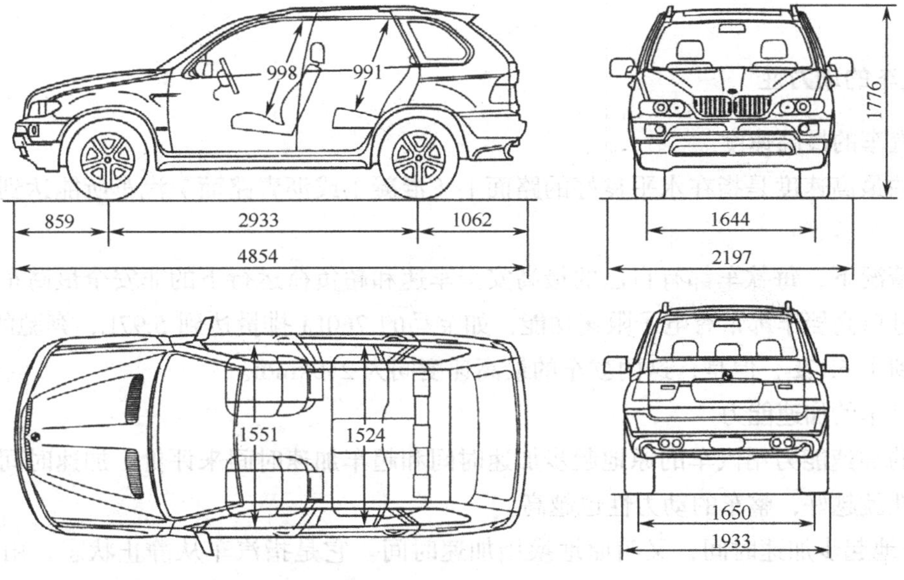

图 1-8 汽车外形尺寸

⑤ 轮距：汽车车轴的两端为单车轮时，轮距为车轮在车辆支撑平面上留下的轨迹中心线之间的距离。汽车车轴的两端为双车轮时，轮距为车轮中心平面（双轮车车轮中心平面为外车轮轮辋内缘和内车轮轮辋外缘等距的平面）之间的距离。

⑥ 前悬：前悬是指通过两前轮中心的垂面与抵靠在车辆最前端（包括前拖钩、车牌及固定在车辆前部的任何刚性部件），并且垂直于车辆纵向对称平面的垂面之间的距离。

⑦ 后悬：后悬是指通过车辆最后车轮轴线的垂面与抵靠在车辆最后端（包括后牵引装置、车牌及固定在车辆后部的任何刚性部件），并且垂直于车辆纵向对称平面的垂面之间的距离。

⑧ 最小离地间隙：最小离地间隙是指汽车除车轮以外的最低点与路面之间的距离。它表征了汽车不碰撞地表越过石块、树桩等障碍物的能力。汽车的飞轮壳、前桥、变速器壳、消声器、驱动桥的外壳、车身地板等处一般有较小的离地间隙。

⑨ 接近角：从汽车前端突出点向前轮引切线，该切线与路面的夹角称为接近角。接近角越大，越过障碍物（如小丘、沟洼地等）时，越不易发生“触头失效”。

⑩ 离去角：从汽车后端突出点向后轮引切线，该切线与路面的夹角称为离去角。离去角越大，越过障碍物时，越不容易发生“托尾失效”。

⑪ 最小转弯直径：转向盘转到极限位置，做转弯行驶，前外轮印迹中心至转向中心的距离（左、右转弯，取较大者），称为汽车的最小转弯半径。

1.3.2 汽车的主要性能与评价指标

汽车的主要性能包括动力性、燃油经济性、制动性、操纵稳定性、行驶平顺性、环保性等。

1. 汽车的动力性

（1）汽车的最高速度

汽车的最高速度是指在水平良好的路面上（混凝土或沥青路面）汽车所能达到的最高行驶速度。

一般情况下，每款车都有自己的最高安全车速和超负荷运行下的非安全最高车速。一些大排量的进口高档车都带有电子限速功能，如宝马的 760Li 排量达到 5.97L，奔驰的 S600 排量更是达到了 6.12L，但是，这两款车的最高速度同为 250km/h。

（2）汽车的加速能力

汽车的加速能力用汽车的原地起步加速时间和超车加速时间来评价，加速时间越短，汽车的加速性就越好，整车的动力性也越高。

① 原地起步加速时间，又叫原地换挡加速时间。它是指汽车从静止状态，由第一挡起步，并以最大的加速强度（包括节气门全开和选择最恰当的换挡时机）逐步换至高挡后，达到某一预定的车速或距离所需要的时间。目前，常用 0 ~ 96km 所需的时间（秒数）来评价。

② 超车加速时间，指汽车用最高挡或次高挡从某一中间车速全力加速至某一高速所需要的时间，用来表示汽车超车时的加速能力。目前常用 48~112km/h 所需的时间（秒数）来评价。汽车加速时间对提高汽车的平均行驶速度有一定影响。特别是在行车途中常常要以最大的加速性来处理相关的紧急情况，比如在交叉路口起步的瞬间，在高速公路超越车辆的时候都能体现出加速性的重要性。

（3）汽车的爬坡能力

汽车的最大爬坡度是指汽车满载时在良好路面上用第一挡克服的最大坡度，它表征汽车的爬坡能力。爬坡度用坡度的角度值（度数）或以坡度起止点的高度差与其水平距离的比值（正切值）的百分数来表示。

对于经常在城市和良好公路上行驶的汽车，最大爬坡度在 10° 左右即可；对于载货汽车，有时需要在坏路上行驶，最大爬坡度应在 30%即 16.5° 左右；而越野汽车要在无路地带行驶，最大爬坡度应达 30° 以上。

2. 汽车的燃油经济性

在我国及欧洲，燃油经济性指标的单位为 L/100km，即行驶 100km 里程所消耗燃油的升数，常用完成单位货物周转量的平均燃油消耗量来衡量，其单位为 L/100tkm。

耗油量是汽车使用性能中重要的经济指标。尤其在实施了燃油税之后，汽车的耗油量参数就有了特别的意义。耗油量参数是指汽车行驶百千米消耗的燃油量，以 L 为计量单位。在我国，这些指标是汽车制造厂根据国家规定的试验标准通过样车测试得出来的。

（1）等速油耗（Constant-speed Fuel Economy）

等速油耗是指汽车在良好路面上做等速行驶时的燃油经济性指标。由于等速行驶是汽车在公路上运行的一种基本工况，加上这种油耗容易测定，所以得到了广泛应用。例如，法国和德国就把 90km/h 和 120km/h 的等速油耗作为燃油经济性的主要评价指标。我国也采用这一指标。国产汽车说明书上标明的百千米油耗，一般都是等速油耗。不过，由于汽车在实际行驶中经常出现加速、减速、制动和发动机怠速等多种工作情况，因此，等速油耗往往偏低，与实际油耗有较大差别。特别是对经常在城市中做短途行驶的汽车，差别就更大。

（2）道路循环油耗（Fuel Economy of Chassis Dynamometer Test Cycles）

道路循环油耗是指汽车在道路上按照规定的车速和时间规范做反复循环行驶时所测定的燃油经济性指标，也称多工况道路循环油耗。在车速和时间规范中，规定每个循环包含各种行驶的工况，并规定了每个循环中的换挡时刻、制动与停车时间，以及行驶速度、加速度及制动减速度的数值。因此，用这种方法测定的燃油经济性，比较接近汽车实际的行驶情况。美国汽车工程师学会（SAE）制定的 SAEJ10926 道路循环试验规范，被广泛采用。这一规范包括 4 种不同的循环：市区、郊区、洲际（55mile/h）和洲际（70mile/h）。在了解美国汽车的燃油经济性时，应分清所采用的是哪种循环，才能进行比较。

3．汽车的制动性

（1）制动效能

制动效能是指汽车迅速降低行驶速度直至停车的能力，是制动性能最基本的评价指标。它是由制动力、制动减速度、制动距离和制动时间来评价的。《机动车制动检验规范》规定，制动距离是指汽车从驾驶员踏住制动踏板开始到停住为止所驶过的距离。

（2）制动抗热衰退性能

制动抗热衰退性能是指汽车高速制动、短时间内重复制动或下长坡连续制动时制动效能的热稳定性。制动过程实质是把汽车的动能通过制动器吸收转化为热能，制动过程中制动器温度不断升高，制动器摩擦系数下降，制动器摩擦阻力矩减小，从而使制动能力降低，这种现象称为热衰退现象。

（3）制动时汽车的方向稳定性

制动时汽车的方向稳定性是指汽车在制动时不发生跑偏、侧滑或丧失转向能力，而按驾驶员指定方向行驶的性能。

4．汽车的操纵稳定性

（1）操纵性

操纵性是指汽车及时而准确地执行驾驶员的转向指令的能力。

（2）稳定性

稳定性是指汽车受到外界扰动（路面扰动或突然阵风扰动）后，自行尽快地恢复正常行驶状态和方向，而不发生失控，以及抵抗倾覆、侧滑的能力。

5．汽车的行驶平顺性

汽车行驶时，对路面不平度的隔振特性，称为汽车的行驶平顺性。由于平顺性主要反映为乘坐者的舒适程度，所以有时又称为乘坐舒适性。

汽车行驶时，路面的不平度会引起汽车的振动。当这种振动达到一定程度时，将使乘客感到不舒适和疲劳，或将运载的货物损坏。振动引起的附加动载荷将加速有关零件的磨损，缩短汽车的使用寿命。车轮载荷的波动会影响车轮与地面之间的附着性能，因而关系到汽车的操纵稳定性。

汽车的振动随行驶速度的提高而加剧。在汽车的使用过程中，常因车身的强烈振动而限制行驶速度的发挥。

6．汽车排放

汽车排放是指从排气管中排出的 CO（一氧化碳）、$HC+NO_x$（碳氢化合物和氮氧化物）、PM（微粒、炭烟）等有害物质。它们都是发动机在燃烧做功过程中产生的有害物质。这些有害物质产生的原因各异，CO 是燃烧氧化不完全的中间产物，当氧气不充足时会产生 CO，混合气浓度大及混合气不均匀都会使排气中的 CO 增加；HC 是燃料中未燃烧的物质，由于混合气不均匀、燃烧室壁冷等原因，造成部分燃油未来得及燃烧就被排放出去；NO_x 是燃料（汽油）在燃烧过程中产生的一种物质；PM 也是燃油燃烧时缺氧产生的一种物质，其中以柴油机最明显。因为柴油机采用压燃方式，柴油在高温高压下裂解更容易产生大量肉眼看得见的炭烟。

为进一步控制汽车尾气污染，国家规定自 2007 年 7 月 1 日起实行欧Ⅲ标准，自 2010 年 7 月 1 日起实行欧Ⅳ标准。因此，在选择二手车时，应该尽量购买符合欧Ⅲ以上标准的汽车。

说明：我国制定的《轻型汽车污染物排放限值及测量方法（Ⅰ）》等效于欧Ⅰ标准，《轻型汽车污染物排放限值及测量方法（Ⅱ）》等效于欧Ⅱ标准。欧Ⅲ标准在国内的具体标准是：汽油车一氧化碳不超过 2.30g/km，碳氢化合物不超过 0.2g/km，氮氧化合物不超过 0.15g/km；柴油车一氧化碳不超过 0.64g/km，碳氢化合物不超过 0.50g/km，颗粒物不超过 0.05g/km。

达到欧Ⅲ标准的车型：一汽轿车生产的马自达 6，一汽大众生产的新捷达、高尔夫 1.8L，一汽丰田生产的威驰、花冠、普拉多，天津一汽生产的威乐，广州本田生产的雅阁和飞度，东风本田生产的 C-RV，北京现代投放到出租车市场的索纳塔和伊兰特，北京吉普的 05 版 Jeep2500，神龙公司生产的赛纳、毕加索、标致 307，东风日产生产的阳光等。

部分达到国Ⅳ排放标准的车型：奇瑞瑞麒 R21.31、A113、Q0613，北京奔驰 E230，克莱斯勒 300C，赛百灵，东风本田新 CRV，一汽大众迈腾，奥迪 A6L、A6、A4，开迪，东风日产颐达、骐达、骊威、轩逸，一汽丰田锐志、皇冠、花冠、卡罗拉、威驰，四川丰田普锐斯，广州丰田凯美瑞，东风悦达起亚赛拉图，上海通用君越 3.0L，上海大众途安、明锐、波罗、劲情、劲取、帕萨特，长安福特马自达、蒙迪欧、致胜，东风雪铁龙凯旋、富康 16V、毕加索、爱丽舍 16V，东风标致新 307，华晨宝马 3 系等。

7. 汽车的噪声

汽车噪声是衡量汽车质量水平的一个重要指标，汽车噪声的防治也是世界汽车工业的一个重要课题。

汽车的噪声源有多种，如发动机、变速器、驱动桥、传动轴、车厢、玻璃窗、轮胎、继电器、喇叭、音响等都会产生噪声。这些噪声有些是被动产生的，有些是主动发生的（如人为按动喇叭）。但是，主要来源只有两个方面：一是发动机，二是轮胎。这两方面的噪声都是被动产生的，只要汽车行驶就会产生噪声。

轮胎在路面上滚动产生的噪声是很大的。试验表明，在干燥路面上，当汽车时速达到 100km 时，轮胎噪声成为整车噪声的重要来源。而在潮湿路面上，即使车速低，轮胎噪声也会盖过其他噪声成为最主要的噪声源。轮胎噪声来自泵气效应和轮胎振动。所谓泵气效应，是指轮胎高速滚动时引起轮胎变形，使得轮胎花纹与路面之间的空气受压挤，随着轮胎滚动，空气又在轮胎离开接触面时被释放，经过这样连续的压挤和释放，空气就会发出噪声，而且车速越高噪声越大，车辆越重噪声越大。轮胎振动与轮胎的刚度和阻尼有关，刚度增大（如轮胎帘布层数目增加），阻尼减少，轮胎的振动就会增大，噪声也就大了。为了降低轮胎表面的噪声，轮胎厂家采用了变节距与静音细沟槽花纹或高阻尼橡胶材料，调整好轮胎的负载平衡，以减少自激振动等。

为了防止发动机噪声和轮胎噪声窜入乘员厢，工程师除了尽量减少噪声源外，也在车厢的密封结构上下工夫，尤其是前围板和地板的密封隔声性能。

解决汽车的噪声是一项涉及整车方方面面的技术问题，包括发动机的结构、材料质量分布、工艺水平、装配密封性等。实际上，汽车噪声的大小已经反映出车辆质量和技术性能的高低。因此，选购二手车时，要特别注意汽车运行时的噪声。

1.4 汽车的使用寿命

1.4.1 汽车寿命的定义与分类

汽车在使用过程中由于磨损、老化等原因，其性能随着使用年限（或行驶里程）的增加而逐渐下降，到了一定期限就应报废，这是一种自然规律。

汽车使用寿命指从技术和经济上达到的汽车使用极限，它可以用累计使用年数或累计行驶里程数表示。汽车使用寿命到期后，就应报废。汽车使用年限：9 座（含 9 座）以下非营运载客汽车（包括轿车、越野车）使用 15 年；旅游载客汽车和 9 座以上非营运载客汽车使用 10 年，但旅游载客汽车和 9 座以上非营运载客汽车可延长使用年限最长不超过 10 年。

汽车使用寿命可分为技术使用寿命、经济使用寿命和合理使用寿命等。

1．汽车技术使用寿命（自然使用寿命）

① 概念：汽车从开始使用，直至其主要机件到达技术极限状态而不能再继续修理时为止的总工作时间或总行驶里程。

② 特点：在结构上表现为零部件的工作尺寸、工作间隙极度超出标准范围，在性能上常表现为车辆总体的动力状态或燃、润料的极度超耗。

③ 影响因素：主要取决于各部分总成的设计水平、制造质量和使用与维修情况。

2．汽车经济使用寿命

① 概念：汽车使用到一定里程和使用年限，对其进行全面经济分析之后得出汽车已达到不经济合理、使用成本较高的寿命时刻。

② 影响因素：从汽车使用总成本出发，分析车辆制造成本、使用与维修费用、使用者管理开支、车辆当前的折旧以及市场价格的变化等一系列因素。

3．汽车合理使用寿命

汽车合理使用寿命是以汽车经济使用寿命为基础，考虑整个国民经济的发展和能源节约等因素，制定出的符合我国实际情况的使用期限。

4．汽车技术使用寿命、经济使用寿命与合理使用寿命的关系

汽车技术使用寿命、经济使用寿命和合理使用寿命三者的关系可用下式表达：

技术使用寿命>合理使用寿命≥经济使用寿命

1.4.2 汽车经济使用寿命

1．汽车经济使用寿命的意义

汽车经济使用寿命是汽车经济效益最佳时期，要合理使用，及时更新。使用者在更新车辆时要在国家政策允许的情况下，以经济使用寿命为依据。因此，研究汽车的使用寿命，主要是研究汽车的经济使用寿命。

2．汽车经济使用寿命常用的评价指标

（1）年限

① 概念：将汽车从开始投入运行到报废的年数作为使用寿命的量标。

② 特点：这种方法除考虑运行时间外，还考虑车辆停驶期间的自然损耗。这种计量方

法虽然比较简单，但是不能真实反映汽车的使用强度和使用条件，易造成同年限的车辆差异很大。

（2）行驶里程

① 概念：将汽车从开始投入运行到报废期间的累计行驶里程数作为使用寿命的量标。

② 特点：它反映了汽车的真实使用强度，但不能反映运行条件和停驶期间的自然损耗。有些车虽然使用年限大致相同，但累计行驶里程相差悬殊，因而大多数汽车运输企业以行驶里程作为考核车辆各项指标的基数。但在二手车交易中，汽车的里程表时有损坏，甚至故意被毁坏，因此，行驶里程数的可信度不高，鉴定估价人员只能将其作为参考。

（3）使用年限

① 概念：将汽车总的行驶里程与年平均行驶里程相比所得的年限作为使用年限的量标，即

$$T_{折}=\frac{L_{总}}{L_{年均}}$$

② 特点：它与车辆的技术状态、完好率、平均技术速度和道路条件等因素有关。汽车在使用过程中，由于车辆的技术状况、平均技术速度和道路条件等因素的不同，年平均行驶里程的差异较大，但车辆的年平均使用强度基本相同。采用使用年限这个量标比采用行驶里程更为合理，因为我国地域辽阔，幅员广大，地理、气候、道路条件差异较大，管理水平也有高有低。在有些省市，即使是相同的使用年限，而车辆总行驶里程有长有短，车辆技术状况也大不相同。为此，采用使用年限作为主要考核指标更为确切。

③ 在二手车鉴定估价工作中，确定成新率最有用的量标是使用年限，而使用年限的获得又比较困难，这是因为：第一，车辆行驶里程的实际数值难以取得；第二，年平均行驶里程是一个统计数据。

3. 影响汽车经济使用寿命的因素

（1）汽车的损耗

汽车的损耗包括有形损耗和无形损耗两个方面。

无形损耗是指由于技术进步、生产的发展，出现了性能好、生产效率高的新车型，或原车型价格下降等情况，促使在用车辆提前更新。

有形损耗是指车辆在使用过程中本身的消耗。有形损耗主要与车辆使用成本有关，车辆使用成本可用公式表示为

$$C=C_1+C_2+C_3+C_4+C_5+C_6+C_7+C_8+C_9$$

式中，C_1——燃料费用；

C_2——维护、小修费用；

C_3——大修费用；

C_4——基本折旧费用；

C_5——轮胎费用；

C_6——驾驶员工资费用；

C_7——管理费用；

C_8——养路费；

C_9——其他费用。

其中，$C_5 \sim C_9$ 是与汽车经济使用寿命无关的因素；C_4 在使用寿命确定后，基本是一个定值；C_1、C_2、C_3 随行驶里程（或使用年限）的增长、车况的下降而增加。因此，对 C_1、C_2、C_3 与汽车经济寿命有关的因素进一步分析，即可按最佳经济效益确定其经济使用寿命。

① 汽车的燃料费用：汽车随行驶里程的增加，技术状况逐渐变坏，其主要性能不断地下降，燃料和润滑材料消耗不断增加。

② 汽车的维修费用：维修费用是指汽车在使用过程中的各级维护费用及日常小修费用的总和，它主要由维修过程中的实际消耗工时费和材料费用来确定。随车辆行驶里程的增加，各级维护作业中的附加小修项目和日常小修作业项目的费用也逐渐增加，其变化关系基本上是线性关系，用公式表示为

维修费用 C=维修费用初始值 a+维修费用增长强度 $b\times$ 累计行驶里程 L

③ 汽车的大修费用：根据国内初步统计表明，新车到第二次大修的费用一般为车辆原值的 10%左右。以后的大修随里程（或年限）的增长，其费用也逐渐增加。另外，大修间隔里程在逐渐缩短。在计算大修费用时，要把某次的大修费用均摊在此次大修至下次大修的间隔里程段内，即相当于对大修后间隔里程段的投资。

（2）车辆的来源与使用强度

① 交通专业运输车辆：指专门从事运输生产的营运车辆。这些车辆是为整个社会服务的，使用条件复杂，使用强度比较大。一般客车年平均行驶里程为 50000km 左右，货车为 45000km 左右。货车拖挂率、实载率均比较高，管理、使用和维修水平也比较高，车辆基础资料齐全。

② 社会专业运输车辆：指各行各业专门从事运输的车辆，主要是为本行业的运输生产服务的，如商业、粮食、冶金、林业等部门的运输车辆。

③ 社会零散运输车辆：指机关、企事业单位和个人的非营运车辆，主要是为一般零散运输和生活服务的公务、商务用车。这些车辆一般没有专门的管理机构和维修基地，使用情况差异很大。

④ 城市出租车辆：这是城市和乡镇为客运和货运服务的车辆，多集中在大中城市，多以国产轿车、轻型客车从事客运出租经营，以微型、轻型货车从事货运出租经营。客运出租车辆使用强度很大，对于轿车一般年平均行驶里程在 100000km 左右。货运出租车辆使用强度受货运市场影响较大。目前，由于货运量不足，导致车辆闲置，其使用强度不是很大；但是，由于车主受利益驱动，车辆经常超载运行，致使车辆机件磨损迅速加剧，大大影响车辆使用寿命。另外，这些车辆管理、使用、维修水平情况差异很大。

⑤ 私家车：个人拥有的车辆。主要为自家服务，用于上班、旅游，一般使用强度不大。

⑥ 城市公共交通车辆：城市公共交通车辆是指城市公共汽车，这些车辆常年服役，一般不参与二手车市场交易。

（3）汽车的使用条件

① 道路条件。

● 道路条件分类。道路对汽车使用寿命影响很大，直接影响车辆技术速度，使其年平均行驶里程相差比较大。道路对车辆使用寿命的影响主要是道路等级和路面情况两种因素。道路条件可分为两类：第一类为汽车专用公路、高速公路、一级公路、二级汽车专用公路，第二类为一般二级公路、三级公路、四级公路。其中，高速公路具有特别的政治、经济意义，是专供汽车分道高速行驶，并全部控制出入的公路；一级公路为连接重要政治、经济中心，通往重点工矿区、港口、机场，专供汽车分道行驶并部分控制出入、部分立体交叉的公路；二级汽车专用公路为连接政治、经济中心或大工矿区、港口、机场等地的专供汽车行驶的公路；一般二级公路为连接政治、经济中心或大矿区、港口、机场等地的城郊公路；三级公路为沟通县或县以上城市的干线公路；四级公路为沟通县、乡（镇）、村等的支线公路。

● 地区道路特点。由于历史的原因，我国道路数量、质量与车辆、人口增长的速度不相适应，从而构成了我国道路混合交通的特殊性，即快慢车同道而行，机动车、非机动车和行人同道混行；平原地区地势平坦、道路宽阔、路面质量好；北方地区年降雨量比较小，对道路尤其是土路影响不大，只是冬天出现冰雪路，影响车辆运行；南方地区年降雨量大，尤其在雨季，道路泥泞、湿滑，乡村土路则地面松软、凹陷、泥泞，无法行车；城市或城郊，道路四通八达，但人口稠密，车辆多，行人多，交通拥挤，道路堵塞。

② 特殊使用条件。

特殊使用条件主要指一些特殊自然条件和地理环境，如寒冷、沿海、风沙、高原、山区等地区。在这些特殊使用条件下工作的汽车，其经济使用寿命都将缩短。

1.4.3 汽车技术状况变化的一般规律

1．汽车的技术状况

① 概念：汽车的技术状况是指定量测得的、表征某一时刻汽车的外观和性能的参数值的总和。

② 技术状况变化：随着汽车行驶里程的增加，汽车的技术状况将逐渐变坏，致使汽车的动力性下降、经济性变坏、使用方便性下降、行驶安全性和使用可靠性变差，直至最后达到使用极限。

③ 主要外观症状：汽车最高行驶速度降低，加速时间与加速距离增长，燃料与润滑油消耗量增加，制动迟缓、失灵，转向沉重，行驶中出现振抖、摇摆或异常声响，排黑烟或有异常气味，运行中因技术故障而停歇的时间增多。

2. 汽车技术状况的评价指标

汽车的技术状况可用汽车的工作能力或运用性能来评价。汽车的运用性能包括动力性、使用经济性、使用方便性、行驶安全性、使用可靠性、载质量和容积等。

① 动力性：最高行驶车速、加速时间与加速距离、最大爬坡能力、平均技术速度、低挡使用时间。

② 使用经济性：燃料消耗量、润滑油消耗量、维修费用。

③ 使用方便性：每 100km 平均操纵作业次数，操作力，灯光、信号的完好程度，起动暖车时间，最大续驶里程。

④ 行驶安全性：制动距离、制动力、制动减速度、制动时的方向稳定性、侧滑量。

⑤ 使用可靠性：故障率和小修频率、维修工作量、因技术故障停歇的时间。

3. 汽车技术状况变化的原因

主要原因有零件之间相互摩擦而产生磨损，零件与有害物质接触而产生腐蚀，零件在交变载荷作用下产生疲劳，零件在外载、温度和残余内应力作用下发生变形，橡胶及塑料等非金属零件和电器元件因长时间使用而老化，由于偶然事件造成零件损伤等。

（1）磨损

磨损是零件的主要损坏形式，磨损现象只发生在零件表面，其磨损速度的快慢既与零件的材料、加工方法有关，又受汽车使用中装载、润滑、车速等条件的影响。疲劳损坏是由于零件承受超过材料的疲劳极限的循环应力而产生的损坏。

（2）腐蚀

损坏产生于与腐蚀性物质接触的零件表面。易于产生腐蚀损坏的主要部件有：燃料供给系统和冷却系统的管道、车身、车架等。

（3）老化

老化是零件材料在物理、化学和温度变化的影响下逐渐变质或损坏的故障形式。例如，橡胶、塑料等非金属零件因老化而失去弹性，强度下降等。

4. 影响汽车技术状况变化的因素

汽车在使用过程中，其技术状况变化的快慢不仅取决于结构设计和制造工艺水平，还受各种使用因素的影响。

影响汽车技术状况变化的使用因素有：运行条件、燃料和润滑油的品质、汽车运用的合理性等。

5. 汽车技术状况变化的规律

汽车技术状况的变化规律是指汽车技术状况与汽车行驶里程或行驶时间的关系。汽车在使用过程中受到外部环境和内部条件多种因素的作用，其结构强度和使用条件的变化都有平稳的一面，同时又有不确定的一面，其反映在汽车技术状况变化规律上，表现为渐发性和突发性两种变化规律。

渐发性变化规律是指汽车技术状况的变化随行驶时间或行驶里程单调变化，从而可用函数式表示的变化规律。渐发性变化规律又称为汽车技术状况随行驶里程的变化规律。

突发性变化规律表示汽车或总成出现故障或达到极限状态的时间是随机的、偶发的，没有必然的变化规律，对其变化过程独立地进行观察所得结果呈现不确定性，但在大量重复观察中又具有一定的统计规律。突发性变化规律又称为汽车技术状况的随机变化规律。

（1）汽车技术状况随行驶里程的变化

汽车技术状况随行驶里程的变化是指在按使用说明书的要求，合理运用汽车的前提下，汽车大部分总成、机构技术状况随汽车行驶里程平稳而单调地逐渐变化。

汽车技术状况随行驶里程的变化过程可以用二者之间的函数关系式描述，一般可表示为 n 次多项式或幂函数两种形式。

实践表明，用多项式表征汽车技术状况参数与行驶里程或工作时间的关系时，使用前四项，其精度已经足够；而对制动蹄与制动鼓间的间隙、离合器踏板自由行程等参数变化规律的描述，用前两项，即用线性函数描述已足够精确。对于主要因零件磨损而引起的汽车技术状况参数变化的规律，可用幂函数描述，如曲轴箱窜气量随行驶里程的变化过程等。

（2）汽车技术状况的随机变化

① 随机变化的影响因素：汽车使用中的偶然因素、驾驶操作技术水平、零部件材料的不均匀性、隐蔽缺陷等因素的影响。汽车或某总成技术状况变坏而进入故障状态所对应的行程是随机变量，与故障前的状况无直接关系。

② 本质原因：在上述多种因素影响下，若机件所承受的载荷超过规定的许用标准，可使机件产生损伤并迅速超过极限值而进入故障状态。

③ 技术状况参数随机性变化的特点：这是各影响因素具有随机性的反映。当给定汽车技术状况参数的极限值时，该随机性变化表现为汽车技术状况参数达到极限值所对应的行程是多种多样的，在同一行驶里程下，汽车技术状况也存在明显差异。

由于汽车技术状况的变化具有随机性，对应于不同的驾驶人员、不同的运行条件，即使车款相同、行驶里程相同、使用年限相同，所得出的评估结果也会有相当大的差异。掌握汽车技术状况随机变化的规律，对给予汽车一个正确、公正的评估结果是相当重要的。

CHAPTER 2

第2章 二手车鉴定评估机构与鉴定评估师

2.1 二手车鉴定评估机构

2.1.1 二手车鉴定评估机构的特征

1. 经济性

二手车鉴定评估机构通常须通过相关的专业技术人员，接受诸多当事人（如保险公司、车主等）的委托，处理不同类型的二手车鉴定评估业务，积累二手车鉴定评估经验，提高二手车鉴定评估水平，从而帮助当事人降低成本，提高经济效益。

2. 专业性

二手车鉴定评估机构的市场定位是向众多当事人提供专业的评估业务，由于其对特定的对象——二手车进行评估，而汽车种类繁多，当事人的要求又千差万别，所以，二手车鉴定评估机构比一般的资产评估机构在评估技术方面更专业，经验更丰富。

3. 有限性

二手车鉴定评估机构作为汽车保险市场、二手车交易市场、汽车碰撞事故双方的中介，易被双方当事人所接受，因而可以缓解当事人双方的矛盾并增大回旋余地。可以说，二手车鉴定评估机构是减少当事人之间摩擦的润滑剂。然而，二手车鉴定评估机构毕竟是以利润最大化为目标的中介组织，其法律地位完全不同于我国司法系统中的公证部门。如果二手车鉴定评估机构的工作使委托人不满意，当事人可以要求改进甚至推倒重来。由此可见，二手车鉴定评估机构因工作失误而给当事人造成的损失是极为有限的，它与其他中介人的作用有很大不同。

除了上述三个特征之外，在有些具体业务领域，对从业人员的要求还具有严格性，二手车鉴定估价人员除应具有汽车专业技术知识外，还要具备财务、会计、法律、经济、金融、保险等知识。如从事汽车保险公估业务，从业人员必须通过保险公估资格考试，获得《保险公估资格证书》，持证上岗。

2.1.2　设立二手车鉴定评估机构应具备的条件和程序

1．二手车鉴定评估机构应具备的条件

根据《二手车流通管理办法》第九条规定，二手车鉴定评估机构应具备的条件如下。

① 经营者必须是独立的中介机构。

② 有固定的经营场所和从事经营活动的必要设施。

③ 有 3 名以上从事二手车鉴定评估业务的专业人员（包括本办法实施之前取得国家职业资格证书的旧机动车鉴定估价师）。

④ 有规范的规章制度。

2．设立二手车鉴定评估机构的程序

根据《二手车流通管理办法》第十条规定，设立二手车鉴定评估机构，应当按下列程序办理。

① 申请人向拟设立二手车鉴定评估机构所在地省级商务主管部门提出书面申请，并提交符合本办法第九条规定的相关材料。

② 省级商务主管部门自收到全部申请材料之日起 20 个工作日内作出是否予以核准的决定，对予以核准的，颁发《二手车鉴定评估机构核准证书》；不予核准的，应当说明理由。

③ 申请人持《二手车鉴定评估机构核准证书》到工商行政管理部门办理登记手续。

外商投资设立二手车交易市场、经销企业、经纪机构、鉴定评估机构的申请人（外资并购二手车交易市场和经营主体及已设立的外商投资企业增加二手车经营范围的），应当分别持符合《二手车流通管理办法》第八条、第九条规定和《外商投资商业领域管理办法》有关外商投资法律规定的相关材料报省级商务主管部门。省级商务主管部门进行初审后，自收到全部申请材料之日起 1 个月内上报国务院商务主管部门。合资中方有国家计划单列企业集团的，可直接将申请材料报送国务院商务主管部门。国务院商务主管部门自收到全部申请材料 3 个月内会同国务院工商行政管理部门，作出是否予以批准的决定，对予以批准的，颁发或者换发《外商投资企业批准证书》；不予批准的，应当说明理由。申请人持《外商投资企业批准证书》到工商行政管理部门办理登记手续。

2.1.3 二手车鉴定评估机构的职能

1. 评估职能

评估即评价、估算，指对某一事物或物质进行评判和预估。评估职能是评估所应具有的作用。二手车鉴定评估机构与其他公估人一样具有一种广义的评估职能，包括评价职能、勘验职能、鉴定职能、估价职能等。二手车鉴定评估机构对二手车进行评估，得出评估结论，并说明得出结论的充分依据和推理过程，体现出其评估职能。评估职能是二手车鉴定评估机构的关键职能。

2. 公证职能

二手车鉴定评估机构对二手车鉴定评估结论作出符合实际、可以信赖的证明。二手车鉴定评估机构之所以具有公证职能，原因如下。

① 二手车鉴定评估机构有丰富的二手车鉴定评估知识和技能，在判断二手车鉴定评估结论准确与否的问题上最具资格和权威性。

② 作为当事人之外的第三方，二手车鉴定评估机构完全站在中立、公正的立场上就事论事、科学办事。

公证职能是二手车鉴定评估机构的重要职能，并具有以下特征：第一，这种公证职能虽然不具备定论作用，但却有促成事故结案、买卖成交的作用，因为当事人双方难以找出与评估结论完全不同的原因或理由：第二，这种公证职能虽然不具备法律效力，但该结论可以接受法律的考验。这是因为二手车鉴定评估机构的评估结论确定之后，必须经当事人双方接受才能结案或买卖成交。一旦当事人双方有一方不能接受，则可选择其他途径解决，如调解协商、仲裁或诉讼。但是，二手车鉴定评估机构可以接受委托方的委托出庭辩护，甚至可被聘请为诉讼代理人出庭诉讼，本着对委托方特别是对评估报告负责的原则，促成双方接受既定结论。

3. 中介职能

二手车鉴定评估机构作为中介人，从事评估经济活动，并参与相关利益的分配，为当事人提供服务，具有鲜明的中介职能。这是因为：第一，二手车鉴定评估机构可以受托于双方当事人的任何一方；第二，二手车鉴定评估机构以当事人之外的第三方身份从事二手车鉴定评估经营活动，从当事人一方获得委托，以中间人立场执行二手车鉴定评估，并收取合理费用。这样，二手车鉴定评估机构以中间人的身份，独立地开展二手车鉴定评估，从而得出评估结论，促成双方当事人接受该结论，为当事人提供中介服务，淋漓尽致地发挥其中介职能。

2.1.4 二手车鉴定评估机构的地位

二手车鉴定评估机构的地位是独立的，主要表现在以下方面。

① 二手车鉴定评估机构执行评估业务时，既不代表双方当事人，也不受行政权力等外界因素干扰。

② 在开展二手车鉴定评估业务的整个进程中，二手车鉴定估价人员保持着独立的思维方式和判断标准。

③ 二手车鉴定估价人员的评估分析和结论保持独立性，这一特征在二手车鉴定评估机构所出具的评估报告中得以充分体现。

④ 二手车鉴定估价人员具有知识密集性和技术密集性的特征，在二手车鉴定评估领域具有一定的权威地位，但从法律的角度看，这种权威地位是相对的。从市场地位而言，二手车鉴定估价人员必须坚持独立的立场，无论针对哪一方委托的事务都应作出客观、公平的评判。

2.2 二手车鉴定评估师的资格认证与管理

2.2.1 二手车鉴定评估师的地位与资格认证

1．二手车鉴定评估师的概念

二手车鉴定评估师旧称为“旧机动车鉴定估价师”。该职业是指运用目测、路试及借助相关仪器设备对二手车的技术状况进行综合检验和检测，结合车辆相关文件资料对二手车的技术状况进行鉴定，并根据评估的特定目的，依据二手车鉴定评估定价标准等一系列科学方法来确定二手车价格的专业技术人员。二手车鉴定评估师与房地产评估师、资产评估师等同属于国务院批准的六类资产评估职业。

二手车鉴定评估师职业定义看似简单，其实对二手车鉴定评估师的知识技能提出了很高要求。

2．二手车鉴定评估师在二手车交易中的地位和作用

在二手车交易中，大部分车主和买主都不能客观地确定车辆的现值。因此，需要第三方本着公正、科学、专业的原则，对交易车辆的价格做出合理的估算，提供一个交易双方都认可的评估值。能够承担起这个责任的就是二手车鉴定评估师。所以，二手车鉴定评估师对车辆的评估是二手车交易中一个必不可少的环节，二手车鉴定评估师在车辆交易中有着重要的地位。

如果在二手车交易过程中，没有二手车鉴定评估师的存在，首先，卖车者会对车辆的价格无所适从，对定价的高低把握不准。定价过高，无人购买；定价过低，就会给一些非法的炒买炒卖者可乘之机，进一步影响二手车的良好交易环境。其次，买车者会对卖车者自己定价产生怀疑。价格高了，会认为是炒买炒卖行为，对交易的质量不放心；价格低了，又会认为是交易车辆存在质量和交通事故等问题，使得交易无法进行。二手车鉴定评估师是经全国统一考核合格，获得劳动和社会保障部颁发的职业资格证书的专业人员，可以通过专业的理论知识和丰富的实践经验，对进入交易市场进行交易的二手车，做出初步的手续、车况检查，并对交易车辆提出较为合理的市场建议价。所以，在二手车交易中二手车鉴定评估师不可或缺。

二手车鉴定评估师在二手车交易中所起的作用有以下几方面。

① 二手车鉴定评估师在交易中起着承前启后的作用，即桥梁作用。在车辆交易中，买卖双方由于无法对车价有一致的认同，必须借助二手车鉴定评估师的评估能力，对交易车辆的价值做出较为客观的评估。

② 二手车鉴定评估师在交易中起着引导的作用。交易双方在对车辆的车况等各种状况不了解的情况下，往往要参考二手车鉴定评估师等专业人士的意见，特别是买车者会较为注重二手车鉴定评估师的意见。二手车鉴定评估师的专业意见会对车辆的成交起到引导的作用。

③ 二手车鉴定评估师在交易中起着平衡双方利益的作用。由于车辆能否成交与车辆的价格有着直接的关系，买方希望买入的价格低，卖方希望卖出的价格高，两者间存在着矛盾。这时，要求二手车鉴定评估师能够起到协调双方利益的作用。

④ 高质量的评估价起着促进二手车交易量的作用。判断一个评估价质量好坏的标准是其是否合理、合适，被评估车辆的状况是否反映出合适的价格。只要评估价做到公正、合理，便能够使买卖双方尽快成交，从而促进交易量的提高。

⑤ 在产权转移时发挥作用。就狭义的产权转移而言，是指车辆的过户转籍。二手车在二手车交易市场成交以后，必须办理过户转籍手续。过户时要缴纳相关的过户交易费，车辆要进行评估，按评估值的一定比例收取相关费用。

⑥ 为二手车抵押贷款的评估发挥作用。二手车抵押贷款指的是买车者在二手车交易市场购买二手车，并提供有效的抵押担保，向可以提供贷款的商业银行提出贷款申请，用以支付购买二手车所需部分款项的交易方式。因为银行的贷款额是按车辆的价值来发放的，所以二手车鉴定评估师要对交易车辆进行评估，使该项交易得以顺利进行。

⑦ 为改制企业的车辆评估发挥作用。随着我国经济体制改革力度的加大，国有车辆大量进入民间。在这种情况下，二手车鉴定评估师给出的评估值至关重要，要起到确保国有资产不致流失的作用。

⑧ 为防止二手车的非法交易发挥作用。二手车属特殊商品，二手车的流通涉及车辆管理、交通管理、环保管理、资产管理等各方面，属特殊商品流通。目前我国对进入二级市场再流通的二手车有严格的规定，鉴定估价环节正是防止非法交易发生的重要手段。二手车鉴定估价的一个重要任务就是鉴定、识别走私、盗抢、报废、拼装等非法车辆，以防它们重新流入社会。

3. 二手车鉴定评估师资格认证

自 1999 年劳动和社会保障部推行二手车鉴定评估师职业资格证书以来，我国已有数千人取得了二手车鉴定评估师资格。大多数鉴定评估师能遵纪守法，遵守职业道德，依照法律、法规及有关文件的规定，做好二手车的鉴定评估工作。根据《关于规范旧机动车鉴定评估工作的通知》的规定，实行二手车鉴定评估师职业资格和就业准入制度。从事二手车鉴定评估工作的人员，必须取得劳动和社会保障部颁发的二手车鉴定评估师职业资格证书。没有取得职业资格证书的人员，不得从事二手车鉴定评估工作。各地劳动和社会保障部门要加强二手车鉴定评估师就业准入管理工作，与商务部门密切配合，积极推进二手车鉴定评估师持证上岗制度。

二手车鉴定评估师职业资格分为鉴定评估师和高级鉴定评估师两个等级，其考核颁证工作实行全国统一标准，即统一教材、统一命题、统一考核和统一证书。劳动和社会保障部与国家商务部共同负责全国二手车鉴定评估师职业资格制度的政策制定、组织协调和监督管理，并委托劳动和社会保障部职业技能鉴定中心和中国汽车流通协会具体组织实施。

二手车鉴定评估师是为二手车交易双方展开公正和公平的车辆鉴定和价格评估，并逐渐覆盖到二手车交易过程中的各个相关环节，涵盖汽车产品的技术评定、产品估价、交易代理等的专业人员。

2.2.2 二手车鉴定评估师申报条件

1. 二手车鉴定评估师申报条件

二手车鉴定评估师须同时具备的条件如下。

① 文化程度满足以下条件之一。

- 高中毕业，从事本行业工作 5 年以上。
- 中等专科学校毕业，非汽车专业，从事本行业工作 4 年以上；汽车专业，从事本行业工作 2 年以上。
- 大专以上学历，非汽车专业，从事本行业工作 2 年以上；汽车专业，从事本行业工作 1 年以上。

② 会驾驶汽车并已考取驾驶证。

③ 具有一定的车辆性能判断能力。

④ 具有一定的汽车营销知识。

2．高级二手车鉴定评估师申报条件

高级二手车鉴定评估师须同时具备的条件如下。

① 文化程度满足以下条件之一。

● 高中毕业，从事本行业工作 8 年以上。

● 中等专科学校毕业，非汽车专业，从事本行业工作 6 年以上；汽车专业，从事本行业工作 4 年以上。

● 大学专科以上学历，非汽车专业，从事本行业工作 5 年以上；汽车专业，从事本行业工作 3 年以上。

② 具有汽车驾驶证，驾龄不低于 3 年。

③ 具有较强的汽车性能判别能力。

④ 具有丰富的汽车营销知识和经验。

2.2.3　二手车鉴定评估师的要求

1．基本要求

（1）职业道德要求

热爱本职工作，遵守职业道德，具有较高的政治素质和法制观念，从事业务要保证公正、公平、公开，不得利用职业之便损害国家、集体和个人利益。

（2）基础知识要求

二手车鉴定评估师应具备以下基础知识。

① 汽车结构和原理知识。

② 二手车价格及营销知识。

③ 汽车驾驶技术。

④ 国家关于二手车管理的政策及法规。

2．二手车鉴定评估师的技能要求

（1）二手车鉴定评估师的技能要求

二手车鉴定评估师的技能要求见表 2-1。

表 2-1 二手车鉴定评估师的技能要求

职业功能	工作内容	技能要求	相关知识	配分比例
咨询服务	业务接待	1. 能按岗位责任和规范要求，文明用语、礼貌待客 2. 能够简要介绍二手车交易方式、程序和有关规定	1. 岗位责任和规范要求 2. 二手车交易主要方式、程序和有关规定	1
	法规咨询	1. 能向客户解答二手车交易的法定手续 2. 能向客户说明不同车主、不同类型二手车交易的有关法规	1. 国家对不同车主、不同类型二手车交易的规定 2.《汽车报废标准》、《二手车交易管理办法》等	1
	技术咨询	1. 能向客户说明汽车常用的技术参数、基本构造原理及使用性能 2. 能识别汽车类别、国产车型号和进口汽车出厂日期 3. 能根据客户提供的情况，初步鉴别二手车新旧程度	1. 汽车主要技术参数、使用性能及基本构造原理 2. 汽车分类标准、国产车型号编制规则及进口车出厂日期的识别方法 3. 鉴别二手车新旧程度的基本方法	2
	价格咨询	1. 能掌握二手车市场价格行情 2. 能向客户简要介绍二手车市场的供求状况 3. 能向客户介绍二手车交易所需的基本费用	1. 二手车价格行情、供求信息的收集渠道和方法 2. 二手车交易各项费用价格构成因素	1
手续检查	检查车辆各项手续	1. 能按规定检查二手车交易所需的各项手续 2. 能识别二手车交易所需票证的真伪	1. 二手车交易手续和相关知识 2. 二手车交易所需票证识伪常识	8
车况检查	技术状况检查	1. 通过目测、耳听、试摸等手段，能判断二手车外观和主要总成的基本状况 2. 通过路试，能判断发动机动力性能，传动系、转向系、制动系、电路、油路等工作情况	1. 目测、耳听、试摸检查二手车的方法和要领 2. 路试检查二手车的方法和要领 3. 汽车检测技术常识	40
	技术状况检测	1. 能读懂汽车检测报告 2. 会使用简单的检测仪器和设备		
技术鉴定	二手车主要部件技术状况鉴定	1. 熟悉汽车主要部件正常工作的状态 2. 能判定二手车主要部件的技术状况	1. 汽车主要部件的工作原理 2. 检测报告数据分析方法 3. 二手车技术状况等级鉴定方法	22
	二手车整车技术状况鉴定	1. 能正确分析检测报告的数据 2. 能判定二手车整车的技术状况等级		
评估定价	评估价格	1. 根据车况检测和技术鉴定结果，确定二手车的成新率 2. 根据二手车成新率及市场行情，确定二手车价格	1. 确定二手车成新率的方法 2. 二手车价格评估程序和方法	25
	编写评估报告	能编写二手车鉴定评估报告	评估报告的格式、要求	

（2）高级二手车鉴定评估师的技能要求

高级二手车鉴定评估师的技能要求，见表2-2。

表2-2　高级二手车鉴定评估师的技能要求

职业功能	工作内容	技能要求	相关知识	配分比例
咨询服务	业务接待	1. 能合理运用社交礼仪及社交语言 2. 能与国外客户进行简单交流 3. 能发现客户的需求和交易动机，营造和谐的洽谈气氛	1. 营销工作中的公关语言、礼仪 2. 常用外语口语 3. 客户的需求心理、交易动机等常识	1
	法规咨询	1. 能向客户解答二手车交易的法定手续 2. 能向客户说明不同车主、不同类型二手车交易的有关法规	1. 国家对不同车主、不同类型二手车交易的规定 2.《汽车报废标准》、《二手车交易管理办法》等	1
	技术咨询	1. 能向客户说明汽车主要总成的工作原理 2. 能向客户介绍汽车维护、修理常识 3. 能为客户判断二手车常见故障 4. 能理解国外常见车型代号的含义 5. 能看懂进口汽车英文产品介绍、使用说明等技术资料	1. 汽车主要总成工作原理 2. 汽车维护、修理常识 3. 汽车常见故障 4. 国外常见车辆型号的含义 5. 汽车专业英语基础	2
	价格咨询	1. 能通过计算机网络查询二手车价格行情和供求信息 2. 能分析说明二手车市场价格、供求变化趋势 3. 能根据车辆使用情况，初步估计二手车价格	1. 计算机信息系统软件使用方法 2. 价格学、市场学基础知识 3. 二手车价格粗估方法	1
	投资咨询	1. 能帮助客户根据用途选择车型 2. 能根据客户需要，提供投资建议	1. 二手车用途及购买常识 2. 二手车投资收益分析方法	2
手续检查	检查车辆各项手续	1. 能按规定检查二手车交易所需的各项手续 2. 能识别二手车交易所需票证的真伪	1. 二手车交易手续和相关知识 2. 二手车交易所需票证识伪常识	5
车况检查	技术状况检查	1. 能识别事故车辆 2. 能识别翻新、大修车辆 3. 能发现二手车主要部件更换情况	1. 识别事故车辆、翻新车辆、大修车辆的方法 2. 汽车维修常识 3. 汽车基本的检测技术和方法	38
	技术状况检测	1. 熟悉汽车检测的基本项目 2. 能掌握汽车基本检测方法 3. 会使用汽车常用的检测仪器和设备		

续表

职业功能	工作内容	技能要求	相关知识	配分比例
技术鉴定	二手车主要部件技术状况鉴定	熟知汽车主要部件的技术状况对整车性能的影响	1. 汽车部件损耗规律 2. 二手车技术鉴定报告格式和内容	20
	二手车整车技术状况鉴定	能撰写二手车技术鉴定报告		
评估定价	评估价格	1. 能掌握国家有关设备折旧规定和计算方法 2. 能掌握和运用多种评估定价方法 3. 能利用计算机鉴定估价软件进行估价	1. 设备折旧法 2. 二手车估价软件使用方法 3. 价格策略与常用定价方法，成本定价法、需求定价法、竞争定价法	25
	编写评估报告	能够运用计算机编写评估报告	计算机文字处理软件使用方法	
工作指导	指导鉴定估价的工作	1. 了解汽车的发展动态 2. 能指导二手车鉴定评估师处理工作中遇到的较复杂问题 3. 能结合实际情况，对鉴定估价工作提出改进意见	汽车发展动态以及鉴定估价的相关知识	5

3. 二手车鉴定评估人员的岗位职责

二手车鉴定评估人员的岗位职责如下。

① 遵守《二手车鉴定估价从业人员工作守则》，认真履行岗位职责。

② 接待二手车交易客户，受理客户鉴定估价的委托。

③ 接受客户对二手车交易的咨询，引导客户合法交易。

④ 负责检查二手车交易的各项证件。

⑤ 负责收集二手车鉴定估价的政策法规资料、车辆技术资料、市场价格信息资料。

⑥ 负责对二手车进行技术鉴定，估算价格。

⑦ 不准盗抢、走私、非法拼装、报废车辆进场交易。

⑧ 负责报告鉴定估价结果，与客户商定确认评估价格。

⑨ 填写鉴定估价报告，指导资料员存档。

⑩ 协助领导做好有关鉴定估价的其他工作。

4. 二手车鉴定评估人员的素质要求

随着二手车市场的迅猛发展，二手车市场存在的许多重要问题日益突出，要求加强鉴定估价行业管理的呼声越来越高。其中比较突出的问题就是规范二手车定价。我国二手车市场从业人员技术素质参差不齐，缺乏统一标准，缺乏经验，缺乏职业道德，特别是在二手车鉴定估价这一中心环节上，有的二手车交易市场缺少合格的专业鉴定评估师。估价随意性较大，定价不太合理，广大消费者的合法权益不能得到保障，企业权益和国家利益常常受到不同程度的侵害。这就要求提高二手车鉴定评估师的素质，使其发挥更大作用。

二手车鉴定评估人员的素质直接影响着二手车价格评估工作的质量，一名合格的二手车鉴定评估人员应具备的素质主要体现在政策理论素质、业务素质和思想品德素质 3 个方面。

（1）政策理论素质

① 掌握马克思主义的基本理论，能运用马克思主义的立场、观点和方法分析和解决问题。

② 有一定的资产评估业务理论知识，熟悉资产评估基本原理和基本方法。

③ 有一定的政策水平，熟知国家有关二手车交易的政策法规和国家在各个时期的路线、方针和政策。

（2）业务素质

① 具有一定的知识面。二手车鉴定估价涉及的知识面广，它不仅要求鉴定估价人员具备财会、经济管理、市场、金融、物价等经济学科方面的知识，还要求鉴定估价人员具有工程技术、微机操作方面的知识。鉴定估价人员具有较全面的知识结构，才能胜任二手车的鉴定估价工作。

② 具有娴熟的评估技巧和计算技术。

③ 具有较高的收集、分析和运用信息资料的能力。

④ 具有准确的判断能力。二手车鉴定估价的过程，就是一个对二手车技术状况进行判断、鉴定，从而对其价格进行估算判断的过程。

（3）思想品德素质

思想品德素质包括以下内容：热爱祖国，坚持四项基本原则，拥护改革开放的方针和政策，遵纪守法，公正廉洁。鉴定估价人员只有具备较高的思想品德素质，才能在评估工作中自觉履行自己的职责和义务，恪守职业道德，全心全意为客户服务。

2.2.4 二手车鉴定评估师注册登记管理

根据《关于规范旧机动车鉴定评估工作的通知》的规定，二手车鉴定评估师实行注册登记管理制度。中国汽车流通协会负责对二手车鉴定评估师职业资格的注册登记，并制定了《旧机动车鉴定估价师注册登记管理办法》，其具体内容如下。

① 为加强对二手车鉴定评估师的长期动态管理，不断提高二手车鉴定评估师的职业技术水平，更好地发挥其在二手车鉴定评估中的作用，根据原国家经贸委、劳动和社会保障部《关于规范二手车鉴定评估工作的通知》，制定本办法。

② 本办法中所称二手车鉴定评估师是指经全国统一考核合格，取得劳动和社会保障部颁发的、由劳动和社会保障部培训就业司和劳动和社会保障部职业技能鉴定中心印制的二手车鉴定评估师职业资格证书的人员。

③ 中国汽车流通协会是二手车鉴定评估师职业资格的注册管理机构。商务部、劳动和

社会保障部对二手车鉴定评估师职业资格的注册和使用情况有检查、监督的责任。

④ 已取得二手车鉴定评估师职业资格的人员，每两年应接受继续教育或业务培训，不断更新知识，以保持较高的专业水平。

⑤ 二手车鉴定评估师职业资格注册有效期为一年。有效期满前一个月，持证人将劳动和社会保障部统一颁发的“二手车鉴定评估师职业资格证书”和中国汽车流通协会统一颁发的“二手车鉴定评估师注册登记证”及由单位领导签字并加盖公章的“二手车鉴定评估师注册申请表（表2-3）”寄到中国汽车流通协会或协会委托的地方行业协会，办理注册登记手续。

对有争议或群众反映强烈的持证者，中国汽车流通协会将调查核实并征求地方人民政府负责管理二手车鉴定评估业的部门的意见，再决定是否对其办理注册登记手续。

⑥ 二手车鉴定评估师只能在一个评估机构或相关企业执业，不得以其鉴定评估师身份在其他企业兼职。二手车鉴定评估师调离原单位，仍继续从事二手车鉴定评估工作者，须在一个月内凭调入、调出单位有关证明到中国汽车流通协会或协会委托的地方行业协会重新办理注册登记手续。

⑦ 二手车鉴定评估师职业资格注册后，有下列情形之一的，应由所在单位向中国汽车流通协会提出注销注册申请，并将“二手车鉴定评估师注册登记证”寄回中国汽车流通协会。

- 完全丧失民事行为能力者。
- 死亡或失踪者。
- 受刑事处罚者。
- 因严重违反职业道德或其他原因不宜继续从事二手车鉴定评估工作者。

⑧ 二手车鉴定评估师有下列情形之一的，由中国汽车流通协会视其情节轻重，给予警告、暂停从业、注销注册的处分。

- 在执业期间，因违反法律法规规定对国家、委托人所造成的经济损失有直接责任者。
- 利用执行业务之便，索取、收受委托人不正当的酬金或其他财物，或者谋取不正当的利益。
- 允许他人以本人名义执行业务。
- 同时在两个或者两个以上的二手车鉴定评估机构执行业务。
- 二手车鉴定评估师工作变动，未在规定期限到中国汽车流通协会办理变更或注销手续。
- 二手车鉴定评估师职业资格未按规定注册。
- 违反法律法规的其他行为。

申请人对其不予注册、警告、暂停从业、注销注册的处分如有异议，可在收到通知后20天内向中国汽车流通协会申请复议。

表 2-3　二手车鉴定评估师注册申请表

姓　名		性　别		出生年月		近期两寸免冠照片（首次注册）
民　族		学　历		从事本专业时间		
现工作单位				职　务		
详细地址				邮　编		
联系电话	（区号）	（电话）		（手机）		
传　真				身份证号		
注册情况	□首次注册	□年度审核				
二手车鉴定评估师职业资格证书号				二手车高级鉴定评估师职业资格证书号		
本年度工作业绩						
单位鉴定意见	领导签字　公　章 年　月　日					
省企业营销协会初审意见	领导签字　公　章 年　月　日					
中国汽车流通协会意见	领导签字　公　章 年　月　日					

备注：二手车鉴定评估师所在注册单位凡经改制更名的应提交《二手车鉴定评估师变更注册单位审批表》（表 2-4）。

通讯地址：　　　　　　　邮编：

联系人：　　　　　　　　电话：　　　　　　传真：

表 2-4　二手车鉴定评估师变更注册单位审批表

姓　　名		性　　别		出生年月	
民　　族		学　　历		从事本专业时间	
注册证编号					
二手车鉴定评估师职业资格证书号			二手车高级鉴定评估师职业资格证书号		
调出企业				职　　务	
地　　址				邮　　编	
电　　话	（区号）	（电话）	（传真）		
调入企业		职　　务			
地　　址				邮　　编	
电　　话	（区号）	（电话）	（传真）	（手机）	
从业简历					
工作调动原因					
调出企业意见				领导签字　　公　章 年　　月　　日	
调入企业意见				领导签字　　公　章 年　　月　　日	
省企业营销协会初审意见				领导签字　　公　章 年　　月　　日	
中国汽车流通协会意见				领导签字　　公　章 年　　月　　日	

通讯地址：　　　　　　　　邮编：

联系人：　　　　　　　　　电话：　　　　　　　　传真：

2.3 二手车鉴定评估师的职业道德

2.3.1 职业道德

1. 职业与职业道德的概念

（1）职业

职业是指人们在不同的社会生活中对社会所承担的一定职责和从事的专门业务。职业产生于社会分工，随着生产力的发展，社会分工不断细化，不断产生新的职业。在现实生活中，人们习惯于把每个人在社会中所从事的并作为主要生活来源的工作称为职业。

（2）职业道德

职业道德是指从事一定职业的人们在职业活动中应当遵循的职业行为道德规范，即道德观念、行为规范和风俗习惯的总和。

各行业共同的职业道德为爱岗敬业、诚实守信、办事公道、服务群众、奉献社会。由于社会上有很多行业，因而，职业道德也有很多种类，可以说各个行业都有自己具有行业特征的职业道德。其共同特点是对职业充满情感、信念与责任感。职业道德使人产生爱业、敬业的精神；职业的信念能形成求生存、谋发展、争创一流的决心与行动；职业责任感能使人刻苦钻研业务，高效完成各项任务。无论从事什么职业，只要为国家的富强、人民的需要作出了贡献，都应受到国家和人民的尊重。因此，人人都应当热爱自己的岗位，树立职业的责任感和荣誉感。高尚的职业道德情操，是社会主义道德的重要内容。

2. 职业道德的特点

（1）具有适用范围的有限性

每种职业都担负着其特定的职业责任和职业义务。各种职业的职业责任和义务不同，从而形成了各自特定的职业道德的具体规范。

（2）具有发展的历史继承性

由于职业具有不断发展和世代延续的特征，职业道德也因此有一定历史继承性。例如，“有教无类”、“学而不厌，诲人不倦”从古至今始终是教师应遵循的职业道德。

（3）表达形式多种多样

由于各种职业道德的要求都较为具体、细致，因此其表达形式多种多样。

（4）具有很强的纪律性

纪律也是一种行为规范，但它是介于法律和道德之间的一种特殊的规范。它既要求人们能自觉遵守，又带有一定的强制性。就前者而言，它具有道德色彩；就后者而言，它又带有一定的法律色彩。也就是说，一方面，遵守纪律是一种美德；另一方面，遵守纪律又带有强制性，具有法令的要求。例如，工人必须执行操作规程和安全规定，军人要有严明的纪律等。因此，职业道德有时又以制度、章程、条例的形式表达，让从业人员认识到职业道德又具有纪律的规范性。

3. 职业道德的社会作用

职业道德是社会道德体系的重要组成部分，它一方面具有社会道德的一般作用，另一方面又具有自身的特殊作用，具体表现在以下方面。

（1）调节职业交往中从业人员内部以及从业人员与服务对象间的关系

职业道德的基本职能是调节职能。它一方面可以调节从业人员内部的关系，即运用职业道德规范约束从业人员的行为，促进从业人员内部的团结与合作。例如，职业道德规范要求各行各业的从业人员，都要团结、互助、爱岗、敬业，齐心协力地为发展本行业、本企业服务。另一方面，职业道德又可以调节从业人员和服务对象之间的关系。例如，职业道德规定了制造产品的工人要怎样对用户负责，营销人员怎样对顾客负责，医生怎样对病人负责，教师怎样对学生负责，二手车鉴定评估人员怎样对委托方负责等。

（2）有助于维护和提高本行业的信誉

一个行业、一个企业的信誉，也就是它们的形象、信用和声誉，体现了企业及其产品与服务在社会公众中的受信任程度。提高企业的信誉主要靠产品质量和服务质量，而高水平的从业人员职业道德是产品质量和服务质量的有效保证。若从业人员职业道德水平不高，则很难生产出优质的产品和提供优质的服务。

（3）促进本行业、企业的发展

行业、企业的发展有赖于高的经济效益，而高的经济效益源于高的员工素质。员工素质主要包含知识、能力、责任心三个方面，其中责任心是最重要的。而职业道德水平高的从业人员其责任心是极强的，因此，职业道德能促进本行业、企业的发展。

（4）有助于提高全社会的道德水平

职业道德是整个社会道德的重要内容。一方面，职业道德涉及每个从业人员如何对待职业、如何对待工作，它同时也是从业人员的生活态度、价值观念的表现。当一个人的道德意识发展到成熟阶段时，就会具有较强的稳定性和连续性。另一方面，职业道德也是一个企业，甚至一个行业全体人员的行为表现，如果每个行业、每个企业全体人员都具备优良的道德，对整个社会道德水平的提高将会发挥重要作用。

2.3.2 二手车鉴定评估师职业道德规范

二手车鉴定评估师职业道德规范是指二手车鉴定评估从业人员在二手车鉴定评估工作中必须遵循的职业道德准则和行为规范。

1. 二手车鉴定评估职业道德

1）二手车鉴定评估职业道德的社会性

二手车鉴定评估业是我国评估业的一部分，是为二手车流通服务的。我国二手车流通的社会主义性质，决定了二手车鉴定评估职业利益和社会利益的一致性。

二手车鉴定评估直接影响二手车市场秩序，影响到公众的利益和人民生命、国家财产的安全。二手车鉴定评估人员从事鉴定评估工作时，直接与服务对象（委托方）进行面对面的交往，还经常同社会其他职业（如二手车交易、二手车置换、二手车拍卖、汽车保险、汽车维修、汽车配件经营等）发生直接联系。这种特有的工作性质，要求从业者在实践二手车鉴定评估职业道德时，首先要履行社会公德，要自觉地将自己置身于社会大环境下严格要求，为二手车鉴定评估展开服务。

2）二手车鉴定评估职业道德范畴

二手车鉴定评估职业道德反映了二手车鉴定评估业与其他行业之间、二手车鉴定评估业与社会之间、二手车鉴定评估业内部职工之间的最本质、最重要、最普遍的职业道德关系。认识并掌握二手车鉴定评估职业道德的范畴，对于正确理解和履行二手车鉴定评估职业道德，具有重要的指导意义。二手车鉴定评估职业道德范畴主要有如下几方面。

（1）二手车鉴定评估职业责任和良心

① 二手车鉴定评估职业责任。

二手车鉴定评估职业责任是指二手车鉴定评估从业人员在职业生涯中所应履行的社会责任。在现实世界，任何一种正当职业都承担着一定的社会责任。二手车鉴定评估职业所承担的社会责任，具体讲就是对二手车技术状况和价值负责，对委托方负责。从宏观上讲，就是承担着保障二手车流通业发展的重大职能。当二手车鉴定评估从业人员认识到自己的职业责任时，会产生积极推动二手车鉴定评估行业发展的使命感和责任感，并落实到每项工作中，在实际工作中自觉自愿地履行职业责任。

我国二手车鉴定评估职业责任是：热爱二手车鉴定评估，献身二手车鉴定评估，对车辆现值做出客观、真实、公正、公开的评估，努力发展我国二手车流通事业。

② 二手车鉴定评估职业良心。

二手车鉴定评估职业良心是同二手车鉴定评估职业责任密切相关的重要道德范畴，是蕴藏在二手车鉴定评估从业人员内心深处的一种情感，是对道德责任的自觉意识。二手车鉴定评估职业良心主要有两层含义：一是二手车鉴定评估从业人员内心强烈的对二手车鉴定评估业、对服务对象的道德责任感，二是二手车鉴定评估从业人员依据二手车鉴定评估职业道德的基本要求进行自我评价的能力。

二手车鉴定评估职业良心对职业行为影响很大，它可以鼓励从业人员行为从善，抑制不道德行为。二手车鉴定评估职业良心是从业人员内心的道德法庭，它对职业行为的后果和影响有评价作用。履行了职业义务并产生了良好后果和影响，良心上就会感到满足；否则，就会受到良心的谴责。二手车鉴定评估人员必须在职业活动中自觉培养职业良心，使自己的职业行为更加符合社会道德规范。

（2）二手车鉴定评估职业信誉和尊严

① 二手车鉴定评估职业信誉。

二手车鉴定评估职业信誉是指二手车鉴定评估职业的信用和名誉，它表现为社会对二手车鉴定评估职业的信任感和二手车鉴定评估在社会生活中的声誉。在社会主义市场经济条件下，信誉对于二手车鉴定评估职业至关重要。信誉高，可产生强大的社会吸引力、凝聚力，增强从业者的职业荣誉感和责任感。二手车鉴定评估职业的社会声誉，是二手车鉴定评估职业形象外在表现的反映，形象是资源，是效益。形象好，社会声誉就好，由此而带来的生产和经营效果就会好；否则，二手车鉴定评估职业的经济效益和社会效益都会直接受到影响。二手车鉴定评估人员是二手车鉴定评估职业的首要岗位，对树立二手车鉴定评估职业的形象以及社会声誉影响极大。因此，二手车鉴定评估从业人员，一定要重视职业信誉在道德建设中的作用，树立良好的二手车鉴定评估职业信誉的观念。

② 二手车鉴定评估职业尊严。

二手车鉴定评估职业尊严是指社会或他人对二手车鉴定评估职业的尊重，也指二手车鉴定评估从业人员对二手车鉴定评估职业的尊重和爱护。二手车鉴定评估职业尊严可以使从业人员自我控制和支配职业行为，使自己的一举一动都从维护二手车鉴定评估职业尊严出发，避免不利于或者有损于职业尊严的行为。

职业尊严是职业形象内在素质的客观反映，与职业义务、职业责任、职业纪律、职业道德有紧密联系。从业者认真履行职业义务，尽职尽责地为服务对象服务，人们就会尊重其职业活动，尊重其为人，也就树立了其职业形象。如果对服务对象傲慢无礼，甚至妨碍、侵害其利益，就会受到社会的谴责而损害职业形象。因此，维护职业尊严就要忠实地履行职业义务，全心全意为客户服务。

（3）二手车鉴定评估职业情感

要圆满地履行社会责任，就必须具备高度负责的职业情感。只有具备了这种情感，才能主动地、自觉地为委托方服务。没有情感的举动是机械的。在二手车鉴定评估职业活动中，对学习掌握鉴定评估技术缺少积极性，对二手车鉴定评估作业马马虎虎，对二手车价值的评估远离现行市价等现象，就是缺乏职业情感的具体反映。二手车鉴定评估从业人员，在二手车鉴定评估行业中承担着重要的社会责任，应时时事事关心委托方的利益，以高度的责任感和热爱二手车鉴定评估职业的饱满激情，全心全意为委托方提供客观、真实、公正、公开的二手车鉴定评估服务。

2. 二手车鉴定评估人员职业道德规范

规范是标准或准则的意思。在社会生活中有各种各样的规范，道德规范是社会规范的一种，它是调整个人之间以及个人与社会之间的关系，判断人们行为善恶的准绳。不同职业有不同的职业道德规范，二手车鉴定评估人员职业道德规范是二手车鉴定评估人员所必须遵循的行为标准或准则，它的基本内容主要有以下 6 个方面。

① 遵纪守法、廉洁自律。
② 客观独立、公正科学。
③ 诚实守信、规范服务。
④ 客户至上、保守秘密。
⑤ 团队合作、锐意进取。
⑥ 操作规范、保证安全。

3．二手车鉴定评估人员的岗位职责

① 遵守《二手车鉴定评估从业人员自律守则》，认真履行岗位职责。
② 接待二手车交易客户，受理客户鉴定评估的委托。
③ 接受客户对二手车交易的咨询，引导客户合法交易。
④ 负责检查二手车交易的各项证件。
⑤ 负责收集二手车鉴定评估的政策法规资料、车辆技术资料、市场价格信息资料。
⑥ 负责对二手车进行技术鉴定，估算价格。
⑦ 不准盗抢、走私、非法拼装、报废车辆进场鉴定评估和交易。
⑧ 负责报告鉴定评估结果，与客户商定确认评估价格。
⑨ 填写鉴定评估报告，指导资料员存档。
⑩ 协助领导做好有关鉴定评估的其他工作。
⑪ 负责对事故车辆进行车损评估，并撰写事故车评估报告。

2.3.3 二手车鉴定评估从业人员自律守则

1．总则

① 为了使二手车鉴定评估从业人员更好地履行职责，坚持二手车评估的客观公正性，保证鉴定评估质量，参照中国资产评估协会制定的《资产评估执业人员自律守则》，制定二手车鉴定评估从业人员自律守则。

② 二手车鉴定评估从业人员自律守则，是指二手车鉴定评估从业人员在二手车的评估业务活动中应当遵循的行为准则。

③ 二手车鉴定评估从业人员是指专职在一家二手车交易市场从事二手车鉴定评估，并获得国家劳动与社会保障部门颁发的《二手车鉴定评估师职业资格证书》的从业人员。

2．基本要求

① 二手车鉴定评估从业人员在执行业务过程中应严格遵守国家有关法律、法规，执行国家有关政策，坚持客观、公正、公开的原则。

② 二手车鉴定评估从业人员在承接业务、评估操作和评估报告形成过程中，不受其他

任何单位和个人的干预和影响。

③ 二手车鉴定评估从业人员在收集资料、调查、判断和表达意见时应当实事求是，不以主观好恶或个人偏见行事，不允许因成见或偏见影响评估结果的客观性。

④ 二手车鉴定评估从业人员在执行业务过程中，应诚实、正直、公平，不偏不倚地对待评估业务中有关各方，不以牺牲一方利益为条件而使另一方受益。

⑤ 二手车鉴定评估从业人员要廉洁自律，不得利用工作之便，谋取私利。

3. 业务能力和工作规则

① 二手车鉴定评估从业人员应具备鉴定评估及相关专业知识和鉴定评估的实践经验，并应按规定接受继续教育，充实和更新业务知识，提高鉴定评估的技能。

② 二手车鉴定评估从业人员应熟悉和掌握国家有关政策和法规、行业管理制度及有关技术标准，注意收集与鉴定评估有关的业务信息，以提供完善服务。

③ 二手车鉴定从业人员在执行业务时，应该严肃认真，采用恰当科学的评估方法，按照规定的评估程序，完成承接的鉴定评估业务，履行二手车鉴定评估协议书中规定的各项职责。

④ 二手车鉴定评估从业人员对鉴定评估的结果和撰写的评估报告书必须提供可靠、充实的依据，手续核实、技术鉴定、评定估算等评估过程均应形成文字工作底稿，采用的数据信息资料均应注明来源渠道。

⑤ 二手车鉴定评估从业人员在本行业中应团结合作，不得以不正当手段损害同行的专业信誉。

⑥ 二手车鉴定评估机构与委托单位（方）在承接和委托业务上，应实行双向选择。二手车鉴定评估从业人员应以良好的服务质量赢得客户，而不得以任何方式限制、利诱或干预委托单位（方）对二手车鉴定评估机构的选择，也不得采取回扣、提成、压价竞争和抬高自己、贬低他人等不正当手段招揽业务。

⑦ 二手车鉴定评估从业人员承接业务，均应由二手车鉴定评估机构受理，不得以个人名义接受委托，承办业务。

⑧ 二手车鉴定评估从业人员不得允许其他人用本人名义接受委托、承办业务，也不得为其他人的鉴定评估结果签字盖章。

⑨ 二手车鉴定评估从业人员有权要求委托单位（方）提供执行评估业务所需的资料。由于委托单位（方）不提供资料或提供资料不全面、不真实，造成评估结果失实的，鉴定评估从业人员不承担相应责任。

⑩ 二手车鉴定评估从业人员对于委托单位（方）提供的数据资料和评估结果，应当严格保守秘密，除非得到委托单位（方）的书面允许或依法律、法规要求公布，否则不得将任何资料和情况提供或泄露给第三者。

CHAPTER 3
第3章 二手车鉴定评估基础与合同基础

3.1 二手车鉴定评估的基本要素与特点

3.1.1 二手车鉴定评估的定义

二手车鉴定评估，是指依法设立的具有执业资质的二手车鉴定评估机构和二手车鉴定评估人员，接受国家机关和各类市场主体的委托，按照特定的目的，遵循法定或公允的标准和程序，运用科学的方法，对经济和社会活动中涉及的二手车进行技术鉴定，并根据鉴定结果对二手车在鉴定评估基准日的价值进行评定估算的过程。

怎样正确认识二手车鉴定评估呢？最核心的是把握以下两点。

第一，二手车鉴定评估既是科学，也是艺术与经验的结合。正确的二手车技术状况鉴定，二手车价格的估计、推测与判断，必须依赖于一套科学严谨的二手车鉴定评估理论和方法，但又不能完全拘泥于有关的理论和方法，还必须依赖于评估人员的经验，因为二手车价格形成的因素复杂、多变，不是任何人用数学公式能够计算出来的。

第二，二手车鉴定评估不是对评估对象的主观给定，而是把二手车客观实在的价值通过评估活动正确地反映出来。二手车鉴定评估是基于对二手车客观实在的价值认识，运用科学的评估理论、方法和长期积累的评估经验将其表达出来，而不是把某一个主观想象的数据强加给评估对象，尽管评估表现为一种主观活动，甚至带有一些主观色彩。

做好二手车鉴定评估工作，不仅有利于引导企业正确做出价格决策，有利于保障司法诉讼和行政执法等活动的顺利进行，有利于维护法人和公民合法利益，而且对维护正常的社会经济秩序、促进经济发展具有重要意义。因此，深入认真研究、探讨二手车鉴定评估问题，建立一套完整、科学、适用的二手车鉴定评估方法，以保证鉴定评估结论客观、公正、合理，就显得更为重要。

3.1.2 二手车鉴定评估要素

由二手车鉴定评估的定义可知，在二手车鉴定评估过程中，涉及 8 个基本要素，即鉴定评估主体、鉴定评估客体、鉴定评估依据、鉴定评估目的、鉴定评估原则、鉴定评估程序、鉴定评估值和鉴定评估方法。

鉴定评估主体是指从事二手车鉴定评估的机构和人员，它是二手车鉴定评估工作中的主导者。在二手车鉴定评估业务中，对二手车鉴定评估的主体资格有严格的限制条件。例如，鉴定评估人员必须取得国家劳动和社会保障部颁布的二手车鉴定评估师等级证书，才能获得相应的职业资格。

鉴定评估客体是指被评估的车辆，是鉴定评估的具体对象。被评估车辆可以按照不同标准分为汽车、摩托车、农用运输车、拖拉机和挂车等几类。按照车辆的用途，可以将机动车分为营运车辆、非营运车辆和特种车辆，其中营运车辆又可以分为公路客运、公交客运、出租客运、旅游客运、货运和租赁几种类型。特种车辆又可以分为警用、消防、救护和工程抢险等若干种车型。合理科学地对机动车进行分类，有利于在评估过程中进行信息资料的搜集和应用。如同一种车型，由于其用途不同，车辆在用状态所需要的税费可能就会有较大的差别，其重置成本的构成也往往差异较大。

鉴定评估依据是指二手车鉴定评估工作所遵循的法律、法规、经济行为文件、合同、协议以及收费标准和其他参考依据。

鉴定评估目的是指车辆鉴定评估所要服务的经济行为，车辆鉴定评估的目的往往影响着车辆评估方法的选择。

鉴定评估原则是指车辆鉴定评估的行为规范，是调节车辆评估当事各方关系、处理鉴定评估业务的行为准则。

鉴定评估程序是指二手车鉴定评估工作从开始到最后结束的工作程序。

鉴定评估值是指对车辆评估值的质的规定，它对评估方法的选择具有约束性。如要评估车辆的现行市价，则宜选择现行市价法进行评估；如要评估车辆的重置成本，则要使用重置成本法。

鉴定评估方法是指二手车鉴定评估所运用的特定技术，它是获得二手车鉴定评估值的手段和途径。目前就 4 种评估方法的可操作性而言，常采用重置成本法对车辆的价值进行评定和估算。

以上 8 个要素构成了二手车鉴定评估活动的有机整体。它们之间相互依托，是保证二手车鉴定评估工作正常进行和评估值科学性的重要因素。

3.1.3 二手车鉴定评估的特点

二手车作为一类资产，既是生产资料，也是消费资料。作为生产资料的是用于生产或经营的车辆，其特征是有明显的价值转移，对产权所有者产生收益，如营运载货车、客车、工厂生产使用的叉车、工程使用的挖掘机等。作为家庭消费资料的是一般家庭中仅次于房产的第二大财产，为生活和生产服务，以交通代步为主的车辆，其特征是没有明显的价值转移，对所有者不产生经济收益，车辆价值随使用年限及使用里程的增加而被消费掉。二手车自身有着这样几个特点：单位价值大，使用时间长；和房地产一样，有权属登记，其使用管理严格，税费附加值较高；其使用强度、使用条件、维护保养水平差异较大，并有较高的技术含量。

二手车自身特点决定了二手车鉴定评估的特点，具体如下。

1．二手车鉴定评估以技术鉴定为基础

由于机动车本身具有较强的工程技术特点，其技术含量较高。机动车在长期的使用中，由于机件的摩擦和自然力的作用，处于不断磨损的过程中。随着使用里程和使用年数的增加，车辆实体的有形损耗和无形损耗加剧；其损耗程度，因使用强度、使用条件、维修保养等不同而差异很大。因此，评定车辆实物及其价值状况，往往需要通过技术检测等技术手段来鉴定其损耗程度。

2．二手车鉴定评估都以单台为评估对象

由于二手车单位价值相差比较大、规格型号多、车辆结构差异很大，为了保证评估质量，对于单位价值大的车辆，一般都是分整车、分部件逐台、逐件地进行鉴定评估。为了简化鉴定评估工作程序，节省时间，对于以产权转让为目的、单位价值小的车辆，也不排除采取“提篮作价”的评估方式。

3．二手车鉴定评估要考虑其手续构成的价值

国家对车辆实行“户籍”管理，使用税费附加值高。因此，对二手车进行鉴定评估时，除了估算其实体价值以外，还要考虑由“户籍”管理手续和各种使用税费构成的价值。

3.2 二手车鉴定评估的基础

3.2.1 二手车鉴定评估的主体和客体

1．二手车鉴定评估的主体

二手车鉴定评估主体是指二手车鉴定评估业务的承担者，即二手车鉴定评估机构及专业评估人员。由于二手车鉴定评估直接涉及当事人双方的权益，是一项政策性、专业性都很强的工作，因此无论是对专业评估机构还是对专业评估人员都有较高的要求。

（1）二手车鉴定评估人员

由于汽车是技术含量极高的商品，二手车交易又属于特殊商品的流通，因此与其他资产评估师相比，二手车鉴定评估师必须满足以下条件。

① 知识面广。

二手车鉴定评估理论和方法以资产评估学为基础，涉及经济管理、市场营销、金融、价格、财会、机械原理、汽车构造等多方面知识。

② 有较高的政治、政策敏感度。

汽车价格极易受到国家政策影响而发生变动，因此二手车鉴定评估人员既要熟知《国有资产评估管理办法》、《汽车报废标准》、《二手车流通管理办法》等政策法规，又要及时掌握国家相关政策的变动对车辆价格造成的影响。

③ 掌握必要的驾驶技术和实际技能。

房地产评估师不要求一定会建房子，但二手车鉴定评估师却一定要会开汽车，而且要能够使用检测仪器和设备，并能通过目测、耳听、手摸等手段了解二手车外观、总成的基本状况，能够通过上路测试判断发动机、传动系、转向系、制动系等主要机构的工作性能。

④ 能够及时更新基准价。

由于汽车产品更新换代快，技术创新日新月异，加之市场经济条件下市场价格难以预测，因此要求二手车鉴定评估人员能迅速收集相关信息，及时对基准价做出有效的调整。

除了保证二手车鉴定评估质量以外，二手车鉴定评估人员还要经过严格的考试或考核，取得国家劳动和社会保障部颁发的二手车鉴定评估师或二手车高级鉴定评估师资格证书。

（2）二手车鉴定评估机构

按照我国政府 1991 年 11 月颁布的《国有资产评估管理办法》第九条规定，资产评估公司、会计师事务所、审计事务所、财务咨询公司，必须获得省级以上国有资产评估资格书，才能从事有关资产评估业务。对其他所有制的资产评估，也要对照《国有资产评估管理办法》的规定执行。

根据《二手车流通管理办法》的规定，二手车鉴定评估机构应当满足下列条件。

① 是独立的中介机构。

② 有固定的经营场所和从事经营活动的必要设施。

③ 有 3 名以上从事二手车鉴定评估业务的专业人员（包括《二手车流通管理办法》实施之前取得国家职业资格证书的二手车鉴定评估师）。

④ 有规范的规章制度。

2．二手车鉴定评估的客体

二手车鉴定评估的客体是指被评估的车辆。二手车鉴定评估的一个主要目的就是在二手车的交易过程中准确地确定二手车价格，并以此作为买卖成交的参考底价。根据《二手车流通管理办法》的规定，以下 9 种车辆不允许进行交易。

① 已报废或达到国家汽车报废标准的车辆。

② 在抵押期间或未经海关批准的海关监管的车辆。

③ 在人民法院、人民检察院、行政执法部门依法查封、扣押期间的车辆。

④ 通过盗窃、抢劫、抢夺、诈骗等违法手段获得的车辆。

⑤ 发动机号码、车辆识别代号（VIN）与登记号码不相符，或有凿改迹象的车辆。

⑥ 走私、非法拼（组）装的车辆。

⑦ 没有办理必备证件、税费、保险和无有效机动车安全技术检验合格标志的车辆，或手续不齐全的车辆。

⑧ 在本行政辖区以外的公安机关交通管理部门注册登记的车辆。

⑨ 国家法律、行政法规禁止经营的车辆。

此外，车辆上市交易前，必须先到公安交通管理机关申请临时检验，经检验合格，在其行驶证上签注检验合格记录后，方可进行交易。检验被交易车辆的车架号码和发动机号码的符号、数字及各种外文字母的全部拓印，发现不一致或改动、凿痕、锉痕、重新打刻等人为改变或毁坏的，对车辆一律扣留审查。

3.2.2 二手车鉴定评估的依据和目的

1. 二手车鉴定评估的依据

二手车鉴定评估的依据是指评估工作所遵循的法律、法规、经济行为文件以及其他参考资料，一般包括行为依据、法律依据、产权依据和取价依据四部分。

（1）行为依据

行为依据是指实施二手车鉴定评估的依据，一般包括经济行为成立的有关决议文件以及评估当事方的评估业务委托书。

（2）法律依据

法律依据是指二手车鉴定评估所遵循的法律法规，其主要包括：

①《国家资产评估管理办法》；

②《国有资产评估管理办法实施细则》；

③《汽车报废标准》；

④《中华人民共和国机动车登记规定》；

⑤《汽车报废管理办法》；

⑥《汽车产业发展政策》；

⑦《二手车流通管理办法》；

⑧《机动车运行安全技术条件》；

⑨ 其他方面的政策法规。

（3）产权依据

产权依据是指表明机动车权属证明的文件，主要包括机动车来历凭证、《机动车登记证书》、《机动车行驶证》、《出租车营运证》、《道路营运证》等。

（4）取价依据

取价依据是指实施二手车鉴定评估的机构或人员，在评估工作中直接或间接取得或使用的对二手车鉴定评估有借鉴或佐证作用的资料。它主要包括价格资料和技术资料。

① 价格资料。

价格资料包括最新二手车辆整车销售价格、易损零部件价格、车辆精品装备价格、维修工时定额和维修价格资料，以及国家税费征收标准、车辆价格指数变化、各品牌车型残值率等资料。

② 技术资料。

技术资料包括机动车的技术参数，新产品、新技术、新结构的变化，车辆故障的表面现象与差别，车辆维修工艺及国家有关技术标准等资料。

2．二手车鉴定评估的目的

二手车鉴定评估的目的是正确反映二手车的价值及变动，为将要发生的经济行为提供公平的价格尺度。它回答的是为什么要对二手车进行鉴定评估的问题。同时，它告诉二手车鉴定评估机构市场在哪里，到哪里去寻找评估业务。在二手车鉴定评估市场，二手车鉴定评估的主要目的可分为两大类：一类为变动二手车产权，另一类为不变动二手车产权。

（1）变动二手车产权

变动二手车产权是指车辆所有权发生转移的经济行为，它包括二手车的交易、置换、转让、并购、拍卖、投资、抵债、捐赠等。

① 车辆交易转让。

二手车在交易市场上进行买卖时，买卖双方对二手车交易价格的期望是不同的，甚至相差甚远。因此需要鉴定评估人员对被交易的二手车进行鉴定评估，评估的价格作为买卖双方成交的参考底价。

② 车辆置换。

置换的概念源于海外，它强调的是旧物品（或次等的、较差的）与新物品（较好的）进行交换，并由置换方给予差额补贴。置换业务有两种情况。一种是以旧换新业务，另一种是以旧换旧业务。两种情况都会涉及对置换车辆的鉴定评估。二手车鉴定评估的质量，直接关系到置换双方的利益。车辆的置换业务尤其是以旧换新业务在我国的二手车市场是一个崭新的业务，有着广阔的市场前景。

③ 车辆拍卖。

拍卖是指以公开竞价的形式，将特定物品或者财产权利转让给最高应价者的买卖方式。对于公务车、执法机关罚没车辆、抵押车辆、企业清算车辆、海关获得的抵税车辆和私家车等，都需要进行鉴定评估，为拍卖车辆活动提供拍卖底价。

④ 其他。

其他经济行为，如企业发生联营、兼并、出售、股份经营或破产清算，也需要对企业所拥有的二手车进行鉴定评估，以充分保证企业的资产权益。

（2）不变动二手车产权

不变动二手车产权是指车辆所有权未发生转移的经济行为，它包括二手车的纳税、保险、抵押、典当、事故车损、司法鉴定（海关罚没、盗抢、财产纠纷等）。

① 车辆保险。

在对车辆进行投保时，所缴纳的保险费高低直接与车辆成本的价值大小有关。同样当被保险车辆发生保险事故时，保险公司需要对事故进行理赔。为了保障双方的利益，需要对保险理赔车辆进行公平的鉴定评估。除对碰撞车进行车损评估外，还应对火烧车和浸水车进行鉴定评估。

② 抵押贷款。

银行为了确保放贷安全，要求贷款人以机动车作为贷款抵押，此时就需要对二手车进行鉴定评估。而这种贷款安全性的高低在一定程度上取决于对抵押车辆评估的准确性。一般情况下，其估值要比市价略低。

③ 担保。

担保是指车辆所有单位或所有人，以其拥有的二手车为其他单位或个人的经济行为提供担保，并承担连带责任的行为。

④ 典当。

当典当双方对当物车辆的价值的看法有较大的悬殊时，为了保障典当业务的正常进行，可以委托二手车鉴定评估人员对当物车辆的价值进行评估，典当行可以以此作为放款的依据。当当物车辆发生绝当时，对绝当车辆的处理，同样也需要委托二手车鉴定评估人员为其提供鉴定评估服务。

⑤ 纳税评估。

纳税评估是指政府为纳税赋税，委托评估人员对机动车辆进行评估，并以其估值作为机动车纳税基础。具体纳税价格视纳税政策而定。

⑥ 司法鉴定。

司法鉴定按性质的不同可分为刑事案件和民事案件。

● 刑事案件一般是指盗抢车辆、走私车辆、受贿车辆等。其委托方一般是国家司法机关和行政机关，其委托目的是取证。

● 民事案件是指法院执行阶段的各种车辆，其委托方一般是人民法院，委托目的是案件执行需要进行抵债变现。

上述两种情况都要求鉴定评估人员对车辆进行评估，以辅助司法机关把握事实的真相，确保司法公正，因此要求极高。

在接受车辆评估委托时，明确车辆的评估目的，十分重要。对车辆的鉴定评估是一种市场价格的评估，所以对客户提出的不同的委托目的，有不同的评估方法。对于同一辆车，由于不同的评估目的，其评估出来的结果可能会有所不同。

3.2.3 二手车鉴定评估的原则和程序

1. 二手车鉴定评估的原则

二手车鉴定评估的基本原则是对二手车鉴定评估行为的规范。正确理解和把握二手车鉴定评估的原则，对于选择科学、合理的二手车鉴定评估方法，提高评估效率和质量具有十分重要的意义。

二手车鉴定评估的原则分为工作原则和经济原则两大类。

（1）工作原则

二手车鉴定评估的工作原则是评估机构与工作人员在评估工作中应遵循的基本原则，包括合法性原则、独立性原则、客观性原则、科学性原则、公平性原则、规范性原则、专业化原则和评估时点原则等。

① 合法性原则。

二手车鉴定评估行为必须符合国家法律、法规，必须遵循国家机动车户籍管理、报废标准、税费征收等政策要求，这是开展二手车鉴定评估的前提。

② 独立性原则。

独立性原则一是要求二手车鉴定评估机构和工作人员应该依据国家的法规和规章制度及可靠的资料数据，对被评估的二手车价格独立地作出评估结论，不受外界干扰和委托者的意图影响，保持独立公正；二是要求评估行为对于接受委托当事人应具有非利害和非利益关系。评估机构必须是独立的评估中介机构，评估人员必须与评估对象的利益涉及者没有任何利益关系。评估人员决不能既从事交易服务经营，又从事交易评估。

③ 客观性原则。

客观性原则要求鉴定或评估结果应以充分的事实为依据，在鉴定评估过程中的预测推理和逻辑判断等只能建立在市场和现实的基础资料以及现实的技术状态上。

④ 科学性原则。

科学性原则是指二手车鉴定评估机构和人员应运用科学的方法、程序、技术标准和工作方案开展活动，即根据评估的基准日、特定目的，选择适用的方法和标准，遵循规定的程序实施操作。

⑤ 公平性原则。

公平、公正、公开是二手车鉴定评估机构和工作人员应遵守的一项最基本的道德规范。要求鉴定评估人员公正无私，评估结果公道、合理，绝不能偏向任何一方。

⑥ 规范性原则。

规范性原则要求鉴定评估机构建立完整、完善的管理制度，以及严谨的鉴定作业流程。管理上要建立回避制度、复审制度、监督制度，作业流程制度要科学、严谨。

⑦ 专业化原则。

专业化原则要求二手车鉴定评估工作尽量由专业的鉴定评估机构来承担。同时还要求二手车鉴定评估行业内部存在专业技术竞争，以便为委托方提供广阔的选择余地；并要求鉴定评估人员接受国家专门的职业培训，职业技能鉴定合格后由国家统一颁发执业证书，持证上岗。

⑧ 评估时点原则。

评估时点，又称评估基准日、评估期日、评估时日，是一个具体日期，通常用年、月、日表示，评估额是在该日期的价格。二手车市场是不断变化的，二手车价格具有很强的时间性。它是某一时点的价格。在不同时点，同一辆二手车往往会有不同的价格。

评估时点原则是要说明，评估实际上只是求取某一时点上的价格，所以在评估一辆二手车的价格时，必须假定市场情况停止在评估时点上，同时评估对象即二手车的状况通常也以其在该时点的状况为准。“评估时点”并非总是与“评估作业日期”（进行评估的日期）相一致的。一般将评估人员进行实车勘察的日期定为评估时点，或因特殊需要将其他日期指定为评估时点。确立评估时点原则的意义在于：评估时点是责任交代的界限和评估二手车时值的界限。

（2）经济原则

二手车鉴定评估的经济原则是指在二手车鉴定评估过程中，进行具体技术处理的原则。它是在总结二手车鉴定评估经验及市场能够接受的评估准则的基础上形成的，主要包括预期收益原则、替代原则和最佳效用原则。

① 预期收益原则。

预期收益原则是指在对营运性车辆评估时，车辆的价值可以不按照其过去形成的成本或购置价格确定，但必须充分考虑它在未来可能为投资者带来的经济效益。车辆的市场价格，主要取决于其未来的有用性或获利能力。未来效用越大，评估值越高。

预期收益原则要求在进行评估时，必须合理预测车辆的未来获利能力及取得获利能力的有效期限。

② 替代原则。

替代原则是商品交换的普遍规律，即价格最低的同质商品对其他同质商品具有替代性。据此原理，二手车鉴定评估的替代原则是指在评估中，面对几个相同或相似车辆的不同价格时，应取较低者为评估值，或者说评估值不应高于替代物的价格。这一原则要求评估人员从购买者角度进行二手车鉴定评估，因为评估值应是车辆潜在购买者愿意支付的价格。

③ 最佳效用原则。

最佳效用原则是指若一辆二手车同时具有多种用途，在公开市场条件下进行评估时，应按照其最佳用途来评估车辆价值。这样既可保证车辆出售方的利益，又有利于车辆的合理使用。

2. 二手车鉴定评估的程序

二手车鉴定评估作为一个重要的专业领域，情况复杂、作业量大。在进行二手车鉴定评估时，应分步骤、分阶段地实施相应的工作。从专业评估角度而言，二手车鉴定评估大致要经历以下几个阶段。

（1）接待客户，明确评估业务基本事项

接待客户具体应该了解的内容如下。

① 客户基本情况：包括车辆权属和权属性质。

② 客户要求：客户要求的评估目的、期望使用者和完成评估的时间。

③ 车辆使用性质：了解车辆是生产营运车辆还是生活消费车辆。

④ 车辆基本情况：包括车辆类别、名称、型号、生产厂家、初次登记日期、行驶里程、所有权变动或流通次数、落籍地、技术状态等。

（2）验明车辆合法性

验明车辆合法性主要应该核查以下内容。

① 来历和处置的合法性。查看《机动车登记证》或产权证明。

② 使用和行驶的合法性。检查手续是否齐全、真实、有效，是否年检，《机动车行驶证》登记的事项与行驶牌照和实物是否相符。

（3）签署二手车鉴定评估业务委托书

二手车鉴定评估业务委托书是鉴定评估机构与委托方对各自权利、责任和义务的约定，是一种经济合同性质的契约。

① 二手车鉴定评估业务委托书应写明：委托方和评估机构的名称、住所、工商登记注册号、上级单位、鉴定评估资格类型及证书编号；评估目的、评估范围、被评估车辆的类型和数量、评估工作起止时间、评估机构的其他具体工作任务；委托方须做好的基础工作和配合工作；评估收费方式和金额；评估业务委托方和评估机构各自的责任、权利、义务以及违约责任等其他具体内容。

② 二手车鉴定评估业务委托书必须符合国家法律法规和二手车鉴定评估行业管理规定，并做到内容全面、具体，含义清晰、准确。

③ 涉及国有资产占有单位的二手车鉴定评估项目，应由委托方按规定办妥有关手续后再进行评估业务委托。

（4）拟订评估计划

二手车鉴定评估机构要根据评估项目的规模、复杂程度、评估目的作出评估计划。

二手车鉴定评估人员执行评估业务时，应该按照鉴定评估机构的规定编制评估计划，以便对工作做出合理安排和保证在预计时间内完成评估项目。

二手车鉴定评估人员应当重点考虑以下因素。

① 被评估车辆和评估目的。

② 评估风险、评估业务的规模和复杂程度。

③ 相关法律、法规及宏观经济近期发展变化对评估对象的影响。

④ 被评估车辆的结构、类别、数量、分布。

⑤ 与评估有关资料的齐备情况及变现的难易程度。

⑥ 评估小组成员的业务能力、评估经验及其优化组合。

⑦ 对专家及其他评估人员的合理使用。

（5）二手车的技术鉴定

① 技术鉴定要达到的基本目的。

- 为车辆的价值估算提供科学的评估证据；
- 为期望使用者提供车辆技术状况的质量公证；
- 为车辆发生的经济行为提供法律依据。

② 技术鉴定的基本事项。

- 识别伪造、拼装、组装、盗抢、走私车辆；
- 鉴别手续牌证的真伪；
- 鉴别由事故造成的严重损伤；
- 鉴别由自然灾害（水淹、火烧）造成的严重损伤；
- 鉴别车辆内部和外部技术状况。

③ 技术鉴定检查项目。

- 静态检查；
- 动态检查；
- 仪器检查。

（6）市场调查与资料搜集

进行市场调查与资料搜集的目的是确定被评估车辆的现行市场价格。进行市场询价时，应重点做好如下工作。

① 确定被评估车辆基本情况（车辆类型、厂牌型号、生产厂家、主要技术参数等）。

② 确定询价参照对象及询价单位（询价单位名称、询价单位地址、询价方式、联系电话或传真号码、询价单位接待人员姓名等），并将询价参照对象情况与被评估车辆基本情况进行比较，在两者相一致的情况下，询到的市场价格才是可比的、可行的。

③ 确定询价结果。市场调查和询价资料经过整理，就可以编制成《车辆询价表》，《车辆询价表》是二手车鉴定评估主要的工作底稿之一。

（7）价值评定估算

① 确定估算方法。

- 二手车鉴定评估人员应熟知、理解并正确运用市价法、收益法、成本法、清算价格法，并掌握这些评估方法的综合运用。
- 对同一被评估车辆宜选用两种以上的评估方法进行评估。
- 有条件选用市价法进行评估的，应以市价法为主要的评估方法。
- 营运车辆的评估在评估资料可查并齐全的情况下，可选用收益法为其中的一种评估方法。
- 二手车鉴定评估一般适宜采用市价法和成本法进行评估。

② 评价评估结果。

对不同评估方法估算出的结果，应进行比较分析。当这些结果差异较大时，应寻找并排除原因。

对不同评估方法估算出的结果应做下列检查：

- 计算过程是否有误；
- 基础数据是否准确；
- 参数选择是否合理；
- 是否符合评估原则；
- 公式选用是否恰当；
- 选用的评估方法是否适宜评估对象和评估目的。

在确认所选用的评估方法估算出的结果无误之后，应根据具体情况计算出一个综合结果。

在计算出一个综合结果的基础上，应考虑一些不可量化的价格影响因素，对结果进行适当的调整，或取用、或认定该结果作为最终的评估结果。

当有调整时，应在评估报告中明确阐述理由。

③ 编写二手车鉴定评估报告。

编写二手车鉴定评估报告可分为如下两个步骤。

第一步，在完成二手车鉴定评估数据的分析和讨论的基础上，对有关部分的数据进行调整。由具体参加评估的二手车鉴定评估人员草拟出二手车鉴定评估报告。

第二步，就鉴定评估的基本情况和评估报告初稿的初步结论与委托方交换意见，听取委托方的反馈意见后，在坚持独立、客观、公正的前提下，认真分析委托方提出的问题和建议，考虑是否应该修改评估报告，对报告中存在的疏忽、遗漏和错误之处进行修正，待修改完毕即可撰写出正式的二手车鉴定评估报告。

④ 提交二手车鉴定评估报告。

二手车鉴定评估机构撰写出正式的鉴定评估报告以后，经过审核无误，按以下程序进行签名盖章：先由负责该项目的二手车鉴定评估人员签章，再送复核人审核签章，最后送评估机构负责人审定签章并加盖机构公章。

二手车鉴定评估报告签发盖章后即可连同作业表等送交委托方。

3.2.4 二手车鉴定评估的假设与价值类型

1．二手车鉴定评估的假设

二手车鉴定评估的假设是与二手车鉴定评估标准有着密切联系的概念。二手车鉴定评估过程中所采用的理论和方法，都是建立在一定的假设条件上的。如果其假设前提不同，所适用的评估标准也就不同，评估结果也会大相径庭。二手车鉴定评估的假设有继续使用假设、公开市场假设和清偿假设三种。

（1）继续使用假设

继续使用假设是指二手车将按现行用途继续使用，或将转换用途继续使用。这一假设的核心是强调二手车对未来的有效性。

对于可继续使用的二手车的评估与不能继续使用的二手车的评估，所采用的价值类型是不同的。例如，对一辆可继续使用的处于在用状态的二手车进行评估时，一般采用重置成本法评估其处于在用状态的价值，其评估值包括车辆的购买价及运输费用等。如果二手车无法继续使用，只能将其拆零出售，以现行市价法评估其零件的变现值，并且还要扣除拆零费用。两者的评估值显然不同。再如，一辆正在营运的二手车，以收益现值法评估其价值，设为 10 万元，但如果该二手车所属的企业因破产被强制清算拍卖，就只能以清算价格法评估其价值，其价格一定会大大低于 10 万元。

在采用继续使用假设时，须考虑以下几个条件。

① 车辆尚有显著的剩余使用寿命。这是采用继续使用假设的最基本的前提条件。

② 车辆能用其提供的服务或用途满足所有者或占有使用者经营上期望的收益，这是投资者持有或购买车辆的前提条件。

③ 车辆的所有权明确，能够在评估后满足二手车交易或抵押等业务需要。这同时也是转换用途的前提条件。

④ 充分考虑车辆的使用功能，即无论车辆按现行用途使用，还是转换用途继续使用，都是在法律许可的范围内，按车辆的最佳效用使用。

⑤ 车辆从经济上和法律上允许转作他用。

（2）公开市场假设

公开市场假设是指被评估的车辆可以在完全竞争的交易市场上，按市场原则进行交易，其价格的高低取决于该二手车在公开市场上的行情。

不同类型的车辆，其性能、用途不同，市场活跃程度也不一样。一般情况下，用途广泛的车辆比用途狭窄的车辆市场活跃，因此也更容易通过市场交易实现其最佳效用。这里所谓的最佳效用是指车辆在法律许可的范围内，被用于最有利的用途，可取得最佳经济效果。在二手车鉴定评估时，对于具备在公开市场上进行交易的条件的车辆，做公开市场假设，并根据车辆所在的地区、环境条件及市场的供求关系等因素确定其最佳用途。按车辆的最佳用途进行评估，有助于实现车辆的最佳效用。

（3）清偿假设

清偿假设是指车辆所有者由于种种原因，以拍卖的方式出售车辆。这种情况下的二手车交易与公开市场下的交易具有两点显著区别：一是交易双方的地位不平等，卖方是非自愿地被迫出售；二是交易被限制在较短的时间内完成。因此，二手车的价格往往明显低于继续使用或公开市场假设下的价格。

2. 二手车鉴定评估的价值类型

资产评估的价值类型，是指资产评估价值的质的规定性，即评估值内涵，是资产评估值形式上的具体化。

资产评估值类型应与特定经济行为相匹配，不同的评估目的决定了不同的价值内涵，决定了评估项目应选择的价值类型。价值类型的确定，对评估方法的选用具有约束性，评估值是价值类型与评估方法即评估值质的规定和量化过程共同作用的结果。合理选择资产评估值类型是资产评估具有科学性和有效性的根本前提。

关于资产评估的价值类型，从不同的角度出发有着不同的表述。目前理论界有两种表述方式。

一种是将价值类型分为市场价值和非市场价值。市场价值是指在公开市场条件下自愿买方与自愿卖方在评估基准日进行交易的价值估计数额，当事人双方应自主谨慎行事，不受任何强迫压制。非市场价值是指不满足市场价值成立的资产在非公开市场条件下实现的价值。

另一种是将资产评估值归纳为重置成本、现行市价、收益现值和清算价格 4 种价值类型。

（1）重置成本价值类型

重置成本是指在现行条件（市场条件与技术条件）下，按功能重置车辆，并使其处于在用状态所耗费的成本。

重置成本与历史成本一样，都是反映车辆在购置、运输、注册、登记等过程中全部费用的价格。只是重置成本以现行价格和费用标准作为计价依据。车辆在全新状态下，即刚购买时，其重置成本与历史成本是一致的。但由于车辆或长或短地保留了一段时期，在此期间，不论是否使用，车辆的价值、技术等因素都可能发生变化，从而影响车辆的重置更新费用，使车辆的重置成本与历史成本发生差异。

车辆的重置成本以功能重置为依据，但由于对现行技术条件利用不同，可分为复原重置成本与更新重置成本。两者的区别在于：复原重置成本是指按照与被评估车辆的材料、制造标准、设计结构等相同的条件，以现时价格购置相同的全新车辆所需的全部成本；更新重置成本是指利用新材料、新设计、新技术标准等，以现时价格购置相同或相似功能的全新车辆所支付的全部成本。两者的共同点是均按现行市价与费用标准核计成本。

一般情况下，进行重置成本计算时，如果可以同时取得复原重置成本和更新重置成本，应选用更新重置成本。如果不存在更新重置成本，则考虑选用复原重置成本。

重置成本作为资产计价概念，不是以重置全价，而是以重置净价为依据的。重置净价只是重置全价扣除各种损耗的余额。

重置成本是被评估车辆处于在用状态或可使用状态时的价值，因此适用重置成本价格计量的前提条件有以下两个。

① 车辆已完成购置过程，处于可使用状态，或正处于营运之中。

② 可继续使用。车辆可以按重置成本计价，不仅仅是车辆处于在用状态，更重要的是社会承认处于在用状态的车辆对未来经营的有效性。车辆对未来经营的有效性可以完全不受过去和现在是否有效的影响。

（2）收益现值价值类型

收益现值是指根据车辆预期的未来获利能力，以适当的折现率将未来收益折成现值。从“以利索本”的角度看，收益现值就是为获得车辆取得预期收益的权利所要支付的货币总额。在折现率相同的情况下，车辆未来的效用越大，获利能力越强，其评估值就越大。投资者购买车辆时，一般要进行可行性分析，只有在预期回报率超过评估时的折现率时，才可能支付货币购买车辆。

适用收益现值价格计量的前提条件是车辆可以按其预期收益的现值进行评估，车辆投入使用后可连续获利。

（3）现行市价价值类型

现行市价又称变现价格，是指车辆在公开市场上的销售价格。由于是对预期投入市场车辆的评估，因此，这里的“销售”可以是实际销售，也可以是模拟销售。

现行市价的最基本特征是价格源于公平市场。所谓公平市场，即充分竞争的市场，卖方不存在对市场垄断，买卖双方的交易行为都是自愿的，都有足够的时间与能力了解市场行情。

车辆以现行市价进行价值评估时，须具备以下两个基本条件。

① 存在一个充分发育的、活跃的、公平的二手车交易市场。

② 与被评估车辆相同或类似的车辆在市场上有一定的交易量，能够形成市场行情。

（4）清算价格价值类型

清算价格是指企业由于破产等原因，以变卖车辆的方式来清偿债务或分配剩余权益状况的车辆价格。显然，清算价格是非正常的市场价格。它与现行市价相比，根本区别在于：现行市价是公平市场价格；而清算价格是非正常市场上的拍卖价格，这种价格由于受到期限限制和买主限制，一般大大低于现行市价。

适用于清算价格计量的二手车鉴定评估业务主要有企业破产清算，以及因抵押、典当等，不能按期偿债而导致的车辆变现清偿等。

（5）各种价值类型的联系与区别

重置成本价值类型与现行市价价值类型的联系主要表现在，决定重置成本的因素与决定现行市价的最基本因素相同，即现有条件下，生产功能相同的车辆所花费的社会必要劳动时间。但是现行市价的确定还须考虑其他与市场相关的因素。一是车辆功能的市场性，即车辆的功能能否得到市场承认。例如，一辆设计及制造质量都很好的专用车辆，尽管它在某一特定领域内具有很强的功能，但一旦退出该领域，其功能就难以完全被市场所接受。二是供求关系的影响。现行市价随供求关系的变化，将会出现波动。由此可见，现行市价与重置成本的区别在于：现行市价以市场价格为依据，车辆价格受市场因素约束，并且其评估值直接受市场检验；而重置成本只是模拟条件下重置车辆的现行价格。

现行市价价值类型与收益现值价值类型在价格形式上有相似之处，两者都是公平市场价格。但是两者的价格内涵不同，现行市价主要是车辆进入市场的价格计量，而收益现值主要是以车辆的获利能力进入市场的价格计量。

现行市价价值类型与清算价格价值类型均是市场价格，两者的根本区别在于：现行市价是公平市场价格；而清算价格是非正常市场上的拍卖价格，一般大大低于现行市价。

3.3 合同基础

3.3.1 合同基本知识

1. 合同的定义与种类

（1）合同的定义

合同又称契约，是指平等主体的自然人、法人、其他组织之间设立、变更、终止民事权利义务关系的协议。

（2）合同的种类

① 单务合同与双务合同。

依合同当事人双方是否互负义务，合同可分为单务合同与双务合同。单务合同亦称片务合同，是当事人一方负担债务，而他方不负担债务的合同，如赠与合同；双务合同是当事人双方互负债务的合同，如买卖、租赁、运输等合同均为双务合同。

② 有偿合同与无偿合同。

依当事人之间有无对价的给付为标准，合同可分为有偿合同与无偿合同。

有偿合同是当事人双方各因给付而取得对价的合同，如买卖、租赁合同；无偿合同是当事人一方只为给付而无对价的合同，如赠与、借用合同。而保管、委托、消费借贷合同可为有偿合同，也可为无偿合同。

③ 有名合同与无名合同。

有名合同是法律规定其内容并赋予一定的名称的合同，也称典型合同，如《中华人民共和国合同法》（以下简称《合同法》）分别规定的买卖、租赁等 14 类合同；无名合同是法律未规定其内容和名称，由当事人自由创设的合同，也称非典型合同，如物业管理、电子认证合同。

④ 要式合同与不要式合同。

根据合同成立是否需要具备某种形式，合同可分为要式合同与不要式合同，根据法律规定必须采取特定的方式订立才能有效成立的合同为要式合同，反之为不要式合同。

区分这两类合同的意义是，订立要式合同不仅要当事人意思表示一致，还要履行特定方式，否则合同不成立；而订立不要式合同，当事人就享有更多的合同自由权。例如，保证合同为不要式合同，只要当事人意思表示一致就得以成立；而质押合同为要式合同，不仅要求当事人意思表示一致，而且还要有交付行为合同方能成立。

⑤ 诺成合同与实践合同。

所谓诺成合同，是指当事人一方的意思表示一旦经对方同意即能产生法律效应的合同。所谓实践合同，是指除当事人双方意思表示一致以外尚须交付标的物才能成立的合同。

诺成合同与实践合同的主要区别在于，二者成立与生效的时间不同。

⑥ 主合同与从合同。

根据合同相互间的主从关系，可以将合同分为主合同与从合同。

所谓主合同，是指不需要其他合同的存在即可独立存在的合同。所谓从合同，就是以其他合同的存在为存在前提的合同。

从合同的主要特点在于其附属性，即它不能独立存在，必须以主合同的存在并生效为前提。主合同不能成立，从合同就不能有效成立；主合同转让，从合同也不能单独存在；主合同被宣告无效或被撤销，从合同也将无效或被撤销；主合同终止，从合同也随之终止。

⑦ 涉他合同与为自己合同。

涉他合同也称为第三人合同，是与为自己合同相对应的合同类型，指约定第三人为给付或受利益对象的合同；而以合同相对人自己为给付或受利益对象的合同为为自己合同。根据为第三人设定的是债权还是债务，区分为第三人利益合同和第三人负担合同。第三人利益合同，也称利他合同，是合同之债务人向第三人给付，使第三人取得债权的合同，如人寿保险合同；第三人负担合同，也称负担合同，是由第三人向债权人给付的合同，如融资租赁合同。

⑧ 格式合同与非格式合同。

格式合同与非格式合同相对应。

格式合同也叫定型化合同、定式合同、附和合同等，指由一方当事人为重复使用而预先拟定交易条件，并于缔约时不容相对人协商的合同；反之，则为非格式合同。如果当事人一方事先拟定的只是合同中的部分条款，则该类条款为格式条款，相对人仍可就合同中的其他非格式条款提出磋商。

（3）订立合同的基本原则

订立合同的基本原则主要有平等原则、自愿原则、公平原则、诚实信用原则、公共利益原则等。

① 平等原则。

根据平等原则，当事人在订立、履行、变更、转让、解除合同和承担违约责任等涉及合同的活动中的法律地位是平等的，无论当事人是法人还是自然人，无论其经济性质、组织形式、经济实力如何，都应当平等地享有权利、履行义务、承担责任。

② 自愿原则。

自愿原则的具体内容体现在：第一，自愿缔结合同，也就是说，当事人有权决定是否与他人订立合同；第二，自愿选择合同相对人；第三，自愿协商决定合同内容；第四，自愿变更和解除合同；第五，自愿选择合同的形式；第六，自愿约定违约责任。

③ 公平原则。

合同法中的公平原则，首先表现为当事人订立合同时权利与义务的确定要公平，对显失公平的合同，当事人可以申请变更或撤销。其次，在合同履行的过程中具体问题的处理也要遵循公平原则。再次，违约责任的确定也要遵循公平原则。

④ 诚实信用原则。

诚实信用原则是合同法的一项极为重要的原则。在大陆法系国家，它常常被称为债法中的最高指导原则。诚实信用原则是指民事主体在从事民事活动时，应诚实守信，以善意的方式履行其义务，不得滥用权利，规避法律规定的或合同约定的义务。同时，诚实信用原则要求维护当事人之间的利益平衡，以及当事人与社会之间的利益平衡。

⑤ 公共利益原则。

合同自由并不是绝对的、无任何限制的，当事人应当遵守法律、行政法规，不得违反社会公德，不得损害社会公共利益。

2. 合同的订立

合同的订立，是指合同当事人的意思表示达成合意的状态。所谓合意，是指合同当事人就合同内容达成一致。合同的订立描述的是合同各方自接触与洽商直至达成合意的过程，是动态行为与静态协议的统一体。

（1）合同的形式

合同的形式，又称合同的方式，是当事人合意的表现形式，是合同内容的外部表现，是合同内容的载体。

在我国，从种类上分，合同的形式有口头形式、书面形式和其他形式；从法律形态上分，合同的形式又可分为法定形式和约定形式。

合同的法定形式，是指法律、行政法规规定某种合同的订立应当采用的形式。立法者在规定某种合同形式为法定形式时，可以赋予法定形式 4 种不同法律效力：其一为证据效力，其二为成立效力，其三为生效效力，其四为对抗第三人效力。

合同的约定形式，是指当事人对于无法定形式要求的合同约定采用的形式。

① 口头形式。

口头形式是指当事人只用语言为意思表示订立合同，而不用文字表达协议内容的合同形式。

口头形式简便易行，广泛应用于社会生活的各个领域。其缺点在于发生纠纷时难以取证，不易分清责任。所以，对于不能即时清结的合同和标的较大的合同，不宜采用这种形式。

② 书面形式。

书面形式是指当事人以合同书、信件、数据电文（包括电报、电传、传真、电子数据交换和电子邮件）等有形方式表现合同内容的形式。书面形式的最大优点是合同有据可查，便于履行，发生纠纷时容易举证和分清责任。因此，对于关系复杂的合同、重要的合同，最好采用书面形式，有的法律也明文规定某种合同应当采取书面形式。

③ 其他形式。

其他形式是指除口头形式、书面形式以外就合同内容达成一致的合同形式。它包括默示形式和推定形式等。

（2）合同的主体

合同的主体是指参加合同法律关系，享有民事权利，承担民事义务的组织或个人。按《合同法》第二条的规定，合同的主体包括自然人、法人和其他组织。

① 自然人。

自然人是指基于自然生理规律出生，依法享有民事权利和承担民事义务的人，是相对于法人的民事主体。它包括国内公民、外国公民以及无国籍人。

自然人订立合同应当具备的条件有以下几个。

- 具有民事权利能力和民事行为能力。

民事权利能力，是指法律赋予自然人的享有民事权利和承担民事义务的资格。

民事行为能力，是指自然人以自己的行为取得民事权利和承担民事义务的资格。根据《中华人民共和国民法通则》的规定，自然人的民事行为能力分为完全民事行为能力、限制民事行为能力和无民事行为能力三种。

- 具有与其行为能力相适应的履行合同的能力。

② 法人。

法人是具有民事权利能力和民事行为能力，依法独立享有民事权利和承担民事义务的组织。法人订立合同应当具备的条件有：

- 依法成立；
- 具有民事权利能力和民事行为能力；
- 具有与其行为能力相适应的履行合同的能力。

③ 其他组织。

其他组织是指合法成立，有一定的组织机构和财产，但又不具备法人资格的组织。其他组织订立合同应当具备的条件有：

- 依法成立；
- 具有相应的民事权利能力和民事行为能力；
- 具有与其行为能力相适应的履行合同的能力。

（3）合同的一般条款

合同的内容是通过合同的条款来表达的，合同的订立也主要是围绕合同的条款展开的。根据自愿订立合同的原则，合同的内容由当事人约定。为了指导和规范合同的订立和履行，保障合同当事人的正当权益，《合同法》规定了合同的一般条款：①当事人的名称或者姓名和住所；②标的；③数量；④质量；⑤价款或者报酬；⑥履行期限、地点和方式；⑦违约责任；⑧解决争议的方法。

（4）合同的订立

合同的订立包括要约和承诺两个阶段。

① 要约。

要约是希望和他人订立合同的意思表示。根据法律规定，要约的构成要件有：

- 要约的内容具体确定。
- 表明经受要约人承诺，要约人即受该意思表示约束，即要约是具有法律约束力的。

要约不同于要约邀请。要约邀请是希望他人向自己发出要约的意思表示。寄送的价目表、拍卖公告、招标公告、招股说明书、商业广告等为要约邀请。如果商业广告的内容符合要约规定，则视为要约。

关于要约的生效时间，我国采取了到达生效的立法体例，即要约于到达受要约人时生效。要约自生效时起对要约人产生约束力。采用数据电文形式订立合同，收件人指定特定系统接收数据电文的，该数据电文进入该特定系统的时间，视为到达时间；未指定特定系统的，该数据电文进入收件人的任何系统的首次时间，视为到达时间。

根据法律规定，要约可以撤回。撤回要约的通知应当在要约到达受要约人之前或者与要约同时到达受要约人。要约因撤回而不发生效力。同时，要约还可以被要约人撤销。撤销要约的通知应当在受要约人发出承诺通知之前到达受要约人。要约因被撤销而不再生效，即在被撤销之后，要约不再对要约人有约束力。

要约仅仅是订立合同的第一个有法律意义的阶段，而且要约并不一定导致合同订立行为的继续，更不一定导致合同的成立。《合同法》第二十条规定了要约失效的若干情形：拒绝要约的通知到达要约人；要约人依法撤销要约；承诺期限届满，受要约人未做出承诺；受要约人对要约的内容做出实质性变更。

② 承诺。

所谓承诺，是指受要约人同意要约的意思表示。根据法律规定，承诺的构成要件包括以下几个。

● 承诺必须由受要约人做出。如果要约是向特定人发出的，特定的受要约人具有承诺资格；如果要约是向不特定的人发出的，不特定的人为受要约人，具有承诺资格。

● 承诺必须在合理期限内做出。要约规定承诺的期限时，受要约人应当在规定的期限内承诺；没有规定承诺期限的，应当在法律规定的期限内承诺。

● 承诺的内容应当与要约的内容一致。受要约人对要约的内容做出实质性变更的，为新要约。有关合同标的、数量、质量、价款或者报酬、履行期限、履行地点和方式、违约责任和解决争议方法等的变更，是对要约内容的实质性变更。

承诺对要约的内容做出非实质性变更的，除要约人及时表示反对或者要约表明承诺不得对要约的内容做出任何变更的，该承诺有效，合同的内容以承诺的内容为准。

承诺应当以通知的方式做出，但根据交易习惯或要约表明可通过行为做出承诺的除外。如同要约可以撤回一样，承诺同样可以撤回。撤回承诺的通知应当在承诺通知到达要约人之前或者与承诺通知同时到达要约人。但是，承诺不得撤销。这是因为承诺生效之后合同即成立，如果允许撤销承诺，无异于允许撕毁合同。对要约予以承诺，就意味着受要约人同意要约的意思表示，标志着合同的成立。

（5）合同的成立

合同成立即意味着当事人的意思表示已经达成了一致。承诺生效时合同成立，因此，合同成立的时间取决于承诺生效的时间。合同成立的时间与合同的形式相关，具体包括以下几种情形。

● 当事人采用合同书形式订立合同的，自双方当事人签字或者盖章时合同成立。

● 当事人采用信件、数据电文等形式订立合同的，可以在合同成立之前要求签订确认书。签订确认书时合同成立。

● 采用口头形式订立合同的，承诺应当以通知的方式做出的，承诺到达时合同成立。

● 采用口头形式订立合同的，根据交易习惯或者要约表明可以通过行为做出承诺的，做出承诺行为时合同成立。

承诺生效的地点为合同成立的地点。当事人采用合同书形式订立合同的，双方当事人签字或者盖章的地点为合同成立的地点。

3．合同的效力

（1）合同效力的含义

合同的效力，又称合同的法律效力，是指已经成立的合同在当事人之间产生的一定的法律约束力。

（2）合同的生效要件

① 当事人在订立合同时必须具有相应的民事行为能力。这是法律对合同主体资格做出

的一种规定。主体不合格，所订立的合同不能产生法律效力。

② 合同当事人的意思表示真实。所谓意思表示真实，是指当事人在缔约过程中所做的要约和承诺都是自己真实意志的表示。

③ 合同内容不违反法律或者社会公共利益。这是合同生效要件中最重要的一条。合同欠缺合法性，则合同无效。合同不违反法律或社会公共利益，即合同的目的和内容都不违反法律或社会公共利益。在我国，合同不得违反法律，既包括不得违反现行法律、法规和行政规章中的强制性规范，也包括不得违反国家政策的禁止性规定和命令性规范。同时，合同还应不危害社会公共利益。

④ 合同标的须确定和可能。合同标的可能，是指合同给付可能实现；合同给付不可能实现，称标的不能。标的自始不能，合同无效。合同标的确定，是指合同标的自始确定或可能确定。标的自始不确定的合同，应为无效。

（3）合同生效的时间

合同生效的时间是确定合同生效的时间界限。依据《合同法》，合同生效时间可分为以下情形。

① 依法成立的合同，自成立时起合同生效，即合同成立的时间为合同生效的时间。

② 法律、法规规定应当办理批准、登记手续的合同，合同生效时间为办理完毕批准、登记手续的时间。

③ 附条件的合同，合同生效的时间为条件成立时间。

4. 格式条款

（1）格式条款的含义

格式条款是指当事人为了重复使用而预先拟定，并在订立合同时未与对方协商的条款。用格式条款签订的合同也是人们常称的格式合同。当前不少企业或行业印制了这种合同文本，以简化签订过程；但有的当事人从自身利益出发，把不平等的条款也列入合同，又未与对方当事人充分协商，因而易引发矛盾。

（2）《合同法》对格式合同条款的限制

为了维护公平，保护弱者，《合同法》对采用格式条款签订合同的，从以下三方面予以了限制。

① 提供格式条款一方应遵循公平原则确定当事人之间的权利和义务，并采用合理方式提请对方注意免除或者限制其责任的条款，按照对方的要求，对该条款予以说明。

② 提供格式条款一方当事人免除其责任、加重对方责任、排除对方当事人主要权利的，该条款无效。

③ 对格式条款的理解发生争议的，应当做出不利于提供格式条款一方的解释。格式条款和非格式条款不一致的，应采用非格式条款。

5. 合同的履行

合同履行是指债务人全面地、适当地完成合同义务，债权人的合同债权得到完全实现。从合同效力方面观察，合同的履行是依法成立的合同所必然发生的法律效果，并且是构成合同法律效力的主要内容。

（1）合同履行的原则

合同履行的原则，是当事人在履行合同债务时所应遵循的基本准则。它包括适当履行原则、协作履行原则、经济合理原则和情事变更原则。

① 适当履行原则。

适当履行原则又称正确履行原则或全面履行原则，是指当事人按照合同规定的标的及其质量、数量，由适当的主体在适当的履行期限、地点以适当的方式全面完成合同义务的原则。

② 协作履行原则。

协作履行原则，是指当事人不仅应适当履行自己的合同债务，而且应基于诚实信用原则要求对方当事人协助其履行债务的原则。它要求：债务人履行合同债务，债权人应适当受领给付；债务人履行债务，时常要求债权人创造必要的条件，提供方便；因故不能履行或不能完全履行时，应积极采取措施避免或减少损失，否则要就扩大的损失自负其责；发生合同纠纷时，应各自主动承担责任，不得推诿。

③ 经济合理原则。

经济合理原则要求在履行合同时，讲求经济效益，付出最小的成本，取得最佳的合同利益。

④ 情事变更原则。

情事变更原则，是指合同依法成立后，因不可归责于双方当事人的原因发生了不可预见的情事变更，致使合同的基础丧失或动摇，若继续维持合同原有效力则显失公平，因而允许变更或解除合同的原则。

（2）合同履行的规则

① 履行主体。

合同履行的主体，首先为债务人，包括单独债务人、连带债务人、不可分债务人、保证债务人。除法律规定、当事人约定或性质上必须由债务人履行的债务以外，履行可以由债务人的代理人进行。

当事人可以约定由第三人向债权人履行债务。第三人不履行债务或者履行债务不符合约定的，依《合同法》第六十五条的规定，债务人应当向债权人承担违约责任。

② 标的质量。

当事人对于标的的质量没有约定或者约定不明确的，可以协议补充；不能达成补充协议的，按照合同有关条款或者交易习惯确定。仍不能确定的，按照国家标准、行业标准履行；没有国家标准、行业标准的，按照通常标准或者符合合同目的的特定标准履行。

③ 价款或报酬。

当事人对于价款或报酬没有约定或者约定不明确的，可以协议补充；不能达成补充协议的，按照合同有关条款或者交易习惯确定。仍不能确定的，按照订立合同时履行的市场价格履行；依法应当执行政府定价或者政府指导价的，按照规定履行。

④ 履行地点。

履行地点，是指债务人履行行为的地点。当事人对于履行地点没有约定或者约定不明确的，可以协议补充；不能达成补充协议的，按照合同有关条款或者交易习惯确定。仍不能确定的，给付货币的，在接受货币一方所在地履行；交付不动产的，在不动产所在地履行；其他标的，在履行义务一方所在地履行。

⑤ 履行期限。

当事人对于履行期限没有约定或者约定不明确的，可以协议补充；不能达成补充协议的，按照合同有关条款或者交易习惯确定。仍不能确定的，债务人可以随时履行，债权人也可以随时要求履行，但应当给对方以必要的准备时间。

⑥ 履行方式。

履行方式，是完成合同义务的方法。当事人对于履行方式没有约定或者约定不明确的，可以补充协议；不能达成补充协议的，按照合同有关条款或者交易习惯确定。仍不能确定的，按照有利于实现合同目的的方式履行。

⑦ 履行费用。

履行费用的负担依当事人约定，没有约定或者约定不明确的，可以协议补充。不能达成补充协议的，按照合同有关条款或者交易习惯确定。仍不能确定的，由履行义务的一方负担。

6．合同的变更和解除

（1）合同的变更

合同的变更，通常指依法成立的合同尚未履行或未完全履行之前，当事人就其内容进行修改和补充而达成协议。

合同的变更必须以有效成立的合同为对象，凡未成立或无效的合同，不存在变更问题。合同的变更是在原合同的基础上，达成一个或几个新的合同作为修正，以新协议代替原协议。所以，变更作为一种法律行为，使原合同的权利义务关系消灭，新权利义务关系产生。

（2）合同的解除

合同的解除，指合同订立后，没有履行或没有完全履行以前，当事人依法提前终止合同。

（3）合同变更和解除的条件

《合同法》规定，凡发生下列情况之一，允许变更或解除合同。

① 当事人双方经协商同意，并且不因此损害国家利益和社会公共利益。

② 由于不可抗力致使合同的全部义务不能履行。

③ 由于另一方在合同约定的期限内没有履行合同。

7．合同违约

（1）违约责任

违约责任是指合同当事人一方或双方由于自己的过错造成合同不能履行或不能完全履行，依照法律或合同约定必须承担的法律责任。

① 违约责任的性质。

● 等价补偿。凡是已给对方当事人造成财产损失的，就应当承担补偿责任。

● 违约惩罚。合同当事人违反合同的，无论这种违约是否已经给对方当事人造成财产损失，都要依据法律规定或合同约定，承担相应的违约责任。

② 承担违约责任的条件。

● 要有违约行为。要追究违约责任，必须有合同当事人不履行或不完全履行的违约行为。它可分为作为违约和不作为违约。

● 行为人要有过错。过错是指当事人违约行为主观上出于故意或过失。故意，是指当事人应当预见自己的行为会产生一定的不良后果，但仍用积极的不作为或者消极的不作为希望或放任这种后果的发生。过失是指当事人对自己行为的不良后果应当预见或能够预见到，而由于疏忽大意没有预见到或虽已预见到但轻信可以避免，以致产生不良后果。

③ 承担违约责任的方式。

● 违约金。违约金，指合同当事人因过错不履行或不适当履行合同，依据法律规定或合同约定，支付给对方的一定数额的货币。根据《合同法》及有关条例或实施细则的规定，违约金分为法定违约金和约定违约金。

● 赔偿金。赔偿金，指合同当事人一方过错违约给另一方当事人造成的损失超过违约金数额时，由违约方当事人支付给对方当事人的一定数额的补偿货币。

● 继续履行。继续履行，指合同违约方支付违约金、赔偿金后，应对方的要求，在对方指定或双方约定的期限内，继续完成没有履行的那部分合同义务。

违约方在支付了违约金、赔偿金后，合同关系尚未终止，违约方有义务继续按约履行，最终实现合同目的。

（2）合同纠纷处理方式

合同纠纷，指合同当事人之间对合同的履行状况及不履行的后果发生的争议。根据《合同法》及有关条例的规定，我国合同纠纷的解决方式一般有协商解决、调解解决、仲裁和诉讼 4 种方式。

① 协商解决。

协商解决指合同当事人之间直接磋商，自行解决彼此间发生的合同纠纷。这是合同当事人在自愿、互谅互让基础上，按照法律、法规的规定和合同的约定，解决合同纠纷的一种方式。

② 调解解决。

调解解决指由合同当事人以外的第三人（交易市场管理部门或二手车交易管理协会）出面调解，使争议双方在互谅互让基础上自愿达成解决纠纷的协议。

③ 仲裁。

仲裁指合同当事人将合同纠纷提交国家规定的仲裁机关，由仲裁机关对合同纠纷做出裁决的一种活动。

④ 诉讼。

诉讼指合同当事人之间发生争议而合同中未规定仲裁条款或发生争议后也未达成仲裁协议的情况下，由当事人一方将争议提交有管辖权的法院按诉讼程序审理做出判决的活动。

3.3.2 劳动合同

1. 劳动合同的含义

所谓劳动合同，是指用人单位的行政方面（或雇主）和劳动者之间为了确立劳动关系，明确相互间的劳动权利和义务所达成的协议。劳动合同也叫劳动契约、劳动协议，凡要建立劳动关系，就应该订立劳动合同，这是一种法律行为，具有法律效力，受法律保护。依法订立劳动合同是组织社会劳动，合理使用劳动力，稳定劳动关系，顺利建立社会主义市场经济体制，进行社会主义现代化建设的重要手段。劳动合同能够控制人们在劳动过程中的行为，规范劳动活动，调整劳动关系，从而达到维护劳动关系双方当事人的利益，保证社会生产正常秩序的目的。

劳动合同应以书面形式订立。

2. 劳动合同的内容

劳动合同应具备以下条款。

① 劳动合同期限：自始至终连续的时间。

② 工作内容：生产的数量指标、质量指标或完成的生产任务。

③ 劳动保护和劳动条件：工作时间、休息制度、劳动安全与卫生、劳动场所、劳动条件、女工和未成年人的保护。

④ 劳动报酬：工资、奖励、津贴。

⑤ 劳动纪律。

⑥ 劳动合同终止条件。

⑦ 违反劳动合同的责任。

⑧ 当事人协商约定的其他内容。

3. 劳动合同的解除

劳动合同的解除，是指当事人双方提前终止劳动合同的法律效力，解除双方的权利义务关系。劳动合同订立后，双方当事人应当认真履行合同，但是发生特殊情况，也可以解除合同。《中华人民共和国劳动法》除规定经劳动合同当事人协商一致劳动合同可以解除外，还对用人单位、劳动者解除劳动合同做出了规定。

（1）用人单位解除劳动合同的一般规定

有以下情形之一的，用人单位可以随时解除劳动合同。

① 劳动者在试用期间被证明不符合录用条件的。

② 劳动者严重违反劳动纪律和用人单位规章制度的。

③ 劳动者严重失职、营私舞弊，对用人单位造成重大损害的。

④ 被依法追究刑事责任的。

（2）用人单位解除劳动合同的特殊规定

有下列情形之一的，用人单位可以解除劳动合同，但是应当提前一个月以书面形式通知劳动者。

① 劳动者患病或者非因公负伤，医疗期满后，不能从事原工作或者不能从事用人单位另行安排的工作的。

② 劳动者不能胜任工作，经过培训或者调整工作岗位，仍不能胜任的。

③ 劳动合同订立时所依据的客观情况发生重大变化，致使原合同无法履行，经双方协商不能就变更劳动合同达成协议的。

（3）用人单位不得解除劳动合同的规定

有下列情形之一的，用人单位不得解除劳动合同。

① 劳动者患职业病或者因公负伤并被确认丧失或者部分丧失劳动能力的。

② 劳动者患病或者负伤，在规定的医疗期内的。

③ 女职工在孕期、产期、哺乳期内的。

④ 法律、行政法规规定的其他情形。

（4）劳动者解除劳动合同的规定

劳动者可以解除劳动合同，但是应当提前 30 日以书面形式通知用人单位。有下列情形之一的，劳动者可以随时解除劳动合同。

① 在试用期内的。

② 用人单位以暴力、威胁或者非法限制人身自由的手段强迫劳动的。

③ 用人单位未按照劳动合同的约定支付劳动报酬或者提供劳动条件的。

3.3.3 二手车鉴定评估委托合同

1. 二手车鉴定评估委托合同的主要内容

二手车鉴定评估委托合同又称为二手车鉴定评估委托书，是指二手车鉴定评估机构与法人、其他组织或自然人相互之间为实现二手车鉴定评估的目的，明确相互权利义务关系所订立的协议。

二手车鉴定评估委托合同是受托方与委托方对各自权利和义务的协定，是一项经济合同性质的契约。二手车鉴定评估委托合同应写明的内容有：

① 委托方和二手车鉴定评估机构的名称、住所、工商登记注册号、上级单位、二手车鉴定评估人员资格类型及证件编号；

② 鉴定评估目的、车辆类型和数量；

③ 委托方须做好的基础工作和配合工作；

④ 鉴定评估工作的起止时间；

⑤ 鉴定评估收费金额及付款方式；

⑥ 反映协议双方各自的责任、权利、义务以及违约责任的其他内容。

二手车鉴定评估委托合同必须符合国家法律、法规和资产评估业的管理规定。涉及国有资产占有单位要求申请立项的二手车鉴定评估业务，应由委托方提供国有资产管理部门关于评估立项申请的批复文件，经核实后，方能接受委托，签署委托合同。

2. 二手车鉴定评估委托合同的格式

二手车鉴定评估委托合同的格式如下。

二手车鉴定评估委托合同

甲方：（委托方）____________　合同编号：____________

乙方：（受托方）____________　签订时间：______年____月____日

第一条　目的

依据国家有关法律、法规和有关规定，甲、乙双方在自愿、平等和协商一致的基础上，就二手车鉴定评估委托业务订立本合同。

第二条　当事人及车辆情况

1. 甲方（委托方）基本情况

（1）单位代码证号□□□□□□□□□□—□，经办人____________，

身份证号码□□□□□□□□□□□□□□□□□□，

单位地址____________。联系电话____________。

（2）自然人身份证号码□□□□□□□□□□□□□□□□□□，

现常住地址____________，联系电话____________。

2. 乙方（受托方）基本情况

（1）单位代码证号□□□□□□□□□□—□，经办人____________，

身份证号码□□□□□□□□□□□□□□□□□□，

单位地址____________。联系电话____________。

（2）鉴定评估人员身份证号码□□□□□□□□□□□□□□□□□□，

执业证书号____________，联系电话____________。

3. 鉴定评估车辆的基本情况

车辆牌号____________，车辆类别____________，

厂牌型号＿＿＿＿＿＿＿＿＿＿＿＿＿＿，颜色＿＿＿＿＿＿＿＿＿＿＿＿＿＿，

初次登记时间＿＿＿＿＿＿＿＿＿＿＿＿，登记证号＿＿＿＿＿＿＿＿＿＿＿＿，

发动机号码＿＿＿＿＿＿＿＿＿＿＿＿＿，车架号码＿＿＿＿＿＿＿＿＿＿＿＿，

行驶里程＿＿＿＿＿＿＿＿＿＿km，允许使用年限至＿＿＿年＿＿＿月＿＿＿日，

车辆年检签证有效期至＿＿＿年＿＿＿月，

车辆购置税完税交纳证号＿＿＿＿＿＿＿＿/免税交纳（有证/无证），

车辆养路费交讫截止日期＿＿＿＿年＿＿＿月（证号＿＿＿＿＿＿＿＿＿＿），

车辆保险险种：（1）＿＿＿＿（2）＿＿＿＿（3）＿＿＿＿（4）＿＿＿＿，

保险有效期截止日期＿＿＿＿年＿＿＿月＿＿＿日，

配置＿＿＿＿＿＿＿＿＿＿＿＿＿＿＿＿＿＿＿＿＿＿＿＿＿＿＿＿＿＿＿＿＿＿

＿＿＿＿＿＿＿＿＿＿＿＿＿＿＿＿＿＿＿＿＿＿＿＿＿＿＿＿＿＿＿＿＿＿＿＿

维修情况＿＿＿＿＿＿＿＿＿＿＿＿＿＿＿＿＿＿＿＿＿＿＿＿＿＿＿＿＿＿＿＿

＿＿＿＿＿＿＿＿＿＿＿＿＿＿＿＿＿＿＿＿＿＿＿＿＿＿＿＿＿＿＿＿＿＿＿＿

事故情况＿＿＿＿＿＿＿＿＿＿＿＿＿＿＿＿＿＿＿＿＿＿＿＿＿＿＿＿＿＿＿＿

＿＿＿＿＿＿＿＿＿＿＿＿＿＿＿＿＿＿＿＿＿＿＿＿＿＿＿＿＿＿＿＿＿＿＿＿

第三条　鉴定评估目的（请在欲选项前的“□”中打“✓”）

□交易　□置换　□转让　□并购　□拍卖　□投资　□抵债　□捐赠

□纳税　□保险　□抵押　□典当　□事故车损　□司法鉴定

第四条　甲方的权利和义务

1. 按照委托鉴定评估的车辆清单，提供全面准确的清查资料。

2. 为鉴定评估人员开展工作提供完整、真实和合乎评估管理办法要求的资料、手续和工作场所。

3. 按照国家规定的评估收费标准交付评估费，在签订本协议当时预交＿＿＿＿＿＿元（大写＿＿＿＿＿元），待鉴定评估工作结束后多退少补。

4. 由一名领导负责，组织本单位有关人员配合鉴定评估工作和回答评估中的问题。

5. 若不能及时、完整、真实地提供所需资料手续，造成拖延时间，以致不能提出鉴定评估报告或中途停止鉴定评估时，委托方负违约责任，同意按进度支付评估费。

第五条　乙方的权利和义务

1. 根据委托鉴定评估的车辆清单，按时提出鉴定评估报告。

2. 遵照《中华人民共和国价格法》、《机动车运行安全技术》等有关法规和标准，独立、公正、合理地进行鉴定评估。

3. 委托方若能履行本协议所签订的责任与义务，受托方则于＿＿＿＿年＿＿＿月＿＿＿日，提出二手车鉴定评估报告。

4. 对委托方所提供资料及鉴定评估结果，有责任保守机密。

5. 因受托方不能按协议的时间提出鉴定评估报告而造成的违约由受托方负责，适当减

免评估费。

第六条 合同在履行中的变更及处理

本合同在履行期间，任何一方要求变更合同条款的，应及时书面通知对方，并征得对方的同意后，在约定的时限______天内，签订补充条款，注明变更事项。未书面告知对方或未征得对方同意，擅自变更造成的经济损失，由责任方承担。

本合同履行期间，双方因履行本合同而签署的补充协议及其他书面文件，均为本合同不可分割的一部分，具有同等效力。

第七条 违约责任

甲、乙双方如发生违约行为，违约方给守约方造成的经济损失，由守约方按照法律、法规的有关规定和本合同有关条款追偿。

第八条 其他规定

1. 甲方提供的资料真实性由甲方负责。
2. 乙方只评估经车辆管理部门登记注册的机动车。
3. 若启用日期与原机动车行驶证登记日期不符，甲方应提供相关证明材料的正本。若不提供，乙方按车辆行驶证登记日期进行评估。
4. 甲方如对评估结论有异议，可于收到结论书之日起10天内向乙方提出重新评估。
5. 价格评估基准日即为甲方委托之日。
6. 甲方委托拍卖评估、收购评估，须分别提供有效的委托拍卖合同和收购协议。

第九条 发生争议的解决办法

甲、乙双方在履行本合同过程中发生争议，由双方协商解决。协商不成的，提请二手车交易市场或二手车交易管理协会调解，调解成功的，双方应当履行调解协议；调解不成的，按本合同约定的下列第（　　）项进行解决：

1. 向仲裁委员会申请仲裁；
2. 向法院提起诉讼。

第十条 合同效力和订立数量

本合同内，空格部分填写的文字，其效力优于印刷文字的效力。本合同所称“日”，均指工作日。

本合同经双方当事人签字、盖章后生效；本合同一式两份，由甲方、乙方各执一份，均具有同等的法律效力。

委托方代表签字（盖章）　　　　受托方代表签字（盖章）

年　月　日　　　　年　月　日

3.3.4 二手车买卖合同

1. 二手车买卖合同的主要内容

（1）二手车买卖合同的含义

二手车买卖合同是指二手车经营公司、经纪公司与法人、其他组织和自然人相互之间为实现二手车买卖的目的，明确相互权利义务关系所订立的协议。

（2）订立二手车买卖合同的基本原则

① 合法原则。

订立二手车买卖合同，必须遵守法律和行政法规。法律、法规集中体现了人民的利益和要求，合同的内容及订立合同的程序、形式只有与法律、法规相符合，才能得到国家的认可，才会具有法律效力，当事人的合法权益才可得到保护。任何单位和个人都不得利用经济合同进行违法活动，扰乱市场秩序，损害国家利益和社会利益，牟取非法收益。

② 平等互利、协商一致原则。

订立合同的当事人法律地位一律平等，任何一方不得以大欺小、以强凌弱，把自己的意志强加给对方，双方都必须在完全平等的地位上签订二手车买卖合同。二手车买卖合同应当在当事人之间充分协商、意见一致的基础上订立，采取胁迫、乘人之危、违背当事人真实意愿而订立的合同都是无效的。

（3）二手车买卖合同的主体

二手车买卖合同的主体是指为了实现二手车买卖目的，以自己名义签订买卖合同，享有合同权利、承担合同义务的组织和个人。它包括出让人（出售方）和受让人（收购方）双方。

① 出让人（出售方）：有意向出让二手车合法产权的法人或其他组织、自然人，即出售二手车的当事人。

② 受让人（收购方）：有意向受让二手车合法产权的法人或其他组织、自然人，即买入二手车的当事人。

（4）二手车买卖合同的主要条款

① 出让人（出售方）的基本情况，包括单位代码、经办人或自然人的姓名、经办人或自然人的身份证号码、单位地址或自然人住址、联系电话等内容。

② 受让人（收购方）的基本情况，包括单位代码、经办人或自然人的姓名、经办人或自然人的身份证号码、单位地址或自然人住址、联系电话等内容。

③ 出售车辆的基本情况，主要有：

- 车辆的名称、型号、生产厂家、出厂日期、颜色、初次注册登记日期、行驶里程、登记证号、发动机号、车架号等；
- 机动车来历凭证、机动车行驶证、机动车登记证书、机动车号牌、道路运输证、机动车安全技术检验合格标志等法定证件；

● 车辆购置税完税证明、养路费缴付凭证、车船使用税缴付凭证、车辆保险单等税费凭证。

④ 车辆价款。

⑤ 双方各自的责任、权利与义务。

⑥ 合同在履行中的变更及处理。

⑦ 违约责任。

⑧ 当事人一方要求必须规定的其他条款。

2. 二手车买卖合同的格式

二手车买卖合同的格式如下。

二手车买卖合同

甲方:（出售方）______________________　　合同编号:______________________

乙方:（购车方）______________________　　签订时间:______年____月____日

第一条　目的

依据国家有关法律、法规和有关规定，甲、乙双方在自愿、平等和协商一致的基础上，就订立二手车买卖合同，并完成其他委托的服务事项达成一致，订立本合同。

第二条　当事人及车辆情况

1. 甲方（出售方）基本情况

（1）单位代码证号□□□□□□□□□□—□，经办人______________________，

身份证号码□□□□□□□□□□□□□□□□□□，

单位地址____________________________。联系电话______________________。

（2）自然人身份证号码□□□□□□□□□□□□□□□□□□，

现常住地址__________________________，联系电话______________________。

2. 乙方（购车方）基本情况

（1）单位代码证号□□□□□□□□□□—□，经办人______________________，

身份证号码□□□□□□□□□□□□□□□□□□，

单位地址____________________________。联系电话______________________。

（2）自然人身份证号码□□□□□□□□□□□□□□□□□□，

现常住地址__________________________，联系电话______________________。

3. 出售车辆基本情况

车辆牌号____________________________，车辆类别______________________，

厂牌型号____________________________，颜色__________________________，

初次登记时间________________________，登记证号______________________，

发动机号码__________________________，车架号码______________________，

行驶里程________________km，允许使用年限至______年____月____日，

车辆年检签证有效期至______年____月，

车辆购置税完税交纳证号__________/免税交纳（有证/无证），

车辆养路费交讫截止日期______年____月（证号____________________），

车辆保险险种：（1）______ （2）______ （3）______ （4）______，

保险有效期截止日期______年____月____日，

配置____

____

其他情况____

____

第三条　车辆价款

经协商一致，本车价款定为人民币______元（大写______元），上述价款包括车辆、备胎及______等附件。

过户手续费为人民币______元（大写______元），由______方负责。

第四条　付款及交付、过户

1. 乙方自合同签订后（当日/______日）内支付价款______%（人民币______元，大写______元）给甲方作为定金，支付方式：（现金/指定账户）。

2. ______方于合同签订（当日/______日）内，将本车（过户/转籍）所需的有关证件原件及复印件交付给______方，由______方负责办理（过户/转籍）手续。

3. ______方于（过户/转籍）事项完成后（当日/______日）内，购车方向销售方支付剩余价款（人民币______元，大写______元），支付方式：（现金/指定账户）。

第五条　双方的权利和义务

1. 出售方承诺车辆出让时不存在任何权属上的法律问题和各类尚未处理完毕的交通违章记录，所提供的证件与证明均真实、有效，无伪造情况。否则，致使出让车辆不能过户、转籍的，购车方有权单方解除本合同或终止本合同的履行，出售方应接受退回的车辆，并向购车方双倍返还定金和支付实际发生的费用。

______方如在收取有关文件、证明后______日内未办理（过户/转籍）手续或由于______方的过失导致（过户/转籍）手续不能办理或不能在合理期限内完成（双方约定该合理期限为收取文件、证明后的______日内），除非有正当理由或不可抗力，否则______方可单方终止本合同，并要求______方双倍返还定金和支付实际发生的费用。

2. 购车方承诺已对受让车辆的配置、技术状况和原使用性质了解清楚，该车能根据居住管辖地车辆落籍规定办理落籍手续。如由于购车方的过失导致（过户/转籍）手续不能办理，则出售方可单方终止本合同，并不返还定金，已经发生的费用由购车方承担。

本合同签订后，购车方如未按本合同规定的时间支付定金，出售方有权单方解除本合同，并要求购车方赔偿相应的经济损失。

第六条 合同在履行中的变更及处理

本合同在履行期间，任何一方要求变更合同条款的，应及时书面通知对方，并征得对方的同意后，在约定的时限________天内，签订补充条款，注明变更事项。未书面告知对方或未征得对方同意，擅自变更造成的经济损失，由责任方承担。

本合同履行期间，双方因履行本合同而签署的补充协议及其他书面文件，均为本合同不可分割的一部分，具有同等效力。

第七条 违约责任

甲、乙双方如发生违约行为，违约方给守约方造成的经济损失，由守约方按照法律、法规的有关规定和本合同有关条款追偿。

第八条 风险承担

本车在过户、转籍手续完成前，由出售方作为所有人承担一切风险责任；本车在过户、转籍手续完成后，由购车方作为所有人承担一切风险责任。

第九条 其他规定

本合同未约定的事项，按照《中华人民共和国合同法》以及有关法律、法规的规定执行。

第十条 发生争议的解决办法

甲、乙双方在履行本合同过程中发生争议，由双方协商解决。协商不成的，提请二手车交易市场或二手车交易管理协会调解，调解成功的，双方应当履行调解协议；调解不成的，按本合同约定的下列第（ ）项进行解决：

1. 向仲裁委员会申请仲裁；
2. 向法院提起诉讼。

第十一条 合同效力和订立数量

本合同内，空格部分填写的文字，其效力优于印刷文字的效力。本合同所称“日”，均指工作日。

本合同经双方当事人签字、盖章后生效；本合同一式三份，由甲方、乙方、二手车交易市场各执一份，均具有同等的法律效力。

甲方：出售方（名称）：________________________________

法定代表人/自然人：（签章）________________________________

经办人：（签章）________________________________

开户银行：________________________________

账号：________________________________

乙方：购车方（名称）：________________________________

法定代表人/自然人：（签章）________________________________

经办人：（签章）________________________________

开户银行：________________________________

账号：________________________________

3.3.5 二手车居间合同

1. 二手车居间合同的主要内容

（1）二手车居间合同的含义

二手车居间是指居间方向委托人报告订立二手车交易合同的机会或者提供订立合同的媒介服务，委托人支付佣金的经营行为。

二手车居间合同是指拥有二手车中介交易资质的二手车经纪公司与委托人相互之间为实现二手车交易的目的，明确相互权利义务关系所订立的协议。

（2）二手车居间合同的主体

二手车居间合同的主体由三方当事人即出让人（出售方）、受让人（收购方）和中介人（居间方）构成。

① 出让人（出售方）：有意向出让二手车合法产权的法人或其他组织、自然人，即委托居间方出售二手车的当事人。

② 受让人（购车方）：有意向受让二手车合法产权的法人或其他组织、自然人，即委托居间方买入二手车的当事人。

③ 中介人（居间方）：为出让人（出售方）提供居间服务，合法拥有二手车中介交易资质的二手车经纪公司。

（3）二手车居间合同的主要条款

① 出让人（出售方）的基本情况，包括单位代码、经办人或自然人的姓名、经办人或自然人的身份证号码、单位地址或自然人住址、联系电话等内容。

② 受让人（收购方）的基本情况，包括单位代码、经办人或自然人的姓名、经办人或自然人的身份证号码、单位地址或自然人住址、联系电话等内容。

③ 出售车辆的基本情况，主要有：

● 车辆的名称、型号、生产厂家、出厂日期、颜色、初次注册登记日期、行驶里程、登记证号、发动机号、车架号等；

● 机动车来历凭证、机动车行驶证、机动车登记证书、机动车号牌、道路运输证、机动车安全技术检验合格标志等法定证件；

● 车辆购置税完税证明、养路费缴付凭证、车船使用税缴付凭证、车辆保险单等税费凭证。

④ 车辆价款。

⑤ 付款及交付、过户。

⑥ 佣金标准、数额、收取方式、退赔。

⑦ 出让人（出售方）的权利和义务。

⑧ 受让人（收购方）的权利和义务。

⑨ 中介人（居间方）的权利和义务。

⑩ 合同在履行中的变更及处理。

⑪ 违约责任。

⑫ 风险承担。

⑬ 其他规定。

⑭ 发生争议的解决办法。

⑮ 合同效力和订立数量。

（4）注意要点

① 接受委托从事二手车居间业务的组织以及提供服务的人员应具备从事二手车经纪活动的资格。不具备资格和条件的，不得与委托人订立居间合同。委托人在委托有关二手车事务前，应查验接受委托业务的二手车经纪组织（居间方）的营业执照、备案证书以及提供服务的执业经纪人的执业证书，二手车经纪人应予以配合。

② 订立二手车居间合同前，委托出让方应当充分了解居间方提供居间服务的有关服务范围、内容，以及承诺的事项是否符合自己的需要；并仔细阅读居间方提供的书面告知资料及向居间方真实告知委托的二手车的情况。委托受让方应当仔细查验居间方提供的二手车车况、有关车辆的证件及了解各项服务内容。

③ 订立二手车居间合同时，委托人应当明确委托事项，详细了解与核对合同的条款、履行合同的时间、支付佣金的方式和数额、发生违约的退赔与补偿、发生争议的解决方法等。对居间方提供的咨询以及协商订立合同时发生疑问，可以向工商行政管理部门、公安车辆管理部门或二手车交易市场征询或核查。在合同约定时或履行中，三方未尽事宜可通过“补充条款”予以补充约定。

④ 合同履行期间发生争议的，可通过协商解决争议；协商不成的，应按照合同约定的方式解决。

2. 二手车居间合同的格式

二手车居间合同的格式如下。

二手车居间合同

委托出让方（简称甲方）：____________________

居间方：____________________ 合同编号：

委托买入方（简称乙方）：____________________ 签订时间：______年____月____日

第一条 目的

依据国家有关法律、法规和有关规定，三方在自愿、平等和协商一致的基础上，就居间方接受甲、乙双方的委托，促成甲、乙双方二手车交易，并完成其他委托的服务事项达成一致，订立本合同。

第二条　当事人及车辆情况

1. 甲方基本情况

（1）单位代码证号□□□□□□□□□□□□—□，经办人＿＿＿＿＿＿＿＿＿＿＿＿，

身份证号码□□□□□□□□□□□□□□□□□□□□□□□□，

单位地址＿＿＿＿＿＿＿＿＿＿＿＿＿＿。联系电话＿＿＿＿＿＿＿＿＿＿＿＿＿＿。

（2）自然人身份证号码□□□□□□□□□□□□□□□□□□□□□□□□，

现常住地址＿＿＿＿＿＿＿＿＿＿＿＿＿。联系电话＿＿＿＿＿＿＿＿＿＿＿＿＿＿

2. 乙方基本情况

（1）单位代码证号□□□□□□□□□□□□—□，经办人＿＿＿＿＿＿＿＿＿＿＿＿，

身份证号码□□□□□□□□□□□□□□□□□□□□□□□□，

单位地址＿＿＿＿＿＿＿＿＿＿＿＿＿＿。联系电话＿＿＿＿＿＿＿＿＿＿＿＿＿＿。

（2）自然人身份证号码□□□□□□□□□□□□□□□□□□□□□□□□，

现常住地址＿＿＿＿＿＿＿＿＿＿＿＿＿。联系电话＿＿＿＿＿＿＿＿＿＿＿＿＿＿

3. 出让车辆基本情况

车辆牌号＿＿＿＿＿＿＿＿＿＿＿＿＿＿，车辆类别＿＿＿＿＿＿＿＿＿＿＿＿＿＿，

厂牌型号＿＿＿＿＿＿＿＿＿＿＿＿＿＿，颜色＿＿＿＿＿＿＿＿＿＿＿＿＿＿＿＿，

初次登记时间＿＿＿＿＿＿＿＿＿＿＿＿，登记证号＿＿＿＿＿＿＿＿＿＿＿＿＿＿，

发动机号码＿＿＿＿＿＿＿＿＿＿＿＿＿，车架号码＿＿＿＿＿＿＿＿＿＿＿＿＿＿，

行驶里程＿＿＿＿＿＿＿＿＿km，允许使用年限至＿＿＿＿年＿＿＿月＿＿＿日，

车辆年检签证有效期至＿＿＿＿年＿＿＿月＿＿＿日，

车辆购置税完税交纳证号＿＿＿＿＿＿＿/免税交纳（有证/无证），

车辆养路费交讫截止日期＿＿＿＿年＿＿＿月（证号＿＿＿＿＿＿＿＿＿＿＿＿），

车辆保险险种：（1）＿＿＿＿＿　（2）＿＿＿＿＿　（3）＿＿＿＿＿　（4）＿＿＿＿＿，

保险有效期截止日期：＿＿＿＿年＿＿＿月＿＿＿日，

配置＿＿＿＿＿＿＿＿＿＿＿＿＿＿＿＿＿＿＿＿＿＿＿＿＿＿＿＿＿＿＿＿＿＿

＿＿＿＿＿＿＿＿＿＿＿＿＿＿＿＿＿＿＿＿＿＿＿＿＿＿＿＿＿＿＿＿＿＿＿＿

其他情况＿＿＿＿＿＿＿＿＿＿＿＿＿＿＿＿＿＿＿＿＿＿＿＿＿＿＿＿＿＿＿＿

＿＿＿＿＿＿＿＿＿＿＿＿＿＿＿＿＿＿＿＿＿＿＿＿＿＿＿＿＿＿＿＿＿＿＿＿

第三条　车辆价款

经协商一致，本车价款定为人民币＿＿＿＿＿元（大写＿＿＿＿＿＿＿＿＿＿＿元），上述价款包括车辆、备胎及＿＿＿＿＿＿＿＿＿＿＿＿＿＿＿＿＿＿＿＿＿等附件。

过户手续费为人民币＿＿＿＿＿元（大写＿＿＿＿＿＿＿＿＿＿＿＿元），由＿＿＿＿＿方负责。

第四条　付款及交付、过户

1. 乙方于合同签订后（当日/＿＿＿＿日）内支付车价款＿＿＿＿%（人民币＿＿＿＿＿元，

大写______________________元）给甲方作为定金，支付方式：（现金/指定账户）。

2. 甲方于合同签订（当日/________日）内，将本车辆存放于居间方指定地点，由居间方和乙方查验认可，出具查验单后，由居间方代为保管，或三方约定由甲方继续使用本车。甲方于合同签订后________日内将本车辆有关证件原件及复印件交付给乙方，并协助乙方办理过户手续。

3. 乙方于（过户/转籍）事项完成后（当日/________日）内向甲方支付剩余价款（人民币________元，大写______________________元），支付方式：（现金/指定账户）。

第五条　佣金标准、数额，收取方式，退赔

1. 居间方已完成本合同约定的委托人甲方委托的事项，委托人甲方按照下列第______种方式计算支付佣金（任选一种）：

（1）按照该二手车成交价__________的________%，具体数额为人民币________元作为佣金支付给居间方。

（2）按双方约定，佣金为人民币________元，支付给居间方。

2. 居间方已完成本合同约定的委托人乙方委托的事项，委托人乙方按照下列第______种方式计算支付佣金（任选一种）：

（1）按照该二手车成交价________的________%，具体数额为人民币________元作为佣金支付给居间方。

（2）按双方约定，佣金为人民币________元，支付给居间方。

3. 居间方未完成本合同委托事项的，按照下列约定退还佣金：

（1）居间方未完成委托人甲方委托的事项，将本合同约定收取佣金的________%，具体数额为人民币________元退还给委托人甲方，已发生费用由居间方承担。

（2）居间方未完成委托人乙方委托的事项，将本合同约定收取佣金的________%，具体数额为人民币________元退还给委托人乙方，已发生费用由居间方承担。

第六条　甲方的权利和义务

甲方承诺车辆出让时不存在任何权属上的法律问题和各类尚未处理完毕的交通违章记录，所提供的证件、证明均真实、有效，无伪造情况。否则，致使出让车辆不能过户、转籍的，乙方有权单方解除本合同或终止本合同的履行，甲方应接受退回的车辆，全额退回车款，向居间方支付佣金和实际发生的费用，并承担赔偿责任。

在本合同有效期内，甲方委托出让的车辆根据本合同约定将本车存放在指定的地点，并按规定支付停车费，因保管不善造成车辆毁损、灭失的，由责任方承担赔偿责任。

甲方不提供相关文件、证明，或未按本合同第四条第 2 款的约定将本车存放于指定地点，除非有正当理由或不可抗力，否则乙方有权终止本合同并要求双倍返还定金。

第七条　乙方的权利和义务

本合同签订后，乙方应向居间方预付定金（人民币________元，大写__________________元）。

乙方履行合同后，定金抵作乙方应当支付给居间方的佣金。如乙方违约，乙方无权要求返还定金并应支付实际发生的费用；如居间方违约，应当双倍返还定金。

乙方如未按本合同规定的时间支付定金，甲方有权单方解除本合同，并要求乙方赔偿相应的经济损失。

乙方如拒绝接受甲方提供的文件、证明，除非有正当理由或不可抗力，否则甲方可单方终止本合同，并不返还定金。

乙方如在收取有关文件、证明后________日内未办理（过户/转籍）手续或由于乙方的过失导致（过户/转籍）手续不能办理或不能在合理期限内完成（双方约定该合理期限为收取文件、证明后的________日内），除非有正当理由或不可抗力，否则甲方可单方终止本合同，并不返还定金，已经发生的费用应由乙方承担。

第八条　居间方的权利和义务

居间方应向甲、乙双方出示营业执照等有效证件。

居间方的执业经纪人应向甲、乙双方出示经纪执业证书，并应亲自处理委托事务，未经甲、乙双方同意，不得转委托。

居间方应按照甲、乙双方的要求处理委托事务，报告委托事务处理情况，为甲、乙双方保守商业秘密。

居间方应按约定或依规定收取甲、乙双方支付的款项并开具收款凭证。

居间方不得采取胁迫、欺诈、贿赂和恶意串通等手段，促成交易。

居间方不得伪造、涂改、买卖交易文件、证明和凭证。

第九条　合同在履行中的变更及处理

本合同在履行期间，任何一方要求变更合同条款的，应及时书面通知对方，并征得对方的同意后，在约定的时限________天内，签订补充条款，注明变更事项。未书面告知对方，并征得对方同意，擅自变更造成的经济损失，由责任方承担。

本合同履行期间，三方因履行本合同而签署的补充协议及其他书面文件，均为本合同不可分割的一部分，具有同等效力。

第十条　违约责任

1. 三方商定，居间方有下列情况之一的，应承担违约责任:

（1）无正当理由解除合同的;

（2）与他人私下串通，损害委托人甲、乙双方利益的:

（3）其他过失影响委托人甲、乙双方交易的。

2. 三方商定，委托人甲、乙双方有下列情况之一的，应承担违约责任:

（1）无正当理由解除合同的;

（2）未能按照合同提供必要的文件、证明和配合，造成居间方无法履行合同的;

（3）相互或与他人私下串通，损害居间方利益的;

（4）其他造成居间方无法完成委托事项的行为。

3. 三方商定，发生上述违约行为的，按照合同约定佣金总数的_________%，计人民币________元作为违约金支付给各守约方。违约方给各守约方造成的其他经济损失，由守约方按照法律、法规的有关规定追偿。

第十一条　风险承担

本车在过户、转籍手续完成前，由甲方作为所有人承担一切风险责任；本车在过户、转籍手续完成后，由乙方作为所有人承担一切风险责任。

第十二条　其他规定

本合同未约定的事项，按照《中华人民共和国合同法》以及有关法律、法规的规定执行。

第十三条　发生争议的解决办法

三方在履行本合同过程中发生争议，由三方协商解决。协商不成的，提请二手车交易市场和二手车交易管理协会调解，调解成功的，三方应当履行调解协议；调解不成的，按本合同约定的下列第（　　）项进行解决:

1. 向仲裁委员会申请仲裁；
2. 向法院提起诉讼。

第十四条　合同效力和订立数量

本合同内，空格部分填写的文字，其效力优于印刷文字的效力。本合同所称“日”，均指工作日。

本合同经三方当事人签字、盖章后生效；本合同一式四份，由甲方、乙方、居间方、二手车交易市场各执一份，均具有同等的法律效力。

委托出售方（甲方）: ____________________________

法定代表人/自然人:（签章）____________________________

经办人:（签章）____________________________

开户银行: ____________________________

账号: ____________________________

居间方（名称）: ____________________________

营业执照注册号: ____________________________

法定代表人:（签章）____________________________

执业经纪人:（签章）____________________________

执业经纪证书:（编号）____________________________

开户银行: ____________________________

账号: ____________________________

委托买入方（乙方）：______________________________

法定代表人/自然人：（签章）______________________________

经办人：（签章）______________________________

开户银行：______________________________

账号：______________________________

第4章 CHAPTER 4 二手车价格评估与交易

4.1 二手车价格评估标准与类型

4.1.1 二手车价格评估计价标准

资产评估的目的是根据经济活动的需要决定的。而评估目的不同，其计价标准是不一样的。目前，我国资产评估采用 4 种计价标准：重置成本标准、收益现值标准、现行市价标准、清算价格标准。资产评估计价标准是关于资产计价所适用的价格类型的法则。二手车作为一种资产，评估时也遵循这 4 种计价标准。二手车计价标准由二手车评估目的决定。同一辆二手车根据不同的评估目的采用不同的计价标准进行估价，评估结果会产生差异。因此，在对二手车进行价格评估时，必须根据评估目的，选择与二手车评估业务相匹配的计价标准。

1．重置成本标准

重置成本标准——以复原重置成本或更新重置成本作为衡量被评估二手车的价值尺度。这一标准是国内二手车评估最常用的标准。

所谓二手车重置成本，是指以现行市价重新购置与被评估车辆相同的新车所需要支付的全部费用。二手车重置成本与原始成本一样，都反映车辆在购置、运输、注册登记等过程中所支出的全部费用，它们的区别在于：重置成本是按现有技术条件和价格水平计算的。

重置成本标准适用的前提是车辆处于在用状态，一方面反映车辆已经投入使用；另一方面反映车辆能够继续使用，对所有者具有使用价值。

2．现行市价标准

现行市价标准——以相同或类似车型的现行交易价格作为衡量被评估二手车的价值尺度。这一计价标准强调二手车在公平市场上正常流通交易的现行市价。

现行市价是指车辆在公平市场上的销售价格。所谓公平市场，是指充分竞争的市场，买卖双方没有垄断和强制，双方的交易行为都是自愿的，都有足够的时间与能力了解市场行情。实际上，现行市价就是变现价格。非公平市场价格，如迫售价格或优惠价格尽管也是变现，但不能算做“现行市价”。

现行市价标准适用的前提条件有以下两个：

① 存在一个交易活跃、公平的二手车市场；

② 与被评估车辆相同或类似的车辆在市场上有一定的交易量，能够形成市场行情。

3．收益现值标准

收益现值标准——以收益现值作为衡量被评估二手车的价值尺度。二手车收益现值是指被评估二手车在剩余寿命期内继续经营情况下所产生的预期收益累计总额，按照设定的折现率（行业平均收益率或社会基准收益率）折合成评估时点（即评估基准日）现值，并以此现值作为二手车未来收益能力的价值。这一评估标准依据的不是二手车收益现状，而是其在未来正常经营中可以产生的累计收益总额。

收益现值标准适用的前提条件是车辆投入使用后可连续获利。

4．清算价格标准

清算价格标准——以相同或相似车型的市场清算价格作为衡量被评估二手车的价值尺度。清算价格是指企业由于破产、抵押违约等原因，被要求在一定期限内将特定资产快速变现的价格。

清算价格与现行市价相比，两者的根本区别在于：现行市价是公平市场交易价格，而清算价格是非正常市场上的拍卖价格，由于在这种情况下的资产清理一般要求在较短时间内甚至强制条件下完成，因此，这类资产处理往往不能像正常出售那样获得“现行公平市价”，买卖双方处于不平等地位，清算价格一般都低于市场交易价格。

清算价格标准适用于企业破产清算、抵押违约资产处理业务。汽车是一种容易快速变现的资产，也适用清算价格标准。

4.1.2 二手车估价类型和估价方法

1．二手车估价类型

根据二手车价格估算目的不同，二手车价格评估可分为鉴定服务估价和收购估价两种。二手车鉴定服务估价是指二手车鉴定评估机构为委托方提供二手车技术鉴定和估价的一种第三方中介服务。其价格评估方法和资产评估的方法一样，按照国家规定的重置成本法、收益现值法、现行市价法和清算价格法 4 种方法进行，评估价格具有约束性。二手车收购估价是指二手车经营企业开展二手车收购业务时，对被收购二手车进行价格估算。收购价格由买卖双方协商确定，具有灵活性。

2．二手车鉴定服务估价和收购估价的区别

二手车鉴定服务估价和收购估价，其实质都是对二手车做现时价格评估。但两者相比较有明显的区别，主要表现在以下几方面。

（1）估价的主体不同

二手车鉴定服务估价是第三方中介服务，估价主体是中介服务机构，它要求估价者遵循公正性、独立性的原则，通过对被评估车辆技术鉴定的全面判断确定其客观市场价格。评估价格具有约束性，不可以随意变动。而二手车收购估价的主体是买卖双方，收购价（或卖出价）是买卖双方进行价格谈判、讨价还价的结果，是一种自由定价。

（2）估价的目的不同

二手车鉴定服务估价是评估机构接受委托人委托，为被评估车辆将要发生的经济行为提供价值依据，以服务为目的；二手车收购估价是二手车经营者开展二手车收购业务时的价格估算，是一种买卖行为，以经营为目的。

（3）估价的方法和灵活性不同

二手车鉴定服务估价，要求严格遵守国家颁布的有关评估法规，按特定的目的选择与之相匹配的评估标准和方法，具有约束性；二手车收购估价可以接受国家有关评估法规的指导，根据估价目的，参照评估的标准和方法进行，估价也可以通过讨价还价实现，具有灵活性。

（4）估价的价值概念不同

虽然鉴定服务估价与收购估价的价值概念都具有交易价值和市场价值，但由于估价出发点不一样，两者价值概念存在较大差异。二手车鉴定服务估价要求客观反映二手车的真实现时价格，估价结果与现时市场价一致；而二手车收购估价的目的是今后卖出二手车获取差价利润，因此，估价值应低于“市场价格”。

3．二手车价格评估方法

汽车是一种资产，其价格评估方法参照资产评估方法，包括重置成本法、现行市价法、收益现值法、清算价格法。此外还有折旧法，它从资产折旧的角度估算重置成本法中的各种损耗和贬值，因此，从本质上来说，折旧法是重置成本法的一种应用。

4.1.3 二手车价格评估方法的比较与选择

1．各种估价方法的联系与区别

（1）重置成本法与现行市价法的联系与区别

联系：两者都以车辆现时市场价格作为估价时的比较依据。

区别：

① 参照对象不同。重置成本法的参照对象是与被评估车辆同车型的新车售价，然后根据历史资料，比较被评估车辆相对于全新车辆损耗和贬值了多少，考虑的是扣除各种损耗和贬值后的剩余价值，是一种历史资产与现时新资产相比较的方法；现行市价法的参照对象是现时市场上已成交过的同类车辆售价，通过比较被评估车辆与参照车辆的因素差异直接得到评估价格，是一种二手车与二手车之间的类比方法。

② 受市场条件制约的程度不同。重置成本法从购买者角度参照市场价格，市场条件对其制约相对较弱；现行市价法是从卖者的角度参照市场价格，需要以活跃的二手车市场为前提，且二手车变现值要受市场条件的制约。

③ 资料的获得和指标的确定有着不同的思路。重置成本法按被评估车辆的现时重置成本扣减其各项损耗来确定被评估车辆的评估值，所以只要有一个新购置类似车辆作为参照即可；运用现行市价法评估车辆价值时，被评估车辆的评估值在很大程度上取决于参照车辆成交价格水平，而参照车辆成交价不仅是参照车辆自身功能的市场体现，还受买卖双方交易的动机、交易地位、交易期限等因素的影响，为了避免某个参照物个别交易中的特殊因素对成交价及评估值的影响，运用现行市价法时通常应选择三个或三个以上的可比参照车辆。

（2）重置成本法与收益现值法的联系与区别

联系：两者都以单辆被评估车辆为估价对象，计算其现时价值作为估价依据。

区别：

① 两者参照的估算价格不同。重置成本法参照的是同类新车现时市场价，收益现值法参照的是被评估车辆本身未来使用可能的获利总额。

② 评估依据时间和估价结果不同。重置成本法基于对二手车历史使用过程的分析，考虑和侧重的是二手车已使用的各种损耗和贬值，并以现时新车市场价为参考依据计算其剩余价值作为现时估价结果；而收益现值法基于对二手车未来使用过程的预期，考虑和侧重的是二手车未来能给投资者带来多少收益，并将其折算为现时价值作为估价结果。

③ 评估依据指标不同。重置成本法以被评估车辆实体性贬值、功能性贬值和经济性贬值为指标计算评估值，而收益现值法以收益期限、收益额、折现率为指标计算评估值。

（3）重置成本法、现行市价法和收益现值法的联系与区别

联系：三者都采用比较法，以二手车现时价值作为估价依据。

区别：重置成本法以现时功能相同的新车价格为参照，强调被评估车辆历史数据（如使用年限、使用强度、技术性能等）对被评估车辆剩余价值的影响，它是从购买者角度参照市场价格的，评估价受市场条件的制约相对较弱；现行市价法是与现时公开市场同类二手车已成交价格比较，是从卖者角度参照市场价格的，强调成功交易的变现值，评估价受市场条件的制约；收益现值法从购买者角度考虑被评估车辆未来使用收益的变现值，评估价主要受现在收益折现率和预计使用年限制约。

（4）现行市价法与清算价格法的联系与区别

联系：两者均以二手车市场价格为评估依据。

区别：现行市价法评估的二手车价格是公平市场价格；而清算价格法评估的价格是非正常市场上的拍卖价格，它以公平市场价格为参照，在清算期限限制和快速变现原则要求下确定评估价，一般大大低于现行市价。

2．各种价格评估方法的适用范围与选择

二手车估价方法的选用与二手车评估目的有关，必须根据评估目的，选择与二手车估价业务相匹配的估价方法。

4.2 二手车价格评估的现行市价法

4.2.1 现行市价法的基本原理与应用前提

1．现行市价法的基本原理

（1）定义

现行市价法又称市价法、市场价格比较法和销售对比法，是指通过比较被评估车辆与最近出售类似车辆的异同，并将类似车辆市场价格进行调整，从而确定被评估车辆价值的一种评估方法。

（2）基本原理

现行市价法的基本原理是：通过市场调查，选择一个或几个与被评估车辆相同或类似的车辆作为参照车辆，分析参照车辆原有结构、配置、功能、性能、新旧程度、地区差别、交易条件及成交价格等，并与被评估车辆一一对照比较，找出两者的差别及差别反映在价格上的差额，经过调整，计算出二手车的评估价格。

现行市价法是最直接、最简单的一种评估方法，也是二手车价格评估最常用的方法之一。

2．现行市价法的应用前提

运用现行市价法对二手车进行价格评估必须具备以下两个前提条件。

第一，有一个充分发育的、活跃的、公平的二手车交易市场。在这个市场上有众多的卖者和买者，有充足的参照车辆可取，这样可以排除交易的偶然性。市场成交的二手车价格可以准确反映市场行情，这样评估结果更加公平、公正，易于为双方接受。

第二，评估中参照的二手车与被评估的二手车有可比较指标，并且这些可比较的指标技术参数的资料是可收集到的，价值影响因素明确，可以量化。

运用现行市价法，重要的是能够找到与被评估二手车相同或类似的参照车辆。但与被评估车辆完全相同的车辆是很难找到的，这就要求对类似参照车辆进行调整，有关调整的指标、技术参数能否获取，是决定现行市价法能否运用的关键。

4.2.2 现行市价法的计算方法

运用现行市价法确定单台车辆价值通常采用直接法和类比法。

1. 直接法

直接法是指在市场上能找到与被评估车辆完全相同的车辆，并将其价格直接作为被评估车辆评估价格的一种方法。所谓完全相同是指车辆型号、使用条件和技术状况相同，生产和交易时间相近，寻找这样的参照车辆一般来讲是比较困难的。通常如果某车辆与被评估车辆类别相同、主参数相同、结构性能相同，只是生产序号不同并只做了局部改动，且交易时间相近，即可将其作为评估过程中的参照车辆。按参照车辆的市场价格直接确定被评估车辆的价值。评估公式为

$$P=P'$$

式中，P——评估值；

P'——参照车辆的市场价格。

2. 类比法

1）计算模型

类比法是指评估车辆时，在公开市场上找不到与之完全相同的车辆，但能找到与之相类似的车辆时，以相似车辆为参照车辆，并根据车辆技术状况和交易条件的差异对价格做出相应调整，进而确定被评估车辆价值的评估方法。其基本计算公式为

$$P=P'+P_1-P_2$$

或

$$P=P'\cdot K$$

式中，P——评估值；

P'——参照车辆的市场价格；

P_1——评估对象比参照车辆优异的价格差额；

P_2——参照车辆比评估对象优异的价格差额；

K——差异调整系数。

2）评估步骤

运用类比法评估二手车价值，应按下列步骤进行。

（1）搜集交易实例

运用类比法评估，应准确搜集大量交易实例，掌握正常市场价格行情。搜集的交易实例应包括下列内容：车辆型号、制造厂家、使用性质、使用年限、行驶里程、实际技术状况、经

济环境和市场环境、车辆所处的地理位置、成交数量、成交价格、成交日期、付款方式等。

（2）选取参照车辆

根据被评估车辆状况和评估目的，从搜集的交易实例中选取三辆以上的参照车辆。选取的参照车辆应符合下列要求：

① 是被评估车辆的同型号或类似车辆；

② 成交日期与评估时点相近，相隔不宜超过3个月；

③ 成交价格为正常价格或可修正为正常价格。

（3）进行交易情况修正

排除交易行为中的特殊因素所造成的参照车辆成交价格偏差，将参照车辆的成交价格调整为正常价格。

① 有下列情形之一的交易实例不宜选为参照车辆：

- 利害关系人之间的交易；
- 急于出售或购买情况下的交易；
- 受债权债务关系影响的交易；
- 交易双方或一方对市场行情缺乏了解的交易；
- 交易双方或一方有特殊偏好的交易；
- 特殊方式的交易；
- 交易税费非正常负担的交易；
- 其他非正常的交易。

② 当可供选择的交易实例较少，需要选用上述情形的交易实例时，应对其进行交易情况修正。

③ 对交易税费非正常负担的修正，应将成交价格调整为依照政府有关规定，交易双方负担各自应负担的税费下的价格。

（4）进行交易日期修正

将参照车辆在其成交日期的价格调整为评估时点的价格。交易日期修正宜采用类似车型的价格变动率或指数进行调整。在无类似车型的价格变动率或指数的情况下，可根据当地二手车价格的变动情况和趋势做出判断，给予调整。

（5）进行地区因素修正

将参照车辆在其他区域市场的价格调整为被评估车辆所在地区的区域价格。

（6）进行个别因素修正

将参照车辆与被评估车辆的个别因素逐项进行比较，找出由于个别因素优劣所造成的价格差异，进行调整。

交易情况、交易日期、地区因素和个别因素的修正，视具体情况可采用百分率法、差异法或回归分析法。每项修正对参照车辆成交价格的调整不得超过10%，综合调整不得超过20%。选取的多个参照车辆的价格经过上述各种修正之后，应根据具体情况计算出一个综合结果，作为评估值。现行市价法的原理和技术，也可用于其他评估方法中有关参数的求取。

用现行市价法评估应该说已包含了被评估车辆的各种贬值因素，包括有形损耗的贬值、功能性贬值和经济性贬值，这是因为市场价格是车辆的各种因素的综合反映。车辆的有形损耗及功能陈旧而造成的贬值，自然会在市场价格中体现出来。而经济性贬值的主要表现为供求关系的变化对市场价格的影响。因而用现行市价法评估不再专门计算功能性贬值和经济性贬值。经济性贬值和功能性贬值客观存在，但在实际计算的过程中常常无法计算。因此，推荐采用市场比较法，国外的评估机构也通常优先采用市场比较法。我国中等以上城市，特别是经济较为发达的地区和城市，一般情况下，每年成交的各种二手车少则几千辆，多则几万辆甚至十几万辆，在这些城市和地区的二手车交易市场通常总能够找到成交案例作为市场参照车辆，为现行市价法的应用奠定了良好的市场条件。虽然我国的汽车生产厂家较多，各种品牌林立，规格品种众多，但由于近几年来市场交易活跃，特别是各个城市有较多的经纪公司、置换公司并逐渐形成了主营各自品牌的格局，大部分车型都有交易案例。因此，评估机构和评估人员应不断收集各种品牌、车型的成交案例，作为各种评估对象市场参照车辆的资料存档。

4.2.3 现行市价法评估实例

【例】某评估人员在用现行市价法对某捷达轿车进行价值评估时，收集了两辆参照车辆的技术经济参数。该车及参照车辆的技术经济参数见表 4-1。

表 4-1 被评估车辆与参照车辆的有关技术经济参数表

序 号	技术经济参数	参照车辆 I	参照车辆 II	被评估二手车
1	车辆型号	捷达 FV7160CL	捷达 FV7160CIX	捷达 FV7160GIX
2	销售条件	公开市场	公开市场	公开市场
3	交易时间	2003 年 12 月	2004 年 6 月	2005 年 6 月
4	使用年限	15 年	15 年	15 年
5	初次登记日期	1998 年 6 月	1998 年 6 月	1998 年 12 月
6	已使用时间	5 年 6 个月	6 年	5 年 6 个月
7	成新率/%	53	48	50
8	交易数量	1	1	1
9	付款方式	现款	现款	现款
10	地点	北京	北京	北京
11	物价指数	1	1.03	1.03
12	价格	50000 元	55000 元	待求评估值

（1）以参照车辆 I 为参照车辆做各项差异量化和调整

① 结构性能差异量化及调整。

参照车辆 I 车身为老式车身，被评估二手车为新式车身，评估基准时点该项结构价格差异为 8000 元；参照车辆Ⅰ发动机为化油器式两气门发动机，被评估二手车发动机为电喷式五气门发动机，评估基准时点该项结构价格差异为 6000 元。该项量化调整值为

$$(8000+6000)\times 50\% = 7000\text{（元）}$$

② 销售时间差异量化与调整。

参照车辆Ⅰ成交时物价指数为 $I_0=1$，被评估二手车鉴定评估时物价指数为 $I_1=1.03$，该项调整值为

$$B_0=\left(\frac{I_1}{I_0}-1\right)=50000\times\left(\frac{1.03}{1}-1\right)=1500\text{（元）}$$

③ 新旧程度差异量化与调整。

该项调整值为

$$50000\times(50\%-53\%)=-1500\text{（元）}$$

④ 销售数量和付款方式无差异，不用量化和调整。

⑤ 以参照车辆Ⅰ为参照车辆时，被评估二手车的评估值 P_1 为

$$P_1=50000+(7000+1500-1500)=57000\text{（元）}$$

（2）以参照车辆Ⅱ为参照车辆做各项差异量化和调整

① 结构性能差异量化及调整。

参照车辆Ⅱ发动机为电喷两气门发动机，被评估二手车发动机为电喷式五气门发动机，评估基准时点该项结构价格差异为 3000 元。该项调整值为

$$3000\times 50\% = 1500\text{（元）}$$

② 新旧程度差异量化与调整。

该项调整值为

$$55000\times(50\%-48\%)=1100\text{（元）}$$

③ 销售时间、数量和付款方式无差异，不用量化和调整。

④ 以参照车辆Ⅱ为参照车辆时，被评估二手车的评估值 P_2 为

$$P_2=55000+1500+1100=57600\text{（元）}$$

（3）计算被评估二手车鉴定评估值

由于两辆参照车辆与被评估二手车的交易地点相同，且成新率、已使用年限、交易时间等参数均接近，故可采用算术平均法计算被评估二手车鉴定评估值 P，即

$$P=\frac{P_1+P_2}{2}=\frac{57000+57600}{2}=57300\text{（元）}$$

【例】在对某辆二手车进行评估时，评估人员选择了三辆近期成交的与被评估二手车类别、结构基本相同，经济技术参数相近的车辆作为参照车辆。参照车辆与被评估二手车的一些具体经济技术参数，见表 4-2。试采用现行市价法对该车进行价值评估。

表 4-2　被评估车辆及参照车辆的有关经济技术参数表

序号	技术经济参数	参照车辆 A	参照车辆 B	参照车辆 C	被评估二手车
1	车辆交易价格/元	50000	65000	40000	
2	销售条件	公开市场	公开市场	公开市场	公开市场
3	交易时间	6 个月前	2 个月前	10 个月前	
4	物价指数	物价指数大约每月上升 0.5%			
5	已使用年限/年	5	5	6	5
6	尚可使用年限/年	5	5	4	5
7	成新率/%	62	75	55	70
8	年平均维修费用/元	20000	18000	25000	20000
9	每百公里耗油量/L	25	22	28	24

（1）对被评估二手车与参照车辆之间的差异进行比较、量化

① 销售时间的差异。

搜集到的资料表明，在评估基准日之前的 1 年内，物价指数大约每月上升 0.5%。各参照车辆与被评估二手车由于时间差异所产生的差额如下。

被评估二手车与参照车辆 A 相比较晚 6 个月，物价指数上升 3%，其差额为

$$50000\times3\%=1500\text{（元）}$$

被评估二手车与参照车辆 B 相比较晚 2 个月，物价指数上升 1%，其差额为

$$55000\times1\%=550\text{（元）}$$

被评估二手车与参照车辆 C 相比较晚 10 个月，物价指数上升 5%，其差额为

$$40000\times5\%=2000\text{（元）}$$

② 车辆性能的差异。

● 各参照车辆与被评估二手车每年由于燃油消耗的差异所产生的差额按每日营运 150km、每年平均出车 250 天计算，燃油价格按每升 2.2 元计算。

参照车辆 A 每年比被评估二手车多消耗燃料的费用为

$$(25-24)\times2.2\times\frac{150}{100}\times250=825\text{（元）}$$

参照车辆 B 每年比被评估二手车少消耗燃料的费用为

$$(24-22)\times2.2\times\frac{150}{100}\times250=1650\text{（元）}$$

参照车辆 C 每年比被评估二手车多消耗燃料的费用为

$$(28-24)\times2.2\times\frac{150}{100}\times250=3300\text{（元）}$$

● 各参照车辆与被评估二手车每年由于维修费用的差异所产生的差额如下。

参照车辆 A 与被评估二手车每年维修费用的差额为

20000−20000=0（元）

参照车辆 B 比被评估二手车每年少花费的维修费用为

20000−18000=2000（元）

参照车辆 C 比被评估二手车每年多花费的维修费用为

25000−20000=5000（元）

● 各参照车辆与被评估二手车每年由于营运成本的差异所产生的差额如下。

参照车辆 A 比被评估二手车每年多花费的营运成本为

825+0=825（元）

参照车辆 B 比被评估二手车每年少花费的营运成本为

1650+2000=3650（元）

参照车辆 C 比被评估二手车每年多花费的营运成本为

3300+5000=8300（元）

● 取所得税率为 33%，则税后各参照车辆每年比被评估二手车多（或少）花费的营运成本如下。

税后参照车辆 A 比被评估二手车每年多花费的营运成本为

825×(1−33%)=552.75（元）

税后参照车辆 B 比被评估二手车每年少花费的营运成本为

3650×(1−33%)=2445.5（元）

税后参照车辆 C 比被评估二手车每年多花费的营运成本为

8300×(1−33%) = 5561（元）

● 适用的折现率为 i=10%，则在剩余的使用年限内，各参照车辆比被评估二手车多（或少）花费的营运成本如下。

参照车辆 A 比被评估二手车多花费的营运成本折现累加为

$$552.75\times\frac{(1+10\%)^5-1}{10\%\times(1+10\%)^5}=552.75\times3.7908=2095\text{（元）}$$

参照车辆 B 比被评估二手车少花费的营运成本折现累加为

$$2445.5\times\frac{(1+10\%)^5-1}{10\%\times(1+10\%)^5}=2445.5\times3.7908=9270\text{（元）}$$

参照车辆 C 比被评估二手车多花费的营运成本折现累加为

$$5561\times\frac{(1+10\%)^5-1}{10\%\times(1+10\%)^5}=5561\times3.7908=17628\text{（元）}$$

③ 成新率的差异。

参照车辆 A 与被评估二手车由于成新率的差异所产生的差额为

50000×(70%−60%)=5000（元）

参照车辆B与被评估二手车由于成新率的差异所产生的差额为

$$65000\times(70\%-75\%)=-3250\text{（元）}$$

参照车辆C与被评估二手车由于成新率的差异所产生的差额为

$$40000\times(70\%-55\%)=6000\text{（元）}$$

（2）根据被评估二手车与参照车辆之间差异的量化结果，确定车辆的评估值

① 初步确定被评估二手车的评估值。

与参照车辆A相比分析调整差额，初步评估的结果为

$$\text{车辆评估值}=50000+1500+2095+5000=58595\text{（元）}$$

与参照车辆B相比分析调整差额，初步评估的结果为

$$\text{车辆评估值}=65000+550-9270-3250=53030\text{（元）}$$

与参照车辆C相比分析调整差额，初步评估的结果为

$$\text{车辆评估值}=40000+2000+17628+6000=65628\text{（元）}$$

② 综合定性分析，确定被评估二手车的评估值。

从上述初步估算的结果可知，按三辆不同的参照车辆进行比较测算，初步评估的结果最多相差12598元（65628元−53030元=12598元）。其主要原因是三辆参照车辆的成新率不同（参照车辆A为60%，参照车辆B为75%，参照车辆C为55%）；另外，在选取有关的经济技术参数时也可能存在误差。为减少误差，结合考虑被评估二手车与参照车辆的相似程度，决定采用加权平均法确定评估值。参照车辆B的交易时间与评估基准日较接近（仅隔2个月），且已使用年限、尚可使用年限、成新率等都与被评估二手车最相近。由于它的相似程度比参照车辆A、C更大，故决定取参照车辆B的加权系数为60%；参照车辆A的交易时间、已使用年限、尚可使用年限、成新率等比参照车辆C的相似程度更大，故决定取参照车辆A的加权系数为30%；取参照车辆C的加权系数为10%。加权平均后，被评估二手车的评估值为

$$\text{车辆评估值}=53030\times60\%+58595\times30\%+65628\times10\%\approx55959\text{（元）}$$

4.3 二手车价格评估的收益现值法

4.3.1 收益现值法的基本原理与应用前提

1. 定义

收益现值法是将被评估车辆在剩余寿命期内的预期收益用适当的折现率折现为评估基准日的现值，并以此确定评估价格的一种方法。二手车的价格评估一般很少采用收益现值法，但对一些特定目的、有特许经营权的二手车，人们购买的目的往往不在于车辆本身，而在于车辆获利的能力。因此对于营运车辆的评估采用收益现值法比较合适。

2. 基本原理

收益现值法基于这样的假设，即人们之所以购买某车辆，主要是考虑到这辆车能为自己带来一定的收益。采用收益现值法对二手车进行评估所确定的价值是指为获得该二手车以取得预期收益的权利所支付的货币总额，它以车辆投入使用后连续获利为基础。如果某车辆的预期收益小，车辆的价格就不可能高；反之，车辆的价格肯定就高。

3. 收益现值法的应用前提

被评估的二手车必须是经营性车辆，且具有继续经营和获利的能力，继续经营的收益必须能够用货币金额来表示，经营过程中的风险因素能够转化为数据加以计算，体现在折现率和资本化率中。非营利的二手车不能用收益现值法评估。

4.3.2 收益现值法的计算方法和评估参数的确定

1. 收益现值法的计算方法

收益现值法的评估值的计算，实际上就是对被评估车辆未来预期收益进行折现的过程。被评估车辆的评估值等于剩余寿命期内各收益期的收益现值之和，其基本计算公式为

$$P=\sum_{t=1}^{n}\frac{A_t}{(1+i)^t}$$
$$=\frac{A_1}{(1+i)^1}+\frac{A_2}{(1+i)^2}+\cdots+\frac{A_n}{(1+i)^n}$$

当 $A_1=A_2=\cdots=A_n=A$，即未来各收益期的收益同为 A 时，则有

$$P=A\times\left[\frac{1}{1+i}+\frac{1}{(1+i)^2}+\cdots+\frac{1}{(1+i)^n}\right]$$
$$=A\times\frac{(1+i)^n-1}{i\times(1+i)^n}$$

式中，P——评估值；

A_t——未来第 t 个收益期的预期收益额，二手车的收益期是有限的，A_t 中还包括收益期末车辆的残值，一般估算时残值忽略不计；

n——收益年期（剩余经济寿命的年限）；

i——折现率；

t——收益期，一般以年计。

其中，$\frac{1}{(1+i)^t}$ 称为现值系数，$\frac{(1+i)^n-1}{i\times(1+i)^n}$ 称为年金现值系数。

2. 收益现值法中各评估参数的确定

（1）剩余经济寿命期的确定

剩余经济寿命期指从评估基准日到车辆到达报废年限所剩余的使用寿命。如果剩余经济寿命期估计过长，就会高估车辆价格；反之，则会低估车辆价格。因此，必须根据车辆的实际状况对剩余寿命做出正确的评定。

在车辆技术状况基本正常的情况下，可按国家规定的报废标准确定车辆的剩余使用寿命。如果车辆的技术状况很差，则应根据车辆的实际状况，判定车辆的剩余使用寿命。汽车报废标准如下。

① 9座（含9座）以下非营运载客汽车（包括轿车、含越野型）使用15年。

② 旅游载客汽车和9座以上非营运载客汽车使用10年。

③ 上述车辆达到报废年限后须继续使用的，必须依据国家机动车安全、污染物排放有关规定进行严格检验，检验合格后可延长使用年限。但旅游载客汽车和9座以上非营运载客汽车可延长使用年限最长不超过10年。

④ 对延长使用年限的车辆，应当按照公安交通部门和环境保护部门的规定，增加检验次数。一个检验周期内连续三次检验不符合要求的，应注销登记，不允许再上路行驶。

⑤ 营运车辆转为非营运车辆或非营运车辆转为营运车辆，一律按营运车辆的规定报废。

（2）预期收益额的确定

收益现值法在运用中，收益额的确定是关键。收益额是指由被评估对象在使用过程中产生的超出其自身价值的溢余额。对于收益额的确定应把握以下两点。

① 收益额指的是车辆使用带来的收益期望值，是通过预测分析获得的。无论对于所有者还是购买者，判断某车辆是否有价值，首先应判断该车辆是否能带来收益。对其收益的判断，不仅仅是看现在的收益能力，更重要的是预期未来的收益能力。

② 收益额的构成，以企业为例，目前有几种观点：第一，企业所得税后利润；第二，企业所得税后利润与提取折旧额之和扣除投资额；第三，利润总额。针对二手车的评估特点与评估目的，为估算方便，推荐选择第一种观点，目的是准确反映预期收益额。为了避免计算错误，一般应列出车辆在剩余寿命期内的现金流量表。

（3）折现率的确定

折现率是将未来预期收益折算成现值的比率，是换算车辆现值与预期收益的有效工具。从评估的观点看，折旧率的选择事实上是在对车辆预期收益评价的基础上对现值的确定。不同折现率的选择将影响车辆的价值。从折现率本身来说，它是一种特定条件下的收益率，说明了车辆取得该项收益的收益率水平。收益率越高，意味着单位资产的增值率越高，在收益一定的情况下，所有者拥有资产的价值越低。

在选择和计量折现率时，应注意折现率与预期收益的匹配，如收益的计量指标有净现金流量和税后利润两种，在选择折现率时，就须注意与所选的计量指标相适应。

此外，在计量折现率时，必须考虑到风险因素的影响，否则可能过高地估计车辆的价值。评估中的折现率应当包括无风险利率、风险报酬率和通货膨胀率三个方面，即

折现率＝无风险利率+风险报酬率+通货膨胀率

无风险利率是指资产在一般无风险经营条件下的获利水平。风险报酬率是指超过风险收益率以上部分的投资回报率。风险收益能够计算，而为承担风险所付出的代价为多少却不好确定。因此，风险收益率不容易计算出来，只要求选择的收益率中包含这一因素即可。每个行业、每个企业都有具体的资金收益率。因此，在利用收益现值法对二手车鉴定评估选择折现率时，应该进行本企业、本行业历年收益率指标的对比分析。但是，最后选择的折现率应该起码不低于国家债券或银行存款的利率。

此外还应注意，在使用资金收益率这一指标时，要充分考虑年收益率的计算口径与资金收益率的口径是否一致。若不一致，将会影响评估值的正确性。

4.3.3 收益现值法评估实例

【例】2004 年 12 月，某人打算在二手车市场购置一辆夏利 TJ7100U 型轿车用于个体出租车运营。该车的基本信息及经营预测如下。

2000 年 10 月购买，并于当月完成车辆登记手续，已行驶里程为 36 万千米。目前车辆技术状况良好，能正常运行。如用于出租车运营，全年预计可出勤 320 天。根据市场经营经验，该车型每天平均毛收入约 400 元，每天耗油费用为 80 元，年检、保险及各种应支出费用折合平均每天 75 元，年日常维修保养费用约 12000 元，年平均大修费用约 8000 元，人员劳务费为 15000 元。根据目前银行储蓄年利率、行业收益等情况，确定资金预期收益率为 15%，风险报酬率为 5%。

假设每年的纯收入相同，试结合上述条件评估该车可接受的最大投资额是多少。

解：

① 根据题目条件，评估方法采用收益现值法。

② 收益年期 n 的确定：从车辆登记日（2000 年 10 月）至评估基准日（2004 年 12 月）止，该车已使用时间为 4 年，根据国家《汽车报废标准》的规定，出租车规定运营年限为 8 年，因此该车剩余使用寿命为 4 年，即收益年期 n=4。

③ 预期收益额 A_t 的确定。

根据题设条件，计算预计年毛收入，具体计算见表 4-3。

表 4-3　预计年收支　　　　　　单位：元

预计年收入		400×320=128000
预计年支出	年燃油消耗费用	80×320=25600
	年检、保险及各种应支出费用	75×320=24000
	年日常维修保养费用	12000
	年平均大修费用	8000
	人员劳务费	12000
预计年毛收入		43400

计算年预计纯收入：根据国家个人所得税条例规定，年收入为 3 万～5 万元，应缴纳所得税率为 30%，故年预计纯收入为 43400×(1−30%)=30380（元）。

预期收益额 A_t=年预计纯收入=30380 元。

④ 折现率 i 的确定：

折现率 i=无风险报酬率+风险报酬率=15%+5%=20%

⑤ 计算评估值 P：

$$P = A\times\frac{(1+i)^n-1}{i\times(1+i)^n} = 30380\times\frac{(1+0.2)^4-1}{0.2\times(1+0.2)^4} = 78646\ （元）$$

【例】某个体人员拟购买一辆轻型货车从事营运经营。已知该车的剩余使用年限为 4 年，适用的折现率为 8%，经预测 4 年内该车的预期收益分别为 1 万元、0.9 万元、0.8 万元、0.7 万元，试用收益现值法评估该车辆目前的价格。

解：由于该车每年的预期收益额不相等，根据收益现值法的模型式，可得该车的评估值为

$$\begin{aligned}P &= \sum_{t=1}^{n}\frac{A_t}{(1+i)^t} = \frac{A_1}{(1+i)^1}+\frac{A_2}{(1+i)^2}+\cdots+\frac{A_n}{(1+i)^n}\\ &= \frac{10000}{(1+8\%)^1}+\frac{9000}{(1+8\%)^2}+\frac{8000}{(1+8\%)^3}+\frac{7000}{(1+8\%)^4}\\ &= 9259+7716+6351+5145\\ &= 28471（元）\end{aligned}$$

4.4　二手车价格评估的重置成本法

4.4.1　重置成本法的基本原理

重置成本法是指以评估基准日的当前条件下重新购置一辆全新状态的被评估车辆所需的全部成本（完全重置成本，简称重置全价），减去该被评估车辆的各种陈旧性贬值后的差额作为被评估车辆评估价格的一种评估方法。

重置成本法的基本计算公式如下：

$$P = B-(D_S+D_G+D_J)$$

或

$$P = B\times C$$

式中，P——被评估车辆的评估值；

B——重置成本；

D_S——实体性贬值；

D_G——功能性贬值；

D_J——经济性贬值；

C——成新率。

重置成本是购买一辆全新的与被评估车辆相同的车辆所支付的最低金额。按重新购置车辆所用的材料、技术的不同，可把重置成本区分为复原重置成本（简称复原成本）和更新重置成本（简称更新成本）。复原重置成本是指用与被评估车辆相同的材料、制造标准、设计结构和技术条件等，以现时价格复原购置相同的全新车辆所需的全部成本。更新重置成本指利用新型材料、新技术标准、新设计等，以现时价格购置相同或相似功能的全新车辆所支付的全部成本。一般情况下，在进行重置成本计算时，如果同时可以取得复原重置成本和更新重置成本，应选用更新重置成本；如果不存在更新重置成本，则考虑用复原重置成本。

实体性贬值也叫有形损耗，是指二手车在存放和使用过程中，因机件磨损和损耗等原因而导致的车辆实体发生的价值损耗，亦即由于自然力的作用而发生的损耗。投入交易的二手车一般都不是全新的，因此都存在实体性贬值。

功能性贬值是指由于科学技术和生产力的发展导致的车辆贬值，它是一种无形损耗。这类贬值可能是由于技术进步引起劳动生产率提高，生产成本降低，从而造成重新购置一辆全新状态的被评估车辆所需的成本降低而引起的车辆贬值。对于营运车辆，也可能由于技术进步，出现了新的、性能更优的车辆，致使原有车辆的功能、生产率、收益能力相对新车型已经落后而引起其贬值。具体表现为原有车辆在完成相同工作任务的前提下，在燃料、人力、配件材料等方面的消耗增加，形成了一部分超额运营成本。

经济性贬值是指由于宏观经济政策、市场需求、通货膨胀、环境保护等外部环境因素的变化所造成的车辆贬值。它也是一种无形损耗。这些外界因素对车辆价值的影响不仅是客观存在的，而且相当大，在二手车的评估中不可忽视。

通过对重置成本法计算公式的分析不难发现，要合理运用重置成本法评估二手车的交易价格，必须正确确定车辆的重置成本、实体性贬值、功能性贬值、经济性贬值和成新率。

4.4.2 重置成本的估算

重置成本的计算在资产评估学中有加和分析法、功能系数法、物价指数法和统计分析法等几种方法。对于二手车鉴定评估定价，计算重置成本一般采用加和分析法和物价指数法。

1．加和分析法

加和分析法也称直接法和重置核算法，它是按待评估车辆的成本构成，以现行市价为标准，将车辆按成本构成分成若干组成部分，先确定各组成部分的现时价格，然后相加得出待评估车辆的重置全价的一种评估方法。

（1）重置成本的构成

二手车的重置成本计算公式如下：

$$B = B_1 + B_2$$

式中，B——车辆重置成本；

B_1——购置全新车辆的市场成交价；

B_2——购置车辆时国家和地方政府规定的一次性缴纳的税费总和，如车辆购置附加税、注册税（牌照费）等。

重置成本不应包括车辆拥有阶段和使用阶段的税费，如车辆拥有阶段的年审费、车船使用税、消费税，车辆使用阶段的保险费、燃油税、路桥费等。

（2）进口车重置成本的构成

根据海关税则和收费标准，进口车的重置成本（即现行价格）由以下税费构成。

① 报关价，即到岸价，又称 CIF 价格，它与离岸价（FOB 价格）的关系是

$$\text{CIF 价格} = \text{FOB 价格} + \text{途中保险费} + \text{国外运杂费}$$

由于这部分费用是以外汇支付的，所以在计算时，需要将报关价格换算成人民币，采用评估基准日的外汇汇率进行计算。

② 关税。关税的计算方法如下：

$$\text{关税} = \text{报关价} \times \text{关税税率}$$

自 2005 年 1 月 1 日起，小轿车的关税税率为 30%；自 2006 年 1 月 1 日起，小轿车的关税税率为 28%；自 2006 年 7 月 1 日起，小轿车的关税税率为 25%。

③ 消费税。消费税的计算方法如下：

$$\text{消费税} = \frac{\text{报关价} + \text{关税}}{1 - \text{消费税率}} \times \text{消费税率}$$

根据轿车排量不同，消费税率亦不同。排量在 1.0L 以下的为 3%，1.0～2.2L 的为 5%，2.2L 以上的为 8%。

④ 增值税。增值税的计算方法如下：

$$\text{增值税} = (\text{报关价} + \text{关税} + \text{消费税}) \times \text{增值税率}$$

各种进口车增值税率均为 17%。

⑤ 其他费用。除了上述费用之外，进口车价还包括通关、商检、运输、银行、选装件价格、经销商、进口许可证等非关税措施造成的费用。

不同类型进口汽车的关税率、消费税率和增值税率见表 4-4。

表 4-4　不同类型进口汽车的关税率、消费税率和增值税率

车　型	排量 P（L）	座位数 Z（座）	关税率（%）				消费税率（%）	增值税率（%）
			2004.1.1	2005.1.1	2006.1.1	2006.7.1		
小轿车	$P<1.0$	—	34.20	30.00	28.00	25.00	3	17
	$1.0\leqslant P\leqslant 1.5$	—	34.20	30.00	28.00	25.00	3	17
	$1.5<P\leqslant 2.2$	—	34.20	30.00	28.00	25.00	3	17
	$2.2\leqslant P\leqslant 2.5$	—	34.20	30.00	28.00	25.00	3	17
	$2.5\leqslant P\leqslant 3.0$	—	34.20	30.00	28.00	25.00	3	17
	$3.0<P$	—	37.60	30.00	28.00	25.00	3	17
越野车	$1.5<P<2.4$	—	34.20	30.00	28.00	25.00	3	17
	$2.4\leqslant P\leqslant 2.5$	—	34.20	30.00	28.00	25.00	5	17
	$2.5<P\leqslant 3.0$	—	34.20	30.00	28.00	25.00	5	17
	$3.0<P$	—	37.60	30.00	28.00	25.00	3	17
面包车	$1.5<P<2.0$	$\leqslant 9$	34.20	30.00	28.00	25.00	5	17
	$2.0\leqslant P\leqslant 2.5$	$\leqslant 9$	34.20	30.00	28.00	25.00	5	17
	$2.5<P\leqslant 3.0$	$\leqslant 9$	34.20	30.00	28.00	25.00	5	17
	$3.0<P$	$\leqslant 9$	37.60	30.00	28.00	25.00	5	17
小客车	$2.0\leqslant P$	$10\leqslant Z\leqslant 19$	32.50	25.00	25.00	25.00	5	17
	$2.0<P$	$10\leqslant Z\leqslant 19$	32.50	25.00	25.00	25.00	3	17
中巴车	$2.0\leqslant P$	$20\leqslant Z\leqslant 22$ 柴油	32.50	25.00	25.00	25.00	5	17
	—	$23\leqslant Z\leqslant 30$ 柴油	32.50	25.00	25.00	25.00	0	17
	—	$30<Z$ 柴油	29.20	25.00	25.00	25.00	0	17
	$2.0\leqslant P$	$20\leqslant Z\leqslant 22$ 汽油	32.50	25.00	25.00	25.00	3	17
	—	$23\leqslant Z\leqslant 30$ 汽油	32.50	25.00	25.00	25.00	0	17
	—	$30<Z$ 汽油	29.20	25.00	25.00	25.00	0	17

以本田雅阁 2.4L 车型为例，假设每款 2.4L 雅阁轿车海关到岸价（CIF 价格）为 17 万元，其重置成本计算如下：

关税=到岸价×关税率＝17×25%＝4.25 万元

$$消费税=\frac{到岸价+关税}{1-消费税率}\times 消费税率=\frac{17+4.25}{1-8\%}\times 8\%\approx 1.848\ 万元$$

增值税=(到岸价+关税+消费税)×17%＝（17+4.25+1.848）×17%＝3.927 万元

最终进口车价格=(到岸价+关税+消费税+增值税)×(1+8%)

=(17+4.25+1.848+3.927)×(1+8%)

=29.187 万元

上式中最后一个 8%表示报关、仓储、商检杂费和经销商信用证成本及利润。

一般而言，车辆重置成本大多是依靠市场调查搜集而来的，并不需要进行十分复杂的计算。但是对于市场上尚未出现的那些新车型（特别是进口新车型）或淘汰车型，由于其价格信息有时不容易获得，这时则需要按照其重置成本的构成进行估算。

根据不同评估目的，二手车重置全价的评估还要区别对待。属于所有权转让的经济行为或为司法、执法部门提供证据的鉴定行为，可将被评估车辆的现行市场成交价格作为被评估车辆的重置全价，其他费用略去不计；属于企业产权变动的经济行为，如企业合资、合作经营和合并兼并，其重置成本构成除了考虑被评估车辆现行市场购置价格外，还应考虑国家和地方政府对车辆加收的合理税费。

2．物价指数法

物价指数法也叫价格指数法，是指根据已掌握的历年来的价格指数，在二手车原始成本的基础上，通过现时物价指数确定其重置成本。其计算公式为

$$B=B_Y\times\frac{I_1}{I_2}$$

或

$$B=B_Y\times(1+\lambda)$$

式中，B——车辆重置成本；

B_Y——车辆原始成本；

I_1——车辆评估时物价指数；

I_2——车辆购买时物价指数；

λ——车辆价格变动指数。

当被评估车辆已停产，或是进口车辆，无法找到现时市场价格时，这是一种很有用的方法，但应用时必须注意，一定要先检查被评估车辆的账面购买原价。如果购买原价不准确，则不能用物价指数法。

车辆价格变动指数是通过已掌握的历年的车辆价格指数，计算得到的反映车辆价格变动趋势的指标。

一般选择与被评估车辆已使用年限相当、近五年内市场占有率为前三名的品牌车型，以其现时购买车价与原始购买车价之比的算术平均值作为车辆价格变动指数。

车辆价格变动指数要尽可能选用有法律依据的国家统计部门或物价管理部门以及政府机关发布和提供的数据，也可以取自中国汽车流通协会定期发布或有权威性的国家政策部门所管辖单位的数据，不能选用无依据、来源不明的数据。

4.4.3 车辆贬值的估算

1. 车辆实体性贬值估算

二手车的实体性贬值是指由于使用和自然损耗形成的贬值，也称有形损耗或有形贬值，一般可以采取观察法、使用年限法和修复费用法三种方法进行估算。

（1）观察法

观察法也称成新率法，指二手车鉴定评估人员根据自己的专业知识和工作经验，通过对二手车实体各主要部件进行观察以及使用仪器测量等方式进行技术鉴定，并综合分析车辆的设计、制造、使用、磨损、维护、修理、改装情况和经济寿命等因素，将评估对象与其全新状态相比较，从而判断被评估车辆的实体性贬值的一种方法，其数学公式为

$$D_P=B\times\eta$$

式中，D_P——车辆实体性贬值；

B——车辆重置成本；

η——有形损耗率。

（2）使用年限法

这种方法通过确定被评估车辆已使用年限与该车辆预期可使用年限的比率来确定二手车有形损耗。其计算公式为

$$D_P=(B-Z)\times\frac{Y}{G}$$

式中，Y——已使用年限；

Z——残值，在二手车鉴定评估中，一般残值忽略不计；

G——规定使用年限。

（3）修复费用法

修复费用法也叫功能补偿法，指通过确定被评估车辆恢复原有的技术状态和功能所需要的费用补偿，直接确定二手车的有形损耗。

2. 车辆功能性贬值估算

功能性贬值包含一次性功能贬值和营运性功能贬值。

（1）一次性功能贬值的估算

从理论上讲，同样的车辆其复原重置成本与更新重置成本之差即是该车辆的一次性功能贬值。但在实际工作中，具体计算某车辆的复原重置成本是比较困难的。因此，对目前在市场上能购买到的且有制造厂家继续生产的全新车辆，一般就用更新重置成本（市场价）考虑其一次性功能贬值。如果待评估车辆是现已停产或已淘汰的车型，则没有实际的市场价，只能采用参照车辆的价格用类比的方法来估算。参照车辆一般采用替代型号的车辆。这些替代

型号的车辆其功能通常比原车型有所改进和增加，故其价格通常比原车型的价格要高（功能性贬值大时，价格也可能降低）。故在与参照车辆比较，用类比法对原车型进行价值评估时，一定要了解参照车辆在功能方面改进或提高的情况，再按其功能变化情况测定原车辆的价值。

（2）营运性功能贬值的估算

测定营运性功能贬值时，首先选定参照车辆，并与参照车辆进行比较，找出营运成本有差别的内容和差别的量值，然后确定原车辆尚可继续使用的年限和应上缴的所得税率及折现率，通过计算超额收益或成本降低额算出营运性功能贬值。

计算公式为

$$\text{车辆营运性功能贬值}=\text{车辆年超额营运成本}\times(1-\text{所得税率})\times\frac{(1+i)^n-1}{i\times(1+i)^n}$$

式中，i——折现率；

n——剩余使用年限。

【例】某被评估车辆甲，其出厂时的燃料经济性指标为每百公里耗油量 28L，平均每年维修费用为 3 万元。以目前新出厂的同型车辆乙为参照车辆，该车出厂时燃料经济性指标为每百公里耗油量 23L，平均每年维修费用为 2.5 万元。如果甲、乙两车在营运成本的其他支出项目方面大致相同，被评估车辆尚可使用 5 年，每年平均出车日为 300 天，每日营运 150km，所得税率为 33%，适用的折现率为 10%，试估算被评估车辆的营运性功能损耗（燃油价格取 2.2 元/L）。

解：根据上述资料，对被评估车辆的功能性损耗估算如下。

① 被评估车辆每年油料的超额费用=$(28\text{L}-23\text{L})\times 2.2\text{ 元/L}\times\frac{150}{100}\times 300=4950$ 元。

② 被评估车辆每年维修的超额费用=30000 元−25000 元=5000 元。

③ 被评估车辆的年超额营运成本=4950 元+5000 元=9950 元。

④ 被评估车辆的年超额营运成本的净额=9950 元×(1−33%)=6666.5 元。

⑤ 将被评估车辆在剩余使用年限内的年超额营运成本净额折现累加，其功能性损耗=$6666.5\text{ 元}\times\frac{(1+10\%)^5-1}{10\%\times(1+10\%)^5}=6666.5\text{ 元}\times 3.7908\approx 25271$ 元。

3．车辆经济性贬值估算

二手车鉴定评估中所涉及的经济性损耗（贬值）也是无形损耗的一种，是由车辆以外的各种因素所造成的损耗（贬值）。二手车经济性贬值的例子可以举出很多，如由于车辆排放标准的提高，同一车辆的排放水平在过去可能被认为是可以接受的，但现在却无法满足现行排放标准的要求。这一标准对车辆的所有者来讲就是制约，除非达到规定的要求，否则车辆就无法继续使用。因此，对车辆的所有者而言，不管是采取措施力求达到标准，还是车辆被迫停用，都需要花费成本，这一成本从评估的角度上看便是经济损耗。

对于营运性车辆来讲，通常采用以下两种方式计量其经济性损耗：一种是利用车辆年收益损失额折现累加计算，另一种是通过车辆利用率的变化来估算。

（1）利用年收益损失额折现累加计算

如果由于外界因素变化导致车辆营运收益的减少额或投入成本的增加额能够估算出来，可直接按车辆继续使用期间每年的收益损失额折现累加，求得车辆的经济性损耗。计算公式为

$$车辆的经济性损耗=车辆年收益损失额\times(1-所得税率)\times\frac{(1+i)^n-1}{i(1+i)^n}$$

使用上述公式应注意，年收益损失额只能根据外界因素来计量，不能把因技术落后等自身因素所造成的收益损失额归入此类。

【例】某人欲出售一辆已使用了 5 年的出租车。由于国家行业政策及检测标准的变化，目前每年较过去平均须增加投入成本 3000 元，方能满足有关的规定要求。试估算该出租车的经济性损耗。

解：根据国家规定，出租车的使用年限为 8 年。从购车登记日起，至该车的评估基准日止，该车已使用年限为 5 年。该车的剩余使用年限为 3 年。

取所得税率 33%，适用的折现率为 10%，则

$$\begin{aligned}车辆的经济性损耗&=3000元\times(1-33\%)\times\frac{(1+10\%)^3-1}{10\%\times(1+10\%)^3}\\&=3000元\times67\%\times2.4869\\&\approx5000元\end{aligned}$$

（2）通过车辆利用率的变化估算经济性损耗

如果由于外部因素的影响，导致车辆的利用率下降，可按照以下公式估算车辆的经济性损耗率：

$$车辆经济性损耗率=\left[1-\left(\frac{车辆的实际工作量}{车辆的正常工作量}\right)^x\right]\times100\%$$

在上式中，x 为规模效益指数（$0<x<1$）。使用规模效益指数是因为车辆的运输量与投入成本之间并非呈线性关系。当车辆的运输量降至正常运输量的一半时，其投入成本却不会也降至正常投入成本的一半。x 一般为 0.6～0.7。

在确定了车辆的经济性损耗率后，可按照以下公式计算车辆的经济性损耗：

车辆的经济性损耗＝(重置成本−有形损耗−功能性损耗)×经济性损耗率

【例】由于某行业企业生产普遍不景气，工作量不足，某专用汽车的利用率仅为正常工作量的 70%。而且在该汽车的剩余使用年限内，这种情况也不会有所改变。经评估，该汽车的重置成本为 35 万元，成新率为 65%，功能性损耗可忽略不计。试估算该车辆的经济性损耗。

解：具体估算过程如下。

① 取 $x=0.7$，则车辆的经济性损耗率＝$(1-0.7^{0.7})\times100\%=22\%$。

② 车辆扣除有形损耗和功能性损耗后的价值 = 350000 元×65% = 227500 元。

③ 车辆的经济性损耗 = 227500 元×22% = 50050 元。

4.4.4 重置成本法评估实例

用重置成本法评估二手车的关键是确定成新率，以下各例是按成新率计算方法介绍的。

1．重置成本-使用年限法评估二手车

【例】一辆私人用富康新自由人，2000 年 8 月份购买，购买价格为 97800 元，车辆购置税为 9780 元，初次登记时间是 2000 年 9 月，使用 4 年后于 2004 年 12 月进入二手车交易市场估价交易。经核对相关证件（照）齐全。经现场勘查，车身外观较好，无漆面脱落现象；经点火试驾，发动机运转平稳，无异常响声，挡位清晰，制动系统良好，该车里程表显示累计行驶里程为 10 万千米，与实际情况比较吻合，评估基准日为 2004 年 12 月。在评估时，已知该车的新车市场销售价格为 79800 元，其他税费不计，试评估该车的现时市场价值。

解：解题步骤如下。

① 根据题目已知条件，选用重置成本法进行评估。

② 该车为轿车，其报废年限为 15 年，即 180 个月。

③ 初次登记日为 2000 年 9 月，评估基准日为 2004 年 12 月，已使用 52 个月。

④ 由于此项业务属于交易类业务，故重置成本不计车辆购置税等附加费用。因此，该车的现时重置成本 B=79800 元。

⑤ 由公式 $C_{\mathrm{Y}}=\left(1-\dfrac{Y}{Y_{\mathrm{g}}}\right)\times100\%$，该车的年限成新率为

$$C_{\mathrm{Y}}=(1-52/180)\times100\%=71.11\%$$

⑥ 评估值 $P=B\times C_{\mathrm{Y}}=79800\times71.11\%\approx56747$（元）。

2．重置成本-行驶里程法评估二手车

【例】一辆飞驰 FSQ6100HD 大型普通客车欲转让。据该车辆的机动车行驶证和登记证书所记载，该车登记时间为 2001 年 9 月，检验合格至 2005 年 4 月有效。据现场勘察，该车的外观和内饰正常，能正常上路行驶，累计行驶里程约为 13.55 万千米。试估算该车的价格。（提示：从中国车网上查得，同生产厂家与被估车型相近大型客车的车身价为 37 万元，其购置税约为车身价的 10%）

解：解题步骤如下。

① 正常运营的大型客车一般较少人为调整里程表，表上显示的累计行驶里程能比较真实地反映其使用强度，故可采用行驶里程法估算其价格。

② 根据《汽车报废标准》，大型客车规定的累计行驶里程为 50 万千米。已知该车里程

表显示累计行驶里程约为 13.55 万千米。

③ 由公式$C_S=\left(1-\dfrac{S}{S_g}\right)\times100\%$，得该车的里程成新率为

$$C_S=(1-13.55/50)\times100\%=72.9\%$$

④ 该车的现时重置成本 B=车身价×(1+10%)=37×(1+10%)=40.7（万元）。由于该车于 2001 年 9 月购置，存在功能性贬值，重置成本取 95%，约为 38.6 万元，取重置成本 B=38 万元。

⑤ 评估值 $P=B\times C_S=38\times72.9\%=27.7$（万元）。

说明：对于家用轿车，除了使用上述里程法估算二手车价格外，也可以采用经验方法“54321 法”估算（注：只是个人购买二手车时的一种估算参考，不算正式鉴定估价方法），这种经验方法的基本思想是：一辆家用轿车最多行驶 30 万千米就报废，超过 30 万千米后，维修保养费可能比车本身的价值还高。因此将行驶里程分为 5 段，每段 6 万千米，每段价值依次为新车价的 5/15、4/15、3/15、2/15、1/15，如图 4-1 所示。

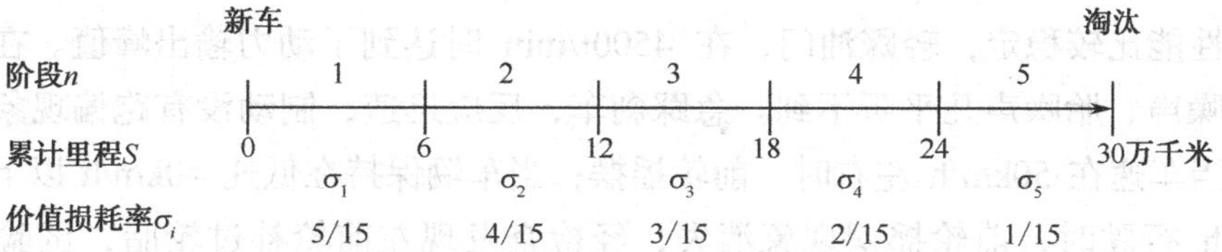

图 4-1 二手车价值损耗与行驶里程关系图

每个里程阶段后，二手车剩余价值可按下式计算：

$$P=B\times\left(1-\sum_{i=1}^{n}\sigma_i\right)$$

计算结果是：新车开了第一段 6 万千米后，损耗了新车价值的 5/15，剩余价值为 $P_1=B\times(1-5/15)$；而第二段 6 万千米又消耗了新车价值的 4/15，剩余价值为 $P_2=B\times[1-(5/15+4/15)]$；之后依此类推，依次递减。

例如，某车已行驶了 12 万千米，而同款车型新车目前市场价为 10 万元，那么此时该车的估算价为 $P=10\times[1-(5/15+4/15)]=4$（万元）。

3. 重置成本–部件鉴定法评估二手车

【例】评估车型：上海通用别克 2.5GL。

（1）车辆基本情况及手续

初次登记日：2002 年 9 月。

评估基准日：2006 年 11 月。

累计行驶里程：6.8 万千米。

该车配置：2.5L 排量 V6 多点电喷发动机。DOHC 双顶置凸轮轴、四轮独立悬架、四轮

盘式刹车系统配合 ABS、全电动门窗及电子除霜、前排双安全气囊、单碟 DVD 配合四声道六喇叭音响系统、可调节转向盘、助力转向、智能倒车雷达、真皮座椅、防盗点火系统、智能中控门锁。

市场新车价格：183800 元。

车辆手续：该车为公司老板个人使用车辆，证件、税费齐全有效。

（2）车况检查

① 静态检查。

对车辆的外观整体检查中发现保险杠有碰撞修补的痕迹，车辆的左前侧雾灯下方有剐蹭痕迹造成了油漆脱落，车辆左侧的滑动门需要进行润滑，不过整体车身保持得比较好。发动机舱线束整齐，观察车辆大梁、左右翼子板没有变形、锈蚀，油路也没有渗油现象，整个前端的车架部分还保持着原厂油漆的痕迹，各部位代码清晰可见，足以证明车辆保养比较专业。车内真皮座椅及内饰干净，丝毫没有二手车的感觉。电动门窗、倒车雷达、音响使用正常。

② 动态检查。

发动机性能比较稳定，轻踩油门，在 4500r/min 时达到了动力输出峰值。在车速较高的情况下，风噪声、胎噪声几乎听不到。急踩刹车，反应迅速，制动没有跑偏现象。高速行驶略有摆振，当车速在 50km/h 左右时，前轮摇摆；当车辆保持在低速 40km/h 以下行驶或高速超过 70km/h 行驶时，前轮摇摆现象消失，经检查发现左前轮补过轮胎，试验更换两个前胎，摆动现象消失，所以是由于轮胎有过修补引起不平衡。乘坐较舒适，对地面的振动反应一般。

试根据上述条件采用部件鉴定法估算该车的成新率及其市场价值。

解：解题步骤如下。

① 根据题目已知条件及要求，选用重置成本法进行评估。

② 该车为轿车，其报废年限为 15 年，即 180 个月。

③ 初次登记日为 2002 年 9 月，评估基准日为 2006 年 11 月，已使用 50 个月。

④ 由于此项业务属于交易类业务，故重置成本不计车辆购置税等附加费用。因此，该车的现时重置成本 $B = 183800$ 元。

⑤ 根据对该车的检查结果，其成新率的估算见表 4-5。

表 4-5 二手车成新率估算明细表

单位：%

序 号	车辆各主要总成、部件名称	价值权重	成 新 率	加权成新率
1	发动机及离合器总成	26	72	18.72
2	变速器及方向传动装置总成	11	72	7.92
3	前桥、前悬架及转向系总成	10	72	7.2
4	后桥及后悬架总成	8	72	5.76

续表

序号	车辆各主要总成、部件名称	价值权重	成新率	加权成新率
5	制动系	6	72	4.32
6	车架	2	72	1.44
7	车身	26	70	18.2
8	电器仪表	7	72	5.04
9	轮胎	4	50	2
合计		100		C_B=70.6

值得注意的是，此车没有进行大件更换而产生附加费用，所以使用部件鉴定法计算的成新率不应高于使用年限法计算的成新率 C_Y，即

$$C_Y=(1-Y/Y_g)=(1-50/180)\times100\%=72.2\%$$

⑥ 评估值 $P=B\times C_B$=183800×70.6%=129763（元）。

4．重置成本–整车观测法评估二手车

【例】2006 年 12 月二手车鉴定评估人员对一辆奥拓都市贝贝二手车进行评估。

（1）车辆基本情况

型号：SC7081A。

年份：2002 年 5 月。

里程：76427km。

车辆基本配置：排量 0.796L，发动机型号 JL368Q，直列 3 缸 6 气门多点电喷发动机，4 速手动变速器，发动机最大功率 26.5kW，铝合金轮毂。

内饰配置：无发动机转速表，手动调节车窗及后视镜，机械式手动调节空调，卡带式放音及调频收音机，4 喇叭音响。

新车价格：34800 元。

（2）车况检查

① 静态检查。

首先整体看过车辆后，发现该车外观不佳，具体情况如下：前后保险杠均有多处蹭伤，左侧两个车门都有重新做漆迹象，在阳光下观察，车门已不平整，有凹凸不平的痕迹。仔细观察漆面色差后，发现右前翼子板、前门、后门形成三种颜色，特别是右前门漆面光泽晦涩，影响美观度。但车门部分没有发现事故痕迹。打开左前门检查门边沿，发现有明显的拉伸及焊接的维修迹象。车顶左边沿也有明显通过拉伸修复的痕迹，而且重新喷漆的部位有多处脱落。打开发动机舱盖，发现左前翼子板部位有焊接及钣金的痕迹，两根前纵梁没有任何事故痕迹。车尾部有被追尾留下的凹陷。车内饰有一定的磨损，座椅正常无损坏。玻璃升降器无异常。

② 动态检查。

起动发动机，怠速状态有明显的抖动；空调效果差，需要加氟；灯光、雨刮器无异常；

音响效果欠佳，扬声器失真明显，需要更换；变速器已经有明显的松旷感；倒车挡无异常，不过离合器踏板偏高。之后进行路试的结果如下：起步平稳顺畅，提速尚可，但挂入 2 挡比较费劲，而且在 2 挡时加油，驾驶员有向后一挫的感觉；制动器不佳，脚感不好，给人比较软的感觉，在驾驶员感觉似乎没有制动反应，本能地深踩制动踏板时，制动的反应又太过灵敏，近似紧急制动的状态；转向正常，但因为没有转向助力，方向盘比较沉；弯道的侧倾比较明显；行进中，感觉车的密封性较差，发动机噪声，以及风噪声、胎噪声都很明显；行车中发现右后轮减振器有异响，需要更换；驻车检查无异常。

试用整车观测法估算该车的价格。

解：

① 利用整车观测法，粗略估算该车的成新率。根据车况检查结果，该车的车况一般，使用时间已有 6 年，保养较差，车外观不佳，有明显的事故痕迹，可大致确定该车的成新率在 55%左右。

② 粗略估算评估价：评估价=重置成本×成新率=34800×55%=19140（元）。

③ 综合评价：在二手车市场，奥拓的收购行情以及转手的价格都比较稳定。2002 年的奥拓都市贝贝，在车况正常时，应该可以得到 2 万元的收购价。但这辆车外观不佳，车况不是太好，所以，结合二手车收购行情，该车评估价为 1.9 万元，价格低于正常行情。

5．重置成本–综合调整系数法评估二手车

【例】 2006 年 3 月 25 日，客户于先生驾驶其奥迪 2.8 轿车到哈尔滨某奥迪专卖店进行二手车置换业务。以下是鉴定估价师对该车的检查鉴定情况。

（1）手续检验

该车出厂时间为 2001 年 2 月，初次登记日期为 2001 年 3 月 31 日，年检有效期至 2006 年 3 月，已行驶里程为 52122km。该车所有证件、手续齐全，真实合法。

（2）车辆使用背景

该车属私家车，有车库保管，仅为上下班用，车主常年工作在市区内，工作条件较好，使用强度不大，日常维护、保养也好。

（3）车辆配置

V 形 6 缸 24 气门 2.8L 多点电喷发动机，手自动变速器，前排双气囊，电动座椅，倒车雷达，CD 机，行李架，ABS+EBD 系统，车载电话，HID 氙气前大灯，电动后视镜，四门电动窗，助力转向，前后碟式制动器，中遥控及防盗系统，真皮转向盘及座椅，铝合金轮毂。

（4）车况检查

① 静态检查。

左前翼子板有钣金迹象，但做漆质量上乘，前后保险杠表面有碰伤痕迹，整体外观尚好。

车辆的内部装饰清洁整齐，座椅皮面保养较好，电器部件工作良好。

发动机舱内布置整齐合理，但清洁度差，尘土较多，机油量在中线。

将车开进地沟检查发现发动机保护钢板有剐蹭痕迹，其他部件尚好。

② 动态检查。

车辆起动后非常安静，无抖动现象，车辆起步加速反应良好。行驶在 60km/h 下，车辆悬架平稳，没有振抖、异响，胎噪声正常，突然加速车辆也无特别的声响，滑行效果良好，乘坐人员反映车辆舒适性不错。在高速公路上车速达 110km/h 时，车辆运行平稳，无振抖、异响、跑偏、摆偏、转向盘发抖等现象。

动态试验后车辆油、水温正常，运动机件无过热，无漏水、漏油、漏电等现象。

已知该车型新车市场价为 490000 元。试用重置成本-综合调整系数法评估该车的价值。

解：

① 根据题意，评估价值采用重置成本-综合调整系数法，其计算公式为

$$\text{评估值 } P = B\times C_K = B\times(1-Y/Y_g)\times K\times 100\%$$

② 初次登记日为 2001 年 3 月，评估基准日为 2006 年 3 月，则已使用年限 Y=60 个月，规定使用年限为 15 年，Y_g=180 个月。

③ 重置成本的确定：因属交易类，故重置成本=新车市场售价，即重置成本 B=490000 元。

④ 综合调整系数 K 的确定：根据技术鉴定情况，该车无须进行项目修理或换件。该车技术状况好，车辆技术状况调整系数 K_1=0.92；使用、维护保养好，使用与维护保养调整系数 K_2=0.95；此奥迪 2.8 轿车是国产名牌车，制造质量调整系数 K_3=0.9；该车为私人用车，车辆用途调整系数 K_4=1.0；该车主要在市内行驶，使用条件好，使用条件调整系数 K_5=1.0。则综合调整系数为

$$\begin{aligned}K&=K_1\times 30\%+K_2\times 25\%+K_3\times 20\%+K_4\times 15\%+K_5\times 10\%\\&=0.92\times 30\%+0.95\times 25\%+0.9\times 20\%+1.0\times 15\%+1.0\times 10\%=0.9435\end{aligned}$$

⑤ 计算成新率 C_K：

$$C_K=(1-Y/Y_g)\times K\times 100\%=(1-60/180)\times 0.9435\times 100\%=62.9\%$$

⑥ 计算评估值 P：

$$\begin{aligned}P&=B\times C_K\\&=490000\times 62.9\%=308210\text{（元）}\end{aligned}$$

6. 重置成本-综合成新率法评估二手车

【例】2006 年 8 月内蒙古某通信公司委托当地一会计师事务所对欲处置的雪佛兰越野车进行评估。

（1）车辆概况

车牌号为蒙 L×××××，车型为 SY6460TAD，发动机号为×××××××××，车架号为×××××××××××××××××，乘员数（包括驾驶员）为 5 人，生产商为通用汽车公司，登记时间为 2001 年 8 月。

（2）性能参数及配置

发动机型号：LG3；排量：4300mL；最大功率：140kW，4400r/min；最大扭矩：340N·m，2800r/min；最高转速：6000r/min；汽缸数：6 个；汽缸排列形式：V 型；汽缸压

缩比：9.5∶1；达到排放标准：欧Ⅱ；燃油供给方式：多点电喷；冷却系统：水冷；三元催化：标准配置；前悬架：双叉臂式独立悬架；后悬架：整体桥可变刚度钢板弹簧非独立悬架；驱动方式：可调四驱；动力助力转向：标准配置；助力转向方式：液压；前制动器：盘式；后制动器：鼓式；最高车速：172km/h；100 千米加速时间：12.8s；整车整备质量：1930kg；经济油耗：11L；长×宽×高：4640mm×1793mm×1742mm。

试采用重置成本-综合成新率法评估其价值。

解：

（1）重置全价的确定

① 现行购置价的确定。经当地市场询价，雪佛兰开拓者 4.3 越野车的市场售价为 190000 元。

② 车辆购置税及相关税费的确定。

车辆购置附加税=190000×10% = 19000（元）

证照费、检车费=600 元

重置全价 B=190000+(19000+600)=209600（元）

（2）成新率的确定

采用综合成新率法计算成新率。

① 计算理论成新率 C_1。

由于该车的里程表已坏，所以理论成新率 C_1 直接由使用年限法计算而得。该车登记时间为 2001 年 8 月，评估基准日为 2006 年 8 月，已使用 5 年，根据国家《汽车报废标准》，小型越野汽车的规定使用年限为 15 年，所以

C_1=C_Y=（1-已使用年限/规定使用年限）×100%=(1-5/15)×100%≈67%

② 计算现场勘察成新率 C_2。

评估人员在现场对该车的勘察中，分别对车辆的发动机、底盘、车身、内饰及电气系统进行了鉴定打分，详见表 4-6。所以，现场勘察成新率 C_2=现场勘察打分值/100=51%。

表 4-6　车辆鉴定表

项目	鉴定标准	鉴定情况	评定分数
发动机、离合器总成	35 分 ① 汽缸压力是否符合标准 ② 机油是否泄漏，冷却系统是否漏水 ③ 燃油消耗量是否在正常范围内 ④ 测量汽缸内椭圆度不超过 0.125mm ⑤ 在高、中、低速时没有断火现象和其他异常现象	燃油消耗超标，其他情况一般	15 分

续表

项目	鉴定标准	鉴定情况	评定分数
前桥总成	8分 工字梁应无变形和裂纹，转向系统操作轻便灵活，转向节不应有裂纹	操作较灵活及准确，其他均正常	5分
后桥总成	10分 圆锥主动齿轮轴在1400～1500r/min时，各轴承温度不应高于60℃，差速器及半轴的齿轮符合要求，有敲击声或高低变化声响，各结合部位不允许漏油	基本符合要求	6分
变速器总成	8分 ① 变速器在运动中，齿轮在任何挡位均不应有脱挡、跳挡及异常声响 ② 变速杆不应有明显抖动，密封部位不漏油，变速操作杆操作灵便 ③ 箱体各孔圆度误差不大于0.0075mm	符合要求	6分
车架总成	14分 车架应无变形，各焊口应无裂纹及损伤，连接件齐全无松动	符合要求	10分
车身总成	15分 车身无碰伤、脱漆、锈蚀，门窗玻璃完好，密封良好，座椅完整	有脱漆、锈蚀现象，车辆维护一般	5分
轮胎	2分 依磨损量确定	中度磨损	1分
其他	8分 ① 制动系统：气压制动的储气筒、制动管不漏气 ② 电系统：电源点火、信号、照明应正常	工作状况一般	3分
合　计			51分

取权重系数α_1=0.4，α_2=0.6，则综合成新率为

$$C_Z=C_1\cdot\alpha_1+C_2\cdot\alpha_2=67\%\times0.4+51\%\times0.6=55\%$$

（3）评估值的确定

$$评估价值=重置全价\times综合成新率$$
$$=209600\times55\%=115280（元）$$

4.5 二手车价格评估的清算价格法

4.5.1 清算价格法的基本原理与适用范围

1. 清算价格法的基本原理

清算价格法以清算价格为标准，对二手车进行价格评估。所谓清算价格，是指企业由于破产或其他原因，要求在一定的期限内将车辆变现，在企业清算之日预期出卖车辆可收回的快速变现价格。清算价格法主要根据二手车技术状况，运用现行市价法估算其正常价值，再根据处置情况和变现要求，乘以一个折扣率，最后确定评估价格。

清算价格法在原理上基本与现行市价法相同，所不同的是迫于停业或破产，清算价格往往大大低于现行市场价格。这是由于企业被迫停业或破产，急于将车辆拍卖、出售。

2. 清算价格法的应用前提和适用范围

（1）影响清算价格的主要因素

在二手车鉴定评估中，影响清算价格的主要因素包括资产处置权、债权人处置车辆的方式、车辆清理费用、拍卖时限、公平市价和参照车辆价格等。

① 资产处置权。

资产处置权是影响清算价格的重要因素之一，包括：

- 丧失资产处置权。此时出售资产一方无讨价还价的可能，即以买方出价决定车辆售价。
- 未丧失资产处置权。此时出售资产一方尚有讨价还价的余地，即以双方议价决定车辆售价。

② 债权人处置车辆的方式。

按抵押时的合同契约规定由债权人自行处置，如公开拍卖或收归已有。典当二手车的绝当情形就属于这种情况。

③ 车辆清理费用。

在企业破产等情况下评估车辆价格时，应对车辆清理费用及其他费用给予充分的考虑。如果这些费用太高，拍卖变现后所剩无几，则失去了拍卖还债的意义。

④ 拍卖时限。

一般来说，拍卖时限长，售价会高些；时限短，则售价会低些。这是由资产快速变现原则产生的特定买方市场所决定的。

⑤ 公平市价。

公平市价是指车辆交易成交时，使交易双方都满意的价格。在清算价格中卖方满意的价格一般不易求得。

⑥ 参照车辆价格。

参照车辆价格是指在市场上出售相同或类似车辆的价格。一般，市场参照车辆价格高，车辆出售的价格就会高，反之则低。

（2）清算价格法的应用前提

以清算价格法评估车辆价格的前提条件有以下三个。

① 以具有法律效力的破产处理文件或抵押合同及其他有效文件为依据。

② 车辆在市场上可以快速出售变现。

③ 所卖收入足以补偿因出售车辆产生的附加支出总额。

（3）清算价格法的适用范围

清算价格法适用于企业破产、资产抵押、停业清理等情况下的二手车鉴定评估业务。

① 企业破产。

当企业因经营不善造成严重亏损，到期不能清偿债务时，企业应依法宣告破产，法院以其全部财产依法清偿其所欠的债务，不足部分不再清偿。

② 资产抵押。

资产抵押是以所有者资产作为抵押物进行融资的一种经济行为，是合同当事人一方用自己特定的财产（如汽车）向对方保证履行合同义务的担保形式。提供财产的一方为抵押人，接受抵押财产的一方为抵押权人。抵押人不履行合同时，抵押权人有权将抵押财产在法律允许的范围内变卖，从变卖抵押物的价款中优先受偿。

③ 停业清理。

停业清理是指企业由于经营不善导致严重亏损，已临近破产的边缘或因其他原因无法继续经营下去，为弄清企业财物现状，对全部财产进行清点、整理和查核，为经营决策（破产清算或继续经营）提供依据，以及因资产损毁、报废而进行清理、拆除等的经济行为。

4.5.2 清算价格法评估实例

【例】某法院欲在近期内将其扣押的一辆轻型载货汽车拍卖出售。至评估基准日止，该汽车已使用了1年6个月，车况与其新旧程度相符。试评估该车的清算价格。

分析：据了解，本次评估的目的属债务清偿，应采用的评估方法为清算价格法。根据被评估车辆的实际情况和所掌握的资料，决定首先利用重置成本法确定车辆在公平市场条件下的评估价格；然后，根据市场调查，按一定的折现率确定汽车的清算价格。

解：求解步骤如下。

① 根据题目已知条件，采用重置成本法确定评估价格。

② 已使用年限和规定使用年限：该车已使用年限为 1 年 6 个月，即 18 个月；根据国家规定，被评估车辆的使用年限为 10 年，即 120 个月。

③ 确定车辆的重置全价：据市场调查，全新的同类型车目前的售价为 5.5 万元。根据有关规定，购置此型车时，要交纳 10%的车辆购置税和 3%的货运附加费，故被评估车辆的重置全价为

$$B=55000\times(1+10\%+3\%)=62150（元）$$

④ 确定车辆的成新率：被评估车辆的价值不高，且车辆的技术状况与其新旧程度相符，故决定采用使用年限法确定其成新率。被评估车辆的成新率为

$$C_{\mathrm{Y}}=\left(1-\frac{Y}{Y_{\mathrm{g}}}\right)\times100\%=\left(1-\frac{18}{120}\right)\times100\%=85\%$$

⑤ 确定被评估车辆在公平市场条件下的评估值：根据调查了解，被评估车辆的功能性损耗及经济性损耗均很小，可忽略不计，故在公平市场条件下，该车的评估值为

$$P=B\times C=62150\times85\%=52828（元）$$

⑥ 确定折扣率：根据市场调查，折扣率取 75%时，可在清算日内出售车辆，故确定折扣率为 75%。

⑦ 确定被评估车辆的清算价格：

$$车辆的清算价格=52828\times75\%=39621（元）$$

4.6 二手车价格评估的折旧法

4.6.1 折旧法评估的基本原理

二手车折旧法是重置成本法的一个具体应用。

1. 机动车折旧的概念

折旧是固定资产的一个基本概念。它是指企业的固定资产在预计的使用年限内由于磨损和损耗而逐渐转移的价值，这部分转移的价值以折旧费的形式计入成本费用，并从企业营业收入中得到补偿。

机动车作为固定资产，按现行财务制度规定，会计报表中应定期计提固定资产折旧。所谓机动车折旧，是指机动车在使用中，由于损耗而转移到产品中去的那部分价值。这部分价值从产品销售收入中逐年提取存入建立的机动车折旧基金中，直到折旧基金额等于车辆原始成本时停止折旧提取。由此可见，机动车折旧额实际上是分摊固定资产原值而计提的折旧额。折旧基金主要用于车辆维修或车辆更新。因此，折旧是固定资产成本费用回收的过程，这个过程按顺序由价值损耗、价值转移和价值补偿三部分组成，如图 4-2 所示。

例如，企业有一辆价值 100000 元的货车，使用年限为 10 年，平均每年有 10000 元的价

值转移到新产品中去，这样就需要每年从商品售卖价格中提取 10000 元作为货车的折旧费，10 年即可从产品销售额中将车辆的原始成本回收。

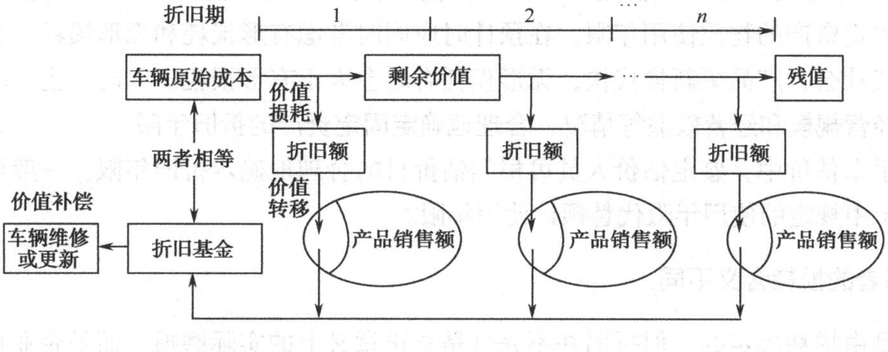

图 4-2 机动车折旧原理图

2. 折旧法评估二手车的基本原理

二手车折旧额是二手车所有者已经得到的价值补偿，剩下的价值（重置全价-二手车已使用年数的累计折旧额）才是二手车现有的价值，评估时应以这个剩余价值作为评估价。车辆鉴定评估时，如果发现车辆有某些功能完全丧失，需要维修和换件，还应考虑扣减相应的维修费用。计算公式如下：

二手车评估值=重置全价-累计折旧额-维修费用

上式中，采用重置全价而不采用二手车原值，主要是考虑到其他因素给二手车带来的贬值（如功能性贬值和经济性贬值）。

维修费用是指车辆现时状态下，某些功能完全丧失，需要维修和换件的费用总支出。

4.6.2 折旧法与重置成本法评估二手车的区别

二手车折旧是重置成本法中有关损耗和贬值项的一种估算。折旧法和重置成本法都是从二手车“损耗”的角度出发评价二手车价值的，但二者是有很大区别的，主要体现在以下几个方面。

1. 规定使用年限与规定折旧年限的含义不同

规定使用年限不同于规定折旧年限。规定使用年限由《汽车报废标准》确定，是一个全国统一的标准；折旧年限是企业对某一类资产做出会计处理的统一标准，是一种高度政策化的数字。实际上，折旧年限表现出以下几个方面的特征。

① 折旧年限是一个平均年限，对于同一类型中的任何一项资产均适用。

② 它是在考虑损耗的同时，又考虑社会技术经济政策和生产力发展水平，有时甚至以它为经济杠杆，体现对某类资产鼓励或限制生产的政策。

③ 它是以同类资产中各项资产运转条件均相同的假定条件为前提的。这种情况下，同类型的资产，无论其所在地如何，维护情况、运行状况如何，均适用统一的折旧年限。

④ 折旧年限是一个预计使用年限。预计使用年限是指固定资产预计经济使用年限，它通常短于固定资产的物质使用年限。在预计时应同时考虑有形损耗和无形损耗。在科技进步迅猛的现代社会，产品更新换代快，无形损耗有时会大于有形损耗。因此，企业应结合本企业的具体经营规模和经营效益等情况，合理地确定固定资产的折旧年限。

在二手车估价中，鉴定估价人员可根据估价目的合理地确定折旧年限。一般可用《汽车报废标准》中规定的使用年限代替预计使用年限。

2．两者的损耗含义不同

折旧是由损耗决定的，但折旧并不完全是真正意义上的实际磨损，而是企业根据国家有关规定，结合本企业的具体经营规模和经营特点等情况，在确定的固定资产折旧年限内，分摊固定资产原值而计提的折旧额。根据《企业会计准则——固定资产》的规定，对入账的固定资产，不管企业使用与否都应计提折旧。因此，折旧是高度政策化了的损耗。

二手车实体有形损耗是指二手车在存放和使用过程中，由于自然力的作用而发生的损耗，是真正的实体磨损。

3．折旧额与实体性贬值意义不同

折旧额是会计账面上根据固定资产的原始价值和预计使用年限，按照选择的折旧方法合理地分摊固定资产而提取的折旧总额。年限折旧法计算的折旧额与固定资产的实际使用强度没有联系。实体性贬值是由于实体磨损而带来的真实贬值，它不同于折旧额，不能用账面上的累计折旧额代替实体性贬值。实体性贬值可以通过折旧得到补偿。在车辆使用过程中，价值的运动依次经过价值损耗、价值转移和价值补偿。折旧作为转移价值，是在损耗的基础上确定的。

4．成新率与折旧具有差异性

重置成本法中的成新率考虑到了二手车的各种损耗和贬值，对车辆实体损耗反映比较真实客观，但对无形损耗贬值的反映相对较弱；二手车折旧除了包含车辆实体损耗和贬值外，还含有人为规定折旧年限带来的无形损耗和贬值因素，而这种人为因素更能体现无形贬值对车辆剩余价值的影响。

4.6.3 折旧方法的比较、选择与适用范围

1．折旧方法的比较

采用等速折旧法计提折旧，二手车的转移价值平均摊配于其使用年限中，它的优点是计

算简单，容易理解。但是，随着二手车使用时间的推移，一方面，其磨损程度逐渐增加，使用后期的维修费支出将会高于使用前期的维修费支出，即使各个使用年度负担的折旧费相同，各个使用年度的二手车使用成本（折旧费与维修费之和）也会不同。这种方法没有考虑二手车使用过程中相关支出摊配于各个使用年度的均衡性。另一方面，当前科学技术进步飞快，导致了二手车无形损耗（功能性损耗和经济性损耗）加快，等速折旧法没有反映这种损耗的摊配比例。

采用加速折旧法计提折旧，克服了等速折旧法的不足。因为这种方法前期计提的折旧费较多而维修费较少，后期计提的折旧费较少而维修费较多，一方面，保持了各个使用年度负担的二手车使用成本的均衡性；另一方面，较多地反映了由于技术进步所带来的价值损耗客观实际。

2．折旧方法的选择

在二手车估价中，推荐使用加速折旧法。

3．适用范围

折旧法采用的是经济使用年限，且可以采用加速折旧法计算二手车的价值转移，使二手车剩余价值相对比较小，这对二手车收购方来说是比较有利的。因此，折旧法比较适用于二手车的收购。

4.6.4 折旧法收购估价实例

1．二手车收购价格计算方法

目前实用的二手车收购价格计算方法主要有以下两种。

（1）鉴定估价快速变现法

这种方法的基本原理是：先运用鉴定估价方法（主要是重置成本法和现行市价法）对二手车进行鉴定估价，然后根据快速变现的原则，结合当地二手车市场销售行情和工作经验，给定一个折扣率，将欲收购的二手车鉴定估算价格做一折扣，即得二手车的收购价格。计算公式为

$$二手车收购价=鉴定估价\times(1-折扣率)=鉴定估价\times变现率$$

变现率是指车辆能够当即出售的价格与现行市场价格的比值，它和折扣率相加为 1。折扣率是经营者充分调查和了解市场二手车销售情况并结合实际工作经验而估算得到的。

运用鉴定估价快速变现法确定二手车收购价格的步骤如下。

① 确定成新率 C。

成新率可以用前面介绍的方法确定，也可以用折旧率的方法确定。下面主要介绍后一种方法：

$$C=1-\sum 折旧率$$

② 计算评估价 P。

$$P=B\times C$$

式中，B——重置成本。

③ 确定变现价格（收购价）。

折扣率由实际工作经验确定，一般可综合确定为 30%，则变现率=1−30%=70%。

$$\text{二手车收购价}=P\times 70\%$$

（2）快速折旧法

值得说明的是，确定二手车收购价格是在被收购车辆手续齐全有效的前提下进行的，如果所缺失的手续能以货币支出补办，则收购价格应扣除这部分支出。

2. 运用折旧法进行二手车收购估价实例

下面通过两个估价案例说明折旧法在确定二手车收购价格中的运用。

【例】2007 年 1 月，某二手车销售公司欲收购一辆南京菲亚特轿车，车辆基本情况如下。

车型：南京菲亚特西耶那 1.5EL；型号：NJ7153；注册登记时间：2004 年 2 月；行驶里程：38000km；车辆基本配置：排量 1.461L，发动机型号 178E5027，直列 4 缸 8 气门多点电喷发动机，5 速手动变速器，发动机最大功率 62.5kW，转向助力，ABS 及 EBD，前门电动窗，防眩目后视镜，中控锁（无遥控装置），发动机防盗，手动空调系统，单碟 CD 及调频收音机，4 喇叭音响系统，后头枕，钢轮毂。

经核对相关税费票据、证件（照）齐全有效。该车目前市场价格为 7.8 万元，试确定其收购价格（残值忽略不计）。

解：

① 采用折旧法计算收购价格。

② 从 2004 年 2 月到 2007 年 1 月，该车已使用 3 年，t=3。按国家汽车报废标准，该车规定使用年限为 15 年，N=15。

③ 重置成本价格为 K_0=78000 元，残值忽略不计，即 S_V=0。

④ 分别以等速折旧法、年份数求和折旧法和双倍余额递减折旧法计算累计折旧额。

● 用等速折旧法计算二手车的累计折旧额。

年折旧额：

$$D_t=(K_0-S_V)/N=78000/15=5200\text{（元）}$$

累计折旧额计算见表 4-7。

表 4-7 用等速折旧法计算累计折旧额

年 份	重置成本 K_0/元	折 旧 率	年折旧额/元	累计折旧额/元
2004.2—2005.1	78000	1/15	5200	5200
2005.2—2006.1		1/15	5200	10400
2006.2—2007.1		1/15	5200	15600

● 用年份数求和折旧法计算二手车的累计折旧额。

递减系数：

$$\frac{N+1-t}{\frac{N(N+1)}{2}}=\frac{16-t}{120}$$

年折旧额：

$$D_t=(K_0-S_V)\times\frac{N+1-t}{\frac{N(N+1)}{2}}$$

相关计算见表 4-8。

表 4-8 用年份数求和折旧法计算累计折旧额

年　份	重置成本 K_0/元	递 减 系 数	年折旧额/元	累计折旧额/元
2004.2—2005.1	78000	15/120	9750	9750
2005.2—2006.1		14/120	9100	18850
2006.2—2007.1		13/120	8450	27300

● 用双倍余额递减折旧法计算二手车的累计折旧额。

年折旧率：

$$a=\frac{2}{\text{预计使用年限}}=\frac{2}{15}$$

年折旧额：

$$D_t=K_0\cdot a(1-a)^{t-1}$$

相关计算见表 4-9。

表 4-9 用双倍余额递减折旧法计算累计折旧额

年　份	重置成本 K_0/元	递 减 系 数	年折旧额/元	累计折旧额/元
2004.2—2005.1	78000	2/15	10400	10400
2005.2—2006.1	67600	2/15	9013	19413
2006.2—2007.1	58587	2/15	7812	27225

⑤ 计算二手车收购价格。

二手车收购价格 P 按公式计算，即

$$P=B-\sum D_t-F_s$$

题目中没有给出需要修理的项目及费用，因此，本例中 $F_s=0$。二手车收购价格取剩余价值最小（或累计折旧额最大）的。从表 4-7 ~ 表 4-9 可见，用等速折旧法、年份数求和折旧法和双倍余额递减折旧法三种折旧方法计算的累计折旧额中，用年份数求和折旧法计算的累计折旧额最大，因此，该二手车的收购价格为

$$78000-27300=50700\text{（元）}$$

【例】某被收购车辆的资料如下。

（1）整车资料

车辆类型：中级轿车；车辆型号：桑塔纳 2000/时代骄子；重置成本价：16.30 万元；出厂时间：1999 年 3 月；注册登记时间：1999 年 8 月；收购时间：2003 年 2 月；累计行驶里程：25 万千米。

（2）鉴定检查

车辆各种手续齐全、有效。

故障费用见表 4-10，修理费用估价 0.410 万元。

表 4-10　故障费用估算表

编　　号	故　　障	原　　因	修　　理	估计费用/元
1	活塞环响	活塞环折断	更换活塞环套件	250
2	汽缸裂纹	发动机急速冷却	更换汽缸体	900
3	水泵漏水	水封故障、水泵严重破损	更换水泵	350
4	电喷故障	电子喷射泵严重损坏	更换电喷泵	1500
5	转向传动装置周期性异响	传动轴严重弯曲	更换传动轴	650
6	快转转向盘感到沉重	油泵驱动皮带打滑	换新皮带	40
7	后减振器故障	失效	更换减振器	210
8	空调故障	制冷不足	加氟	200
总　　计				4100

耗油量和排污量均超过国家标准 6%。

折旧率见表 4-11。

表 4-11　折旧率明细表

折旧率内容	符　　号	加 权 系 数	折旧比例/%	扣除价格/万元
年限折旧率	n_1	1	23.3	3.800
里程折旧率	n_2	0.3	8.0	1.304
故障折旧率	n_3	1	2.5	0.410
车型折旧率	n_4	1	0	0
耗油量和排污量超标折旧率	n_5	0.1	4.0	0.652
总　　计	n_Σ	—	37.8	6.166

请用折旧法计算该车的收购价格。

解：

1）用重置成本法加快速变现法估价

（1）计算各折旧率及折旧价格

① 年限折旧率 n_1。

该车已使用 3.5 年（1999.8—2003.2），该车的报废年限为 15 年，折旧年限也定为 15 年，则年限折旧率 n_1 为

$$n_1 = \frac{3.5}{15} \times 1.0 \times 100\% = 23.3\%$$

折旧价格为

16.300×23.3%=3.800（万元）

② 里程折旧率 n_2。

该车已行驶 25 万千米，该车报废里程为 50 万千米，则里程折旧率 n_2 为

$$n_2 = \frac{25 - 50 \times \frac{3.5}{15}}{50} \times 0.3 \times 100\% = 8.0\%$$

折旧价格为

16.300×8.0%=1.304（万元）

③ 故障折旧率 n_3。

各项故障排除费用估价为 0.410 万元，所占比例为

$$n_3 = \frac{0.410}{16.300} \times 1.0 \times 100\% = 2.5\%$$

④ 车型折旧率 n_4。

n_4=0（车型未过时）

⑤ 耗油量及排污量超标折旧率 n_5。

该车耗油量和排污量超过标准 6%，报废极限为 15%，则

$$n_5 = \frac{6\%}{15\%} \times 0.1 \times 100\% = 4.0\%$$

折旧价格为

16.300×4.0%=0.652（万元）

（2）计算该车估价

由于成新率 C=1−总折旧率 n_Σ，由表 4-11 可知，总折旧率 n_Σ=37.8%，则成新率 C=1−37.8%=62.2%，于是得

估价=重置成本价×成新率=16.300×62.2%=10.139（万元）

（3）确定该车收购价

收购价=估价×变现率=10.139×70%=7.097（万元）

2）用快速折旧法计算该车的收购价格

由前述内容可知，该车型的现行市场购置价为 16.300 万元，规定使用年限为 15 年，残值 S_V 忽略不计，现分别以年份数求和折旧法和双倍余额递减折旧法计算，K_0 取二手车重置成本价 16.300 万元，取二手车折旧年限 N=15 年，折旧率 a 按直线折旧率 $1/N$ 的两倍取值，即 $a=2/N=2/15$，t=4，收购时间为 2003 年 2 月。

（1）用年份数求和折旧法计算二手车的累计折旧额

递减系数：

$$\frac{N+1-t}{\frac{N(N+1)}{2}}=\frac{16-t}{120}$$

年折旧额：

$$D_t=(K_0-S_V)\times\frac{N+1-t}{\frac{N(N+1)}{2}}$$

相关计算见表4-12。

表4-12　用年份数求和折旧法计算累计折旧额

年　份	重置成本 K_0/万元	递减系数	年折旧额/万元	累计折旧额/万元
1999.9—2000.8	16.300	15/120	2.0375	2.0375
2000.9—2001.8		14/120	1.9017	3.9392
2001.9—2002.8		13/120	1.7658	5.7050
2002.9—2003.8		12/120	1.6300	7.3350

（2）用双倍余额递减折旧法计算二手车的累计折旧额

年折旧率：

$$a=2/N=2/15$$

年折旧额：

$$D_t=K_0\cdot a(1-a)^{t-1}$$

相关计算见表4-13。

表4-13　用双倍余额递减折旧法计算累计折旧额

年　份	重置成本 K_0/万元	年折旧率	年折旧额/万元	累计折旧额/万元
1999.9—2000.8	16.3000	2/15	2.1733	2.1733
2000.9—2001.8	14.1267	2/15	1.8836	4.0569
2001.9—2002.8	12.2430	2/15	1.6324	5.6893
2002.9—2003.8	10.6106	2/15	1.4147	7.1040

表4-12和表4-13是按4年计算累计折旧额的，但车辆实际使用年限只有3年6个月，因此，用两种方法计算得到的实际累计折旧额应减去第4年的半年折旧额，即

用年份数求和折旧法计算的累计折旧额=7.3350−1.6300/2=6.5200（万元）

用双倍余额递减折旧法计算的累计折旧额=7.1040−1.4147/2=6.3967（万元）

（3）计算该车的收购价格

二手车收购价格 P 按公式计算，即

$$P=B-\sum D_t-F_s$$

上式中，B=16.3000 万元；收购时，累计折旧额$\sum D_t$，取两种方法计算结果的最大值，即$\sum D_t$=6.5200 万元；修理费用 F_s=0.4100 万元。考虑该车的实际使用情况（实际行驶里程超过平均值 $50\times\dfrac{3.5}{15}\approx 12$ 万千米，扣除价格 1.304 万元；油耗污染超过标准 6%，扣除价格 0.652 万元），该二手车的收购价格为

P=16.3000−6.5200−[0.4100(修理费用)+1.304(超里程费)+0.652(超油耗污染费)]

=7.414（万元）

从以上两种方法的计算过程可知，按重置成本法对二手车进行鉴定估价，然后按照快速变现的原则计算收购价，与运用快速折旧法并考虑实际使用情况计算的收购价格接近（相差值百分数为$\dfrac{7.414-7.097}{(7.414+7.097)/2}\times 100\%=4.4\%$），说明用以上几种方法均可估算，再根据市场供求关系，由买卖双方达成交易价格。

4.7 二手车交易

4.7.1 二手车交易基本流程

二手车交易采取的是在市场集中交易办理证照的方法，由市公安局车辆管理所派驻警官驻场鉴定和指导，重点环节由警官进行审核把关，具体操作性事务由市场工作人员协助完成，它既保证了驻场警官对整个操作过程的有效监管，也充分提高了市场工作人员的责任心、积极性，从而使二手车交易的证照办理工作有条不紊地进行。

根据二手车交易的特性，为杜绝盗抢车、走私车、拼装车和报废车的非法交易，切实维护消费者的合法权益，二手车交易市场科学合理地设计了“一条龙”的作业方式，使二手车交易在规范有序的流程内进行，减少了购销双方的来回奔波。二手车交易基本流程如图 4-3 所示。

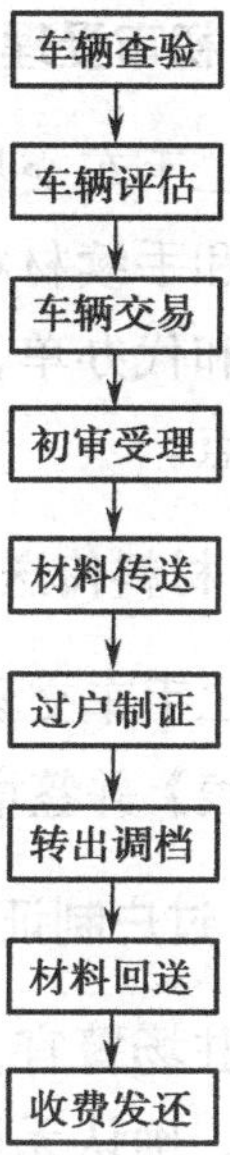

图 4-3 二手车交易基本流程框图

1. 车辆查验

在驻场警官的监管下，由交易市场委派经过验车培训的工作人员，协助警官展开交易车辆的查验工作，在车辆年检期有效的时段内，查验车辆识别代码（发动机号、车架号）的钢印是否有凿改的情况，与其拓印是否一致；查验车辆颜色与车身装置是否与《机动车行驶证》一致。同时按交易类别对车辆安全行驶性进行检测，确保交易车辆的正常安全性能。如

一切正常，则在《机动车登记业务流程记录单》上盖章，并在发动机号、车架号的拓印上加盖骑缝章。

2. 车辆评估

由专业评估机构参与，其专业车辆评估人员，将根据车辆的使用年限（已使用年限）、行驶里程、总体车况和事故记录等进行系统的勘察和评估，折算车辆的成新率，再按照该车的市场销售状况等，提出基本参考价格，通过计算机系统的计算，打印《车辆评估书》，由评估机构的评估人员签章后生效，作为车辆交易的参考和依法纳税的依据之一。

3. 车辆交易

二手车经过查验和评估后，车辆的真实性和基本价格有了基本保障，此时，需要原车主对其车辆的一些其他事宜（使用年限、行驶里程、安全隐患、有无违章记录等）做出书面承诺。经营（经纪）公司可以对该车进行出售或寄售，与客户谈妥后，收取相应的证件和材料，开具相应的发票，签署经营（经纪）合同，整理后送办证初审窗口。

4. 初审受理

由二手车交易市场的专业业务受理工作人员，对各经营（经纪）公司或客户送达的车辆牌证和手续材料，初审其真实性、有效性，以及单据填写的准确性；合格后，打印操作流水号和代办单，经工商行政管理部门验证盖章，将有关材料整理装袋，准备送达相应的办证地点。

5. 材料传送

由二手车交易市场指定的专业跑（送）单人员，核对材料的份数，贴上封条，签署《材料交接表》并签章，将办证材料及时、安全地送达相应的办证地点。

6. 过户制证

由驻场警官，对送达的办证材料，根据计算机车档库进行对比查询，并对纸质材料进行复核，确认无误后在《机动车登记业务流程记录单》上记录复核人员的姓名，签注《机动车登记证书》，由市场工作人员按岗位的程序进行《机动车行驶证》的打印、切割、塑封，并记录相应操作岗位的人员姓名，然后将纸质材料整理、装订，与《机动车行驶证》、《机动车注册/转入登记表》（副表）等相关证件一起，由跑（送）单人员回送相应的代理交易市场。

7，转出调档

跑（送）单人员将转出（转籍）的有关证件、材料和号牌送达车辆管理所档案部门，由警官对送达的转出材料和证件进行复核。确认无误后，收缴机动车号牌，并相应在《机动车登记业务流程记录单》上记录姓名，签注《机动车登记证书》，将档案室内的纸质材料整理后装袋封口，并在计算机网络中录入“转出”状态，传递至全国公安交通管理信息系统中，“机动车档案”和“机动车临时号牌”将由跑（送）单人员返送至各代理交易市场内。

8．材料回送

经驻场警官复核后，换发《机动车行驶证》及《机动车注册/转入登记表》（副表）和有关证件；或经车辆管理所档案部门警官复核后，调出“机动车档案”和“机动车临时号牌”以及相关的证件，整理后送各代理交易市场的办证窗口，并由驻场牌证、材料接收人员签好《材料交接表》。

9．收费发还

各交易市场的办证窗口，收到材料经核对无误后，对所要支付的费用逐一进行汇总计算，打印发票，向委托办理的经营（经纪）公司和客户收取费用（凭代办单上的流水号），核对代办单后，发还证照和材料。

4.7.2　二手车交易的工作程序

1．直接交易、中介交易类的工作程序

直接交易、中介交易类的工作程序，如图4-4所示。

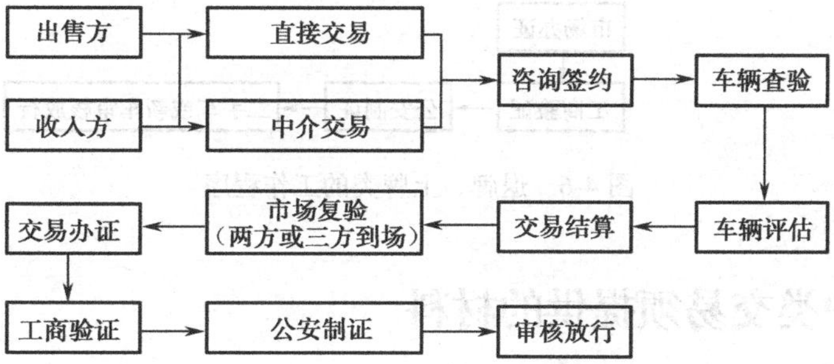

图4-4　直接交易、中介交易类的工作程序

2．经销类的工作程序

经销类的工作程序，如图4-5所示。

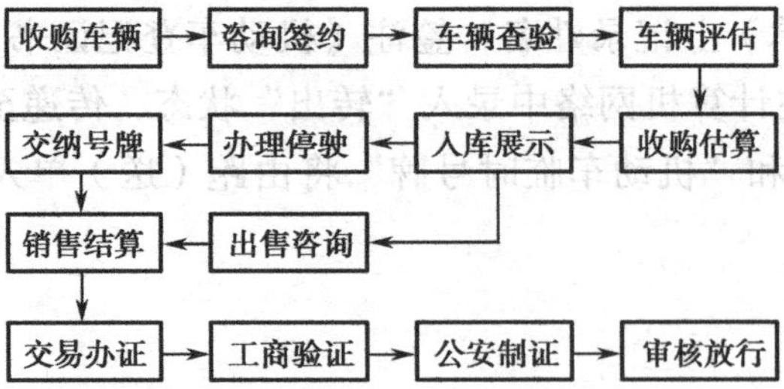

图 4-5　经销类的工作程序

3. 退牌、上牌类的工作程序

退牌、上牌类的工作程序，如图 4-6 所示。

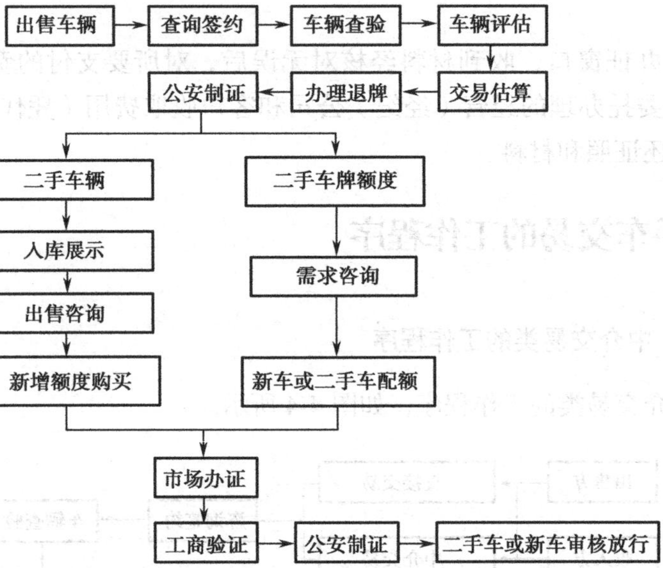

图 4-6　退牌、上牌类的工作程序

4.7.3　过户类交易须提供的材料

1. 提交的证件和材料

过户类交易所递交的证件和材料有很强的针对性，不同产权归属，要求也不尽相同，一般要求二手车所有人或委托代理人应递交下列证件和材料。

① 机动车行驶证。

② 机动车登记证书。

③ 机动车注册/转入登记表（副表）。

④ 机动车过户、转入、转出登记申请表。

⑤ 现机动车所有人身份证明原件和复印件（企事业单位须提供组织机构代码证和 IC 卡，个人须提供户口簿和身份证）；外省（市）居民凭住满一年以上的暂住证，外籍人士凭居留证，香港、澳门特别行政区的居民凭暂住证，台湾居民凭《台湾居民来往大陆通行证》等的原件和复印件；军人凭中国人民解放军或中国人民武装警察部队核发的军人身份证件及团以上单位出具的本人所住地址证明的原件和复印件。

⑥ 机动车照片。

⑦ 机动车来历凭证：

● 二手车销售发票或二手车中介/服务业发票；

● 人民法院调解、裁定或裁决所有权转移的车辆，应出具已经生效的调解书、裁定书或裁决书，以及相应的协助执行通知书原件和复印件；

● 仲裁机构裁决的所有权转移的车辆，应出具已经生效的仲裁裁决书和人民法院出具的协助执行通知书原件和复印件；

● 继承、赠予、协议抵债的车辆，应提供相应文件和公证机关的公证书原件和复印件；

● 国家机关已注册登记并调拨到下属单位的车辆，应出具该部门的调拨证明；

● 资产重组或者资产整体买卖中包含的机动车，其来历凭证是资产主管部门的批准文件；

● 过入方为机关、事业单位，还须提供车辆编制证。

⑧ 已封袋的《机动车登记业务流程记录单》。

⑨ 出让方填写的机动车基本情况“承诺书”。

⑩ 二手车鉴定评估报告书。

2. 材料受理时的注意事项

① 香港、澳门特别行政区居民的“Z”字号牌转入和外国人的外籍号牌，以及领事馆号牌转入，须提供《中华人民共和国海关监管车辆解除监管证明书》或车辆管理所出具的联系单。

② 公务车自初次登记之日起满三年方可办理过户；未满三年办理过户的，须由过入方提供上牌额度，日期按机动车行驶证初次登记日期计算。

③ 留学回国人员和特批的自备车、摩托车，自初次登记之日起满五年方可办理过户；未满五年办理过户手续的，须由过入方提供上牌额度，日期按机动车行驶证初次登记日期计算。

④ 企事业单位的车辆自初次登记之日起满两年方可过户给个人；未满两年的，须由过入方提供上牌额度，日期按机动车行驶证初次登记日期计算。

⑤ 公安系统“警”字号牌车辆过户，须经市公安局后保部装备处批准。

4.7.4 转出（转籍）类交易须提供的材料

1. 提交的证件和材料

转出（转籍）类交易，应严格按照公安部 72 号令《机动车登记规定》办理。全国有统一的车辆和车辆档案的接收标准，如有不符则有可能被退档，它要求机动车所有人或委托代理人，应递交下列证件和材料。

① 机动车行驶证。

② 机动车登记证书。

③ 机动车注册/转入登记表（副表）。

④ 机动车过户、转入、转出登记申请表。

⑤ 机动车转籍更新申请表、机动车退牌更新申请表、机动车置换（过户、转籍）联系单。

⑥ 机动车号牌（退牌、置换车辆除外）。

⑦ 机动车照片。

⑧ 海关监管车辆，应出具《中华人民共和国海关车辆解除监管证明书》或车管所出具的联系单。

⑨ 现机动车所有人身份证明原件和复印件［个人凭外省（市）居民身份证，企事业单位凭外省（市）组织机构代码证和介绍信］。

⑩ 机动车来历凭证：

- 二手车销售发票或二手车中介/服务业发票；
- 人民法院调解、裁定或裁决所有权转移的车辆，应出具已经生效的调解书、裁定书或裁决书及相应的协助执行通知书原件和复印件；
- 仲裁机构裁决的所有权转移的车辆，应出具已经生效的仲裁裁决书和人民法院出具的协助执行通知书原件和复印件；
- 继承、赠予、协议抵偿债务的机动车，应出具继承、赠予、协议抵偿债务的相关文件和公证机关的公证书原件和复印件；
- 资产重组或者资产整体买卖中包含的机动车，应出具资产主管部门的批准文件；
- 国家机关已注册登记并调拨到下属单位的车辆，应出具该部门的调拨证明。

⑪ 处级以上机关、事业单位，还须提供车辆编制证。

⑫ 已封袋的《机动车登记业务流程记录单》。

⑬ 出让方填写的机动车基本情况“承诺书”。

2. 注意事项

① 非标准改装的机动车，且没有机动车登记证书的，不得受理。

② 对转入地车辆管理部门有特殊要求的，如欧Ⅱ排放标准、禁止退役营运车或使用年限超过五年的不准上牌的外省（市），不得受理。

③ 超过使用年限的，或者有其他约定的，不得受理。

④ 定期检验期失效的（人民法院调解、裁定或裁决，仲裁机构裁决的除外，但须检验合格后办理），不得受理。

⑤ 品牌、型号、规格、结构不符合国家颁布的公告、目录的，不得受理。

⑥ 抵押、查封或司法保全的车辆，在计算机系统和纸质档案中注明“不准过户”的，不得受理。

⑦ 海关监管，且未解除监管的车辆，不得受理。

4.7.5 机动车退牌、上牌须提供的材料

1．机动车退牌须提供的材料

① 机动车登记证书。

② 机动车行驶证。

③ 机动车注册/转入登记表（副表）。

④ 机动车退牌更新申请表。

⑤ 机动车号牌。

⑥ 机动车照片。

⑦ 原机动车所有人身份证明原件和复印件。

⑧ 经驻场民警查验确认车辆识别代码、发动机号码无凿改嫌疑并在拓印骑缝处签章的《机动车登记业务流程记录单》（装入专用纸袋并密封）。

⑨ 海关监管车辆，应出具《中华人民共和国海关车辆解除监管证明书》或车管所出具的联系单。

⑩ 代理人身份证明。

2．机动车上牌（新车）须提供的材料

机动车上牌（新车）是指在二手车交易市场内为收旧供新的车辆或经车辆管理所授权的汽车销售公司出售的新车上牌照，范围是那些厂牌型号经认定获免检资质的新车。应递交的材料如下。

① 机动车来历凭证：经市公安局车辆管理所档案科备案，可在二手车交易市场上牌的全国统一机动车销售发票。

② 整车出厂合格证。

③ 机动车注册/登记申请表。

④ 机动车所有人的身份证明（企事业单位凭组织机构代码证和 IC 卡，个人凭户口簿、

身份证等）。

⑤ 车辆购置税纳税证明。

⑥ 由代理人申请注册登记的，须提供代理人的身份证明原件和复印件。

⑦ 经驻场警官查验确认车辆识别代号（发动机号、车架号）与其拓印相一致，并已在《机动车登记业务流程记录单》拓印骑缝处盖章生效。

⑧ 第三者责任险凭证。

3. 机动车上牌（二手车）须提供的材料

机动车上牌（二手车）是指在二手车交易市场内，针对被经营公司退牌停搁的二手车，为落实客户后须上牌的车辆上牌照。须递交的材料如下。

① 二手车经营公司开具的销售发票。

② 机动车注册/登记申请表。

③ 现机动车所有人的身份证明（企事业单位凭组织机构代码证和 IC 卡，个人凭户口簿、身份证等）。

④ 经驻场警官查验确认车辆识别代号（发动机号、车架号）无凿改嫌疑，并与其拓印相一致，在《机动车登记业务流程记录单》的拓印骑缝处盖章生效（并装袋密封）。

⑤ 经驻场警官签章的机动车退牌更新申请表。

⑥ 车辆附加购置税确认单。

CHAPTER 5

第5章 二手车车况技术鉴定与成新率计算

5.1 二手车静态检查

二手车技术状况的静态检查内容，如图 5-1 所示。

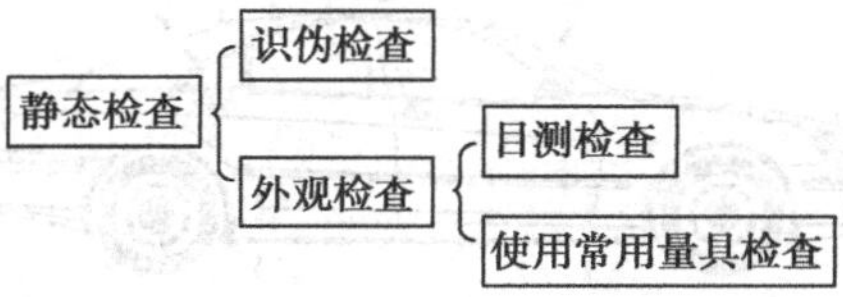

图 5-1 二手车技术状况的静态检查内容

5.1.1 识伪检查

二手车的识伪检查主要是鉴别走私车辆、拼装车辆和盗抢车辆等。

1. 走私和拼装车辆的鉴别

走私车辆是指没有通过国家正常进口渠道进口、未缴税的车辆；拼装车辆是指一些不法厂商和不法商人为了牟取暴利，非法组织生产、拼装，无产品合格证的假冒、低劣汽车。这些汽车有些是境外整车切割、境内焊接拼装的。对于走私和拼装车辆可以从以下几个方面进行鉴别。

（1）检查汽车合法性

对走私车辆、拼装车辆，在二手车交易鉴定评估中，首先应确定这些车辆的合法性。运用公安车管部门的车辆档案资料，查找车辆来源信息，确定车辆的合法性及来源情况。查验汽车的产品合格证、维护保养手册。

正品汽车都是经过改造并符合中国市场法规和使用条件的汽车，是由我国批准的渠道直接从汽车制造商处进口的。此类车的前风窗玻璃上有黄色的商检标志，符合我国产品质量法，进口正品汽车都附有中文使用手册和维修手册，有的还有零部件目录。多年从事评估工作的业内人士，对大多数汽车从外观就能看出是否为我国进口汽车产品目录上的车型。

（2）检查外观

检查汽车外观是否有重新做过油漆的痕迹。走私者通常会在境外将汽车切成两部分，分别作为汽车配件走私或进口，然后在境内再将两部分焊接起来，以达到走私整车的目的，常见的切割方式如图 5-2 所示。检查时注意曲线部分的线条是否流畅，大面是否平整，一般用肉眼仔细观察。用手触摸拼装车车身，会有不平整的感觉，且其车门和发动机盖与车身接合部缝隙不均匀、不整齐。

图 5-2　拼装车的切割方式

（3）检查内饰

检查内饰的装饰材料表面是否干净，是否平整。特别是内饰压条边沿部分是否有明显的手指印迹，或其他工具碾压过后留下的痕迹。

（4）检查发动机

① 打开发动机盖察看线、管路布置是否有条理，发动机和其他零部件是否有重新拆卸、安装过的痕迹，有无旧的零部件等。

② 起动发动机试听发动机声音是否正常、有无杂音。

③ 空调是否制冷、有无暖风，发动机及其他相关部件有无漏油现象等。

④ 进行汽车行驶检查，注意倾听整个车身是否有异常响声。

（5）检查变速器

有些走私车是右驾驶且为自动变速器。为了适应我国的交通管理，走私者将右驾驶改为左驾驶，而为了降低改装成本，走私者不可能更换变速器，自动变速器的车右驾驶改左驾驶通过变速杆的保险按钮就可以识别，一般自动变速器变速杆的保险按钮仍在右侧。

（6）车身防伪检查

如果要进口汽车的车身，它的手续同进口一辆汽车的手续一样。对于老二手车型，一些进口汽配供应商时常将报废车的车身拆下后翻新，再卖给汽车修理厂，从中牟利。有些汽车修理厂同样采用上述办法制假。

2. 盗抢车辆的鉴别

这类车辆的鉴别方法一般有以下几种。

① 根据公安车辆管理部门的档案资料，及时掌握车辆情况，防止盗抢车辆进入二手车市场交易。

② 根据一般的盗窃手段，主要检查汽车门锁是否过新，锁芯有无被更换过的痕迹。

③ 不法分子急于对有些车辆销赃，他们会对车辆有关证件进行篡改和伪造，使被盗车辆面目全非。

④ 查看车辆是否全身重新做过油漆，或改变了原车辆颜色。

汽车识伪检查专业性很强，需要有丰富的实践经验和专业知识，方能做到得心应手。

5.1.2 外观检查

外观检查项目基本上可分为两大类：一类是定性规定的检测项目，可用直观检查法检测，即目测检查；另一类是定量规定的检查项目，须采用仪器设备和客观检查方法做定量分析。

车辆在进行外观检查之前，应进行外部清洗。外观检查项目中，须在底盘下面进行的项目，最好在设有检测地沟及千斤顶或汽车举升器的工位上进行。

汽车外观检查是了解二手车整体技术状况和故障情况的重要手段之一。通过外观检查可以帮助检测人员确定检测重点，其检验结果也有助于对汽车各部的真实技术状况、故障部位及其原因做出正确的判断。

1. 车辆标志检查

车辆标志包括车辆的商标、铭牌、发动机型号和出厂编号、底盘型号及出厂编号。车辆的商标、型号标记必须装设在车身前部的外表面上，通常人们一眼就能看出来。车辆铭牌应置于车辆前部易于观看之处，客车铭牌应置于车内前门的上方。车辆的铭牌应标明厂牌、型号、发动机功率、总质量、载重质量或载客人数、出厂编号、出厂年月日及厂名等。发动机的型号和出厂编号应打印在发动机汽缸体侧平面上，而底盘的型号和出厂编号应打印在金属车架的易见部位。

2. 车辆周正情况检查

在汽车制造厂，汽车车身及各部件的装配位置是在生产线上经过严格调试的装、夹具保证的，装配出的车辆各部分对称、周正。通常要求车体应周正，左右对称部位高度差不得大于 40mm。

（1）方法一

在进行车体周正检测时，将送检车辆停放在外观检测工位上，如图 5-3 所示。在汽车前方 5～6m 处，蹲下沿着轮胎和汽车的外表面看汽车的两侧。在两侧，前、后车轮应该排成一线。然后，在汽车后方进行同样的观察，前轮和后轮应该呈一条直线。如果不是这样，则说明车架或整体车身已经变形。然后用高度尺或钢卷尺、水平尺检测左右对称部位高度差是否超过规定值。

图 5-3　检查汽车两侧的前、后轮是否在同一直线上

（2）方法二

蹲在车轮附近，检查车轮后面的空间，测量每个车轮后侧与轮罩的间隙，应大致相同，如图 5-4 所示。否则说明车架或整体车身有弯曲迹象。

图 5-4　测量车轮后侧与车轮罩后缘之间的距离

3．车身外观检查

轿车和客车的车身在整车中价值权重较大，维修费用也高，故检查车身是技术状况鉴定的重要一环。检查顺序如图 5-5 所示，一般按以下方法进行。

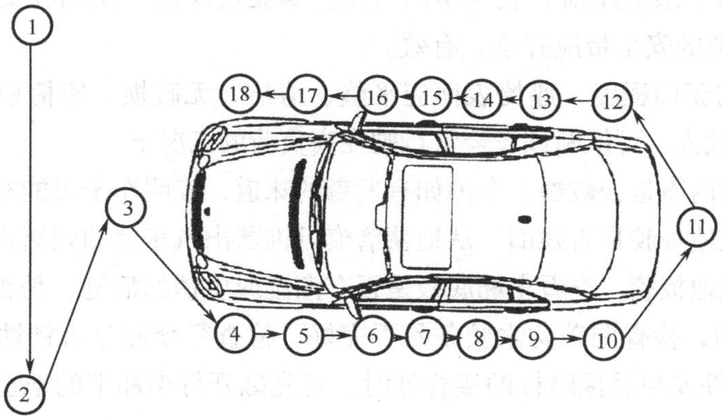

图 5-5 车身外观检查顺序

① 检查车身是否发生过碰撞受损。站在车的前部一角，观察车身各接缝，如出现不直、缝隙大小不一、线条弯曲、装饰条脱落或新旧不一，说明该车可能出现过事故或修理过。

② 检查车门、车窗。车门、车窗应启闭灵活、关闭严密、锁止可靠，缝隙均匀不松旷，密封胶条应无破损、老化现象，否则车门、车窗处会漏水。

③ 检查保险杠有无明显变形、损坏，有无矫正、重新补漆的痕迹。道路交通事故中，汽车保险杠是最容易损坏的零部件，通过对保险杠的认真检查，能够判定被检查车辆是否有过碰撞或发生过交通事故。

④ 检查车身金属零部件锈蚀情况。主要检查车门、车窗、排水槽、底板、各接缝、挡泥板、减振器、车灯周围、车门底下和轮舱内是否生锈，如锈蚀严重，说明该车使用状况恶劣，使用年限长。

⑤ 检查车身油漆。查看密封胶条、窗框四周、轮胎和排气管等处是否有多余油漆，如果有，说明该车车身曾翻新重做油漆。用一块磁铁沿车身周围移动，如果遇到磁力突然减小，表明该处曾局部补灰、做漆。当用手敲击车身时，如果遇到敲击声明显比其他部位沉闷，表明该处曾重新补灰、做漆。通过这些方法，可以判断一辆车以前被撞时车身可能受过多大的损伤。购车者若发现油漆表面有龟裂现象，如果车未撞过，那么说明该车至少已使用了 10 年。

⑥ 检查后视镜、下视镜、车窗玻璃，汽车必须在左、右各设置一面后视镜，安装、调节及视野范围应符合规定。车长大于 6m 的平头客车、平头货车车前应设置一面下视镜，下视镜应完好。车窗玻璃应完好，前风窗玻璃应使用安全玻璃。若前风窗玻璃没有国家安全玻璃认证标志，表明该车前风窗玻璃曾经更换过。

⑦ 检查灯光是否齐全、有效，光色、光强是否符合国家标准有关规定。二手车的配光性能好坏，能反映车主对车辆维护的认真程度。

4．驾驶室、车厢内部检查

① 驾驶员座椅、乘员座椅安装应牢固可靠。驾驶员座椅、副驾驶员座椅及客车前面没有座椅或护栏的座椅的安全带应齐全、有效。

② 查看座椅的新旧程度，座椅表面应平整、清洁、无破损。座椅松动和严重磨损、凹陷，说明该车经常载人，可推断该车经常行驶在高负荷的工况下。

③ 检查车顶的内篷是否破裂。车内如有发霉的味道，表明车子可能有泄漏的情况。

④ 检查地毡或地板胶是否残旧。从地毯磨痕可推断出汽车使用频繁程度。

⑤ 揭开地毡或地板胶，查看车厢底板是否有潮湿或生锈的痕迹，是否有烧焊的痕迹。

⑥ 检查行李厢，检查厢盖防水胶条是否完好，检查行李厢是否锈蚀；查看行李厢开口处左右两边的钣金件或与后保险杠的接合处时，可先翻开行李厢下的地毯，检视该处有无烧焊的痕迹。

⑦ 查看仪表盘是否为原装，检查仪表盘底部有没有更改线束的痕迹。要求安装汽车行驶记录仪的车辆有无按要求安装，能否正常工作。

⑧ 检查里程表。已经行驶的里程是车辆行驶年龄的参照，一般的家用车每年行驶19000～24000km。若年平均行驶里程过多，说明该车使用较多；若过少，说明仪表盘有更换过的可能。

⑨ 检查离合器踏板、制动踏板、加速踏板有无弯曲变形及干涉现象。检查离合器踏板和制动踏板的踏脚胶是否磨损过度，通常一块踏脚胶的寿命是 3 万千米左右，如果换了新的，则说明此车已行驶 3 万千米以上。

⑩ 坐在车上试试所有踏板有没有弹性，离合器踏板应该有少许空间，同时听听踏下踏板时有没有异响发出。

5．发动机的检查

① 检查发动机外部清洁状况。发动机外部有少量油迹和灰尘是正常的，如果灰尘过多，表明车主对车辆维护不认真和车辆使用环境恶劣；如果一尘不染，说明发动机刚刚经过清洁处理。

② 检查发动机罩。仔细查看发动机罩与翼子板的密合度或缝隙是否一致（不要有大小不一的情形）。打开发动机罩时，先检查一下其内侧，如果有烤过漆的痕迹，表示这片盖板遭受过碰撞；然后从发动机上方横梁及发动机本体下方的两条纵梁或两内侧副梁等处查看，这些地方应留有圆形点焊的痕迹，若点焊形状大小不一，说明有可能发生过碰撞。另外，看看防水胶条是否平顺，这也是判断此车有无受伤的依据。

③ 检查机油平面高度。一般机油尺上都有高、低油位的标记，如果机油平面在这两个油位之间，则表示正常。如果油位过低，且上次更换机油的时间和间隔里程正常，说明发动

机烧机油；如果机油平面过高，说明发动机严重窜气或漏水。查看机油标尺上是否有金属屑，如有则说明曲轴、连杆严重磨损。

④ 检查机油颜色。用一张白纸，拔出机油尺在纸上擦拭，观察机油颜色和杂质的情况。一般在换过机油后，车辆使用一段时间后机油颜色会变黑，这是正常的。如果发现机油的颜色变灰、变白或有乳化现象，说明机油中混入了水，可能是发动机冷却系统和燃烧系统有泄漏情况。

⑤ 检查机油盖口。拧下加油盖，将它翻过来观察底部，这样可以在加油盖底部看到旧油甚至脏油的痕迹。如果加油盖底面有一层黏稠的深色乳状物，还有与油污混合的小水滴，这可能是缸垫、缸盖或缸体有损坏，导致防冻液渗入机油中造成的。如果有这种情况发生，被污染的机油有可能对发动机内部造成损害，发动机可能需要大修。

⑥ 检查发动机冷却液。应在冷车状态下检查水箱（冷却液），否则很容易被溅出的水烫伤。打开发动机盖，首先检查水箱部分。打开水箱盖后，注意观察冷却水面上是否有其他的异物飘浮，如锈蚀的粉屑、不明的油污等。如果发现有油污浮起，表示可能有机油渗入冷却水内；如果发现浮起的异物是锈蚀的粉屑，表示水箱内的锈蚀情况已经很严重。如有上述情况，都表示该车的发动机状况不是很好。观察水箱液面是否正常，太低则说明冷却系统存在泄漏；观察水管接头各夹子处和水泵、散热器等的结合处是否有水泄漏的痕迹，通常有泄漏的地方颜色与周围不一致。

⑦ 检查蓄电池。现代汽车蓄电池一般均为免维护蓄电池，仍以硫酸蓄电池为主。查看制造日期，其寿命一般为两年左右。检查蓄电池及各桩柱导线夹头的固定情况，应无松动和烧损现象。蓄电池两接线柱应没有大量白色粉末（硫酸盐）附贴在上面，蓄电池液面高度应一致，并在规定的上、下线之间。蓄电池本身应干爽，绝对没有裂痕。如果液面过低，一般为发动机充电电流过大，液面经常处于过低状态，将大大降低蓄电池的寿命；如果有个别格液面过低，一般为个别格漏液，从蓄电池托盘上能够观察到漏液的痕迹。在前大灯打开时尝试启动发动机，观察发动机是否顺利起动，不能起动则说明电力不足。

⑧ 检查变速器油。变速器油的检查大多通过油尺来进行，油尺上标有最高油位和最低油位刻度，如果油量在这两个刻度之间就是正常的。如果油位过低，则表示应该加油了，但也可能表示这辆车已有漏油的情况产生。检查变速器油还要查看油是否变色。一般来说，变速器油呈红色，如果变成棕色，则表示该车的变速器可能发生了故障。如果闻到焦味，表示变速器磨损情况严重。

⑨ 检查空气滤清器。打开空气滤清器的盒盖，检查里面的清洁程度。如果灰尘很多，滤芯很脏，则表示这辆车的使用程度较高，说明车辆工作条件恶劣；如有油污，则说明发动机有回火现象或空气滤清器久未更换，该车的车主对车的保养也较差，没有定期更换滤芯。一部车的保养差，车况也不会太好。

⑩ 检查发动机主要附件是否完好。按压、摇动发动机驱动的各种皮带，查看其松紧度及老化程度。拨动发动机周围电路的插接件、固定夹子、卡子等，查看其是否松动。

⑪ 检查发动机、起动机、分电器、空调压缩机、转向助力泵等外观是否正常，是否有漏油、漏水、漏气、漏电现象，是否有松动现象。

6. 车辆底盘检查

检查底盘时应将车辆开进地沟或上有举升器的工位。

① 检查发动机固定是否可靠，检查发动机与传动系的连接情况。燃油箱及燃油管路应固定可靠，不得有渗、漏油现象，燃油管路与其他部件不应有磨蹭现象。软管不得有老化开裂、磨损等异常现象。

② 检查传动轴的技术状况，检查万向节、中间轴承、花键轴有无松旷现象；检查传动轴万向节防尘套的破损情况，检查传动轴万向节磨损和脏污情况。

③ 检查转向节臂、转向横拉杆、转向直拉杆有无裂纹和损伤，有无拼焊现象；检查转向横拉杆、转向直拉杆球销是否松旷，连接是否可靠；检查各运动部件在运动中有无干涉、摩擦现象。

④ 大部分轿车采用“整体式车身”结构，车架受到撞击变形后，在行驶中会出现一些不良反应，可以通过试车来判断，如转向不均匀、不稳定，直行过程中有车轮的响动，轮胎有偏磨痕迹，制动时跑偏等现象。

⑤ 检查前、后桥是否有变形、裂纹。

⑥ 检查减振器及悬架。可用手将汽车前、后、左、右角分别用力下压，如放松后汽车车身能回弹，并能自由跳动 2~3 次，说明系统正常。如出现异响或不能自动跳动，则说明减振器或悬架系统的弹簧等部件工作不良，乘坐舒适性自然就会变差。观察减振器活塞杆，如减振器活塞杆潮湿或减振器桶油污严重，说明其过度磨损、密封不良。检查钢板弹簧有无裂纹、断片和缺片现象。检查中心螺栓和 U 形螺栓是否紧固。车架与悬架之间的各拉杆和导杆应无松旷和移位现象。

⑦ 检查排气管、消声器是否齐全及固定情况，有无破损和漏气现象。观察排气管的外表是否生锈，若锈蚀严重，说明车辆使用时间长。用手套摸排气管内壁，如内壁灰渍呈黑灰色，说明发动机燃烧不完全；如内壁残留物为黑色且有黏稠液体，说明发动机烧机油。

⑧ 检查制动总泵、分泵、制动管路，不得有漏气、漏油现象。软管不得有老化开裂、磨损异常等现象。

⑨ 检查电器线路，所有电器导线均应捆扎成束、布置整齐、固定卡紧，接头牢固并有绝缘套，在导线穿越孔洞时须装设绝缘套管。

7. 车轮轮胎检查

据交管部门统计，我国高速公路发生的交通事故 46%是由轮胎发生故障引起的，爆胎一项就占轮胎事故总量的 70%。如果行驶速度过快，爆胎几乎可以说是致命的。因此，要对二手车轮胎进行检查。

① 绕车子转一圈，检查四个轮胎是否“亏气”。如果有“亏气”的情况，说明该车库存时间较长。检查轮胎品牌是否一致。一般来讲，私家车 4 万千米以内正常行驶是不用更换新轮胎的。如果二手车里程表示值在 4 万千米以内，而轮胎的品牌又不统一，那么说明其行驶里程不准确。

② 检查轮胎磨损情况。如果左、右轮的花纹磨损不均匀，有可能是前束或外倾不正确，也可能是转向机构间隙过大或转向机构连接松旷导致的，这样的车辆要仔细维修。技术条件要求：轿车轮胎冠上花纹深度在磨损后应不小于 1.6mm，其他车辆轮胎冠上花纹深度不得小于 3.2mm；轮胎的胎面和胎壁上不得有长度超过 25mm、深度足以暴露出轮胎帘布层的破裂和割伤。

③ 检查二手车轮毂轴承。首先把车架起来，或者开上地沟。之后，用手转动车轮，转动时如果平稳无噪声，则说明其质量较好；反之，则说明存在安全隐患。

8. 车内电器设备及附属装置检查

检查刮水器、收音机、仪表、反光镜、加热器、灯具、转向信号灯、喷水装置、空调设备等是否破损、残缺；并对附属装置进行动态检验，如刮水器动作、喷水装置喷水、空调器制冷是否正常等。高档客车、轿车电器设备在整车中价值权重较大，维修费用较高，因此，在检查过程中应认真、慎重。

5.2 二手车技术状况的动态检查

二手车动态检查是指汽车在工作状态下的检查。通过汽车的各种工况，如发动机起动、怠速、起步、加速、匀速、滑行、强制减速、紧急制动、从低速挡到高速挡、从高速挡到低速挡，检查汽车的操纵性能、制动性能、滑行性能、加速性能、噪声和废气排放情况，以鉴定二手车的技术状况。检查过程中，须起动发动机，对二手车进行路试。

5.2.1 发动机检查

1. 检查发动机起动状况

在正常情况下，用起动机起动发动机时，应在三次内起动成功。起动时，每次时间不超过 10s，再次起动要间隔 15s 以上。若发动机不能正常起动，说明发动机的起动性能不好。

如果由于发动机曲轴不能转动而导致发动机无法起动，其原因一是蓄电池电量不足或起动机工作不良，二是发动机运转阻力过大。检查发动机起动阻力时，应拆下全部火花塞或喷油器，人工运转曲轴，检查转动阻力。

如果起动时曲轴能正常转动，但发动机起动仍很困难，对于汽油发动机，其主要原因是点火系统点火不正时，火花塞火弱或无火；燃油系统工作不良，使混合气过稀或过浓；汽缸压缩压力过低等。对于柴油发动机，主要原因是汽缸压缩压力过低，燃油中有水或空气，输油泵、喷油泵、喷油器工作不良，燃油系统管路堵塞等。

2．检查发动机怠速运转情况

怠速工况下，发动机应在规定的转速范围内稳定地运转。如果怠速转速过高或运转不稳定，说明发动机怠速不良。发动机怠速运转时，检查各仪表工作状况，检查电源系统充电情况。

3．检查发动机急加速性

发动机水温、油温正常后，改变节气门开度，检查发动机在各种转速下运转是否平稳，改变转速时过渡是否圆滑。迅速踏下加速踏板，发动机由怠速状态猛加速，发动机应能迅速由低速到高速灵活反应，发动机应无“回火”、“放炮”现象。当加速踏板踩到底时，迅速释放加速踏板，发动机应能迅速由高速到低速灵活反应，发动机不能怠速熄火。发动机加速运转过程中，检查发动机有无“敲缸”和气门运动噪声。在规定转速下，发动机机油压力应符合有关规定。

4．检查发动机窜油、窜气情况

打开润滑油加注口，缓缓踩下加速踏板，如果窜气严重，肉眼可以观察到油雾气。若窜气不严重，用一张白纸，放在离润滑油加注口 50mm 左右处，然后加速，若窜油、窜气，白纸上会有油迹，严重时油迹面积大。

5．检查排气颜色

正常的汽油发动机排出的气体应该是无色的，在严寒的冬季可见白色的水气；柴油发动机带负荷工作时排出的气体一般是淡灰色的，负荷较大时为深灰色。无论是汽油机还是柴油机，如果排气颜色发蓝，说明机油窜入燃烧室。如果排气管冒黑烟，说明混合气过浓，汽油发动机点火时刻过迟。

6．检查发动机熄火情况

对于汽油机，关闭点火开关后，发动机应正常熄火。对于柴油机，停机装置应灵活有效。

5.2.2 路试检查

汽车路试一般在 20km 左右。通过一定里程的路试检查汽车的工况。

1．检查底盘的技术状况

利用汽车的滑行性能来评价其底盘的技术状况，汽车滑行距离越长，则汽车传动效率越高，底盘的技术状况就越好，这样的汽车油耗少，动力大。路试时，汽车空载在水平路面上以初速 30km/h 摘挡滑行，其滑行距离应满足技术要求，否则说明底盘技术状况不佳。

2. 检查发动机的技术状况

底盘技术状况良好的汽车，若加速反应慢，则可判断发动机动力性差；若出现杂声，说明发动机带载运行有故障，这些都表明发动机的技术状况不良。路试中，在上陡坡或加速踩油门时，若发动机反应灵敏，运转平稳，强劲有力，行车顺畅，且无异常声响，则说明发动机技术状况良好。若发动机加速时有沉闷迟钝、软绵无力的感觉，或排气管有爆声，则说明点火系、燃料供给系有故障。

3. 检查汽车的动力性

通过道路试验分析汽车动力性能，其结果接近于实际情况。汽车动力性在道路试验中的检测项目一般有高挡加速时间、起步加速时间、最高车速、陡坡爬坡车速、长坡爬坡车速。有时为了评价汽车的拖挂能力，也进行汽车牵引力检测。

① 检查汽车的加速性能。汽车起步后，加速行驶，猛踩加速踏板，检查汽车的加速性能。各种汽车设计时的加速性能不尽相同。

② 检查汽车的爬坡性能。检查汽车在相应的坡道上，使用相应的挡位时，动力性能是否与经验值相近，感觉是否正常。

③ 检查汽车的最高车速。

4. 检查离合器

正常的离合器应该接合平稳，分离彻底，工作时不得有异响、抖动和不正常打滑现象。踏板自由行程应符合二手车技术条件的有关规定。自由行程过小，一般说明离合器摩擦片磨损严重。踏板力应与该型号车辆的踏板力相适应，各种车辆的踏板力应不大于 300N。

离合器常出现的故障为打滑和分离不彻底，有的还有异响，这些故障会导致起步困难、行驶无力、爬坡困难、变速器齿轮发出刺耳的撞击声、起步时车身发抖等现象。

5. 检查制动性能

（1）制动性能检测的技术要求

GB 7258—2004《汽车运行安全技术条件》中规定，汽车制动性能和应急制动性能的路试检测在平坦、硬实、清洁、干燥且轮胎与地面间附着系数不小 0.7 的水泥或沥青路面上进行，检验时发动机与传动系分离。汽车在规定初速度下的制动距离和制动稳定性要求，见表 5-1。应急制动性能要求，见表 5-2。

表 5-1　制动距离和制动稳定性要求

汽车类型	制动初速度/（km/h）	满载检验制动距离要求/m	空载检验制动距离要求/m	试验通道宽度/m
三轮汽车	20	≤5.0		2.5
乘用车	50	≤20.0	≤19.0	2.5
总质量不大于 3500kg 的低速汽车	30	≤9.0	≤8.0	2.5
其他质量不大于 3500kg 的低速汽车	50	≤22.0	≤21.0	2.5
其他汽车、汽车列车	30	≤10.0	≤9.0	3.0
两轮摩托车	30	≤7.0		—
边三轮摩托车	30	≤8.0		2.5
正三轮摩托车	30	≤7.5		2.3
轻便摩托车	20	≤4.0		—
轮式拖拉机运输机组	20	≤6.5	≤6.0	3.0
手扶变型运输机	20	≤6.5		2.3

表 5-2　紧急制动性能要求

汽车类型	制动初速度/（km/h）	制动距离/m	充分发出的平均减速度/（m/s²）	允许操纵力不应大于/N	
				手操纵	脚操纵
乘用车	50	≤38.0	≥2.9	400	500
客车	30	≤18.0	≥2.5	600	700
其他汽车（三轮汽车除外）	30	≤20.0	≥2.2	600	700

（2）制动性能检查内容

① 检查行车制动。点刹制动检查，以 30km/h 车速行驶，急踩制动踏板然后松开，不应出现跑偏迹象；60km/h 车速时紧急制动，车辆应能立即减速，不应有跑偏迹象。检查踩下制动器时是否有异响，如有则需要检查制动片是否需要更换。

如果汽车有 ABS，可以以 40km/h 的速度紧急制动，观察制动过程中发生的现象。若 ABS 正常，驾驶者可在制动踏板上感觉到连续的上下振动；若 ABS 存在故障，则制动时车轮抱死，轮胎在路面上留下拖印痕迹。在急刹情况下看 ABS 有无响应，注意 ABS 是否会出现拖带的现象。

检查制动时方向的稳定性，松开转向盘制动，汽车应能保持原来的直行方向。

② 检查制动效能。如果在行车时进行制动，减速度很小，制动距离很长，说明该车的制动效能不佳。试车时，发现踏下制动踏板的位置很低，连续踩几脚后，踏板才逐渐升高，但仍感觉比较软，这很可能是制动管路内有空气所导致的；若第一脚踩下踏板制动失灵，再继续踩踏板时制动良好，则说明踏板自由行程过大，或摩擦片与制动鼓（盘）的间隙过大。总之，凡是制动效能不佳的车辆，都必须进修理厂，也必然影响车辆的价格。

③ 检查制动失效。在行车中出现制动失效，不能使车辆减速或停止。其原因可能是制动液渗漏，制动总泵和分泵有严重故障。

④ 检查驻车制动（手刹）。如果在坡路上拉紧手刹后出现溜车，说明驻车制动有故障。

⑤ 检查制动系统辅助装置。对于气压制动系统的二手车，当制动系统的气压低于400kPa时，气压报警装置应发出报警信号。对于装备有弹簧储能制动器的二手车，当制动系统的气压低于400kPa时，弹簧储能制动器自锁装置应正常有效。

6. 检查变速器

（1）手动变速器检查

手动变速器常见的故障有跳挡、换挡困难和异响等。

路试时，跳挡的检查方法是：汽车在中、高速行驶时，采用突然加、减速的方法，使齿轮承受较大的交变负荷，检查是否跳挡；或利用汽车上坡或平路高速行驶时的点制动，使变速器传递较大的负荷，检查是否跳挡。逐挡进行路试，若变速杆在某挡自动跳回空挡，即诊断为该挡跳挡。

换挡困难的检查方法是：在确定离合器工作正常的情况下，起动发动机进行汽车起步和路试的换挡试验，由低速顺序换到高挡位，再由高速顺序换至低挡位。若某挡位不能挂入或勉强挂入后又难以退出，或挂挡过程中有齿轮撞击声，则说明该挡位换挡困难。

路试时，若变速器发出不正常的响声，如“呼隆、呼隆”声及尖锐、清脆的金属撞击声，则说明变速器的轴承磨损松旷，齿轮啮合失常或润滑不良。

（2）自动变速器检查

对于自动变速器，路试时，将换挡操纵手柄拨至D位，踩下加速踏板，使节气门保持在1/2开度左右，让汽车起步加速，检查自动变速器的升挡情况。自动变速器升挡时发动机会有瞬时的转速下降，同时车身有轻微的冲击。自动变速器工作正常时，汽车起步后随着车速的升高，乘员能感觉自动变速器顺利地依次由最低挡升至最高挡。若自动变速器不能升至高挡（3挡或超速挡），则说明自动变速器的控制系统或换挡执行元件有故障。路试时，还应进行换挡质量的检查，检查换挡时有无换挡冲击。正常的自动变速器只能有不太明显的换挡冲击，特别是电子控制自动变速器的换挡冲击应十分微弱。若换挡冲击太大，说明自动变速器的控制系统或换挡执行元件有故障，其原因可能是油路油压过高或换挡执行元件打滑。若发动机转速在非换挡时有突然升高现象，则说明换挡执行元件打滑。

7. 检查转向系统

路试时直线行车，汽车不能有跑偏现象，汽车转向后应能自动回正。转向应轻便，否则说明汽车转向系统存在故障，或车身变形以及前轮定位参数不正确。另外，转向盘自由转动量要合适，转向盘自由转动量是转向系各部件配合间隙的总反映，当自由转动量超过规定值时，说明从转向盘至转向轮的传动链中一处或几处的配合松旷，存在故障。自由转动量过大的汽车转向不灵敏，行车安全性较差。

（1）转向盘自由行程检查

将车辆停放在平坦路面上，左右转动转向盘，从中间位置向左或向右时，转向盘游动间隙不应该超过 15°。如果是带助力的车辆，应在起动发动机后做检查。

（2）转向系传动间隙检查

两手握住转向盘，上、下、左、右摇动，正常情况下应该没有松旷的感觉。

（3）转动转向盘沉重感检查

在路试二手车时，做几次转弯测试，检查在转动转向盘时是否有沉重感。如果有，则可能是横拉杆、前车轴、车架弯曲变形，前轮的定位不准确，轮胎气压不足，转向节轴承缺油。对于有助力的二手车，在行进中如果感到转向沉重就可能是有故障了，有可能是油路中有空气，油泵压力不足，驱动皮带打滑，动力缸、安全阀等漏油。

（4）摆振检查

路试二手车时，发现前轮摆动、转向盘抖动，这种现象称为摆振。可能的原因是转向系的轴承过松，横拉杆球头磨损松旷，轮毂轴承松旷，车架变形，前束过大。

（5）跑偏检查

如果在路试中，挂空挡松开转向盘，出现跑偏问题，有可能是以下原因导致的：悬架系统故障，其中一侧的减振器漏油，或者螺旋弹簧有故障；前轮定位不好，或者两边的轴距不准确；车架受过碰撞而变形；车轮胎压不等。

（6）转向噪声检查

转向时如果动力转向系统出现噪声，很可能是油路中有空气，储油罐油面过低需要补充，油路堵塞，油泵噪声。

8. 检查行驶系统

将车开到空旷平路，若汽车行驶时，不能保持直线方向，而自动偏向一边，则可能是前轮定位不良，或左右轴距相差过大、推力角过大，或前梁、车身及转向节弯曲变形。频繁转换车速，查看在加速与减速时车辆的反应。若车速升高，车身与转向盘就抖动，则可能是传动轴动不平衡，或前轮动不平衡，或悬架不良。若汽车在某一车速范围内行驶，出现两前轮各自围绕主销轴线摆振（俗称前轮摆头），感到转向盘发抖、行驶不稳定，则可能是前轮定位不正确，或车轮变形、前轮的径向圆和端面圆跳动量过大、车轮动不平衡，或前悬架杆件及转向节变形，或转向节球销及纵、横拉杆球销等连接处松旷。

9. 检查舒适性

在凹凸不平的路面上进行路试行车，若车身产生的振动不能迅速衰减，或汽车在高速行车时振动严重，汽车乘坐舒适性差，则说明减振器不良或损坏，或悬架系统弹性元件损坏，或传动轴动不平衡等。

10．检查各种电器

检查前照灯、制动灯、转向灯、防雾灯、牌照灯、车厢灯、倒车灯等是否正常；喇叭是否响亮，声响是否正常；空调系统、收音机等是否都能正常工作。

5.2.3 动态试验后的检查

1．检查各部件温度

检查润滑油、冷却液温度。冷却液温度不应超过 90℃，发动机润滑油温度不应高于 95℃，齿轮油温度不应高于 85℃。检查运动机件过热情况。查看轮毂、制动鼓、变速器壳、传动轴、中间轴承、驱动桥壳等的温度，不应有过热现象。

2．检查渗漏现象

在发动机运转及停车时，水箱、水泵、缸体、缸盖、暖风装置及所有连接部位不得有明显渗、漏水现象。汽车连续行驶距离不小于 10km，停车 5min 后观察，不得有明显渗、漏油现象。汽车不得有漏气、漏油现象。气压制动汽车，在气压升至 600kPa 且不使用制动的情况下，停止空气压缩机 3min 后，气压的降低值不应大于 10kPa。在气压为 600kPa 的情况下，将制动踏板踩到底，待气压稳定后观察 3min，气压的降低值不应大于 20kPa。液压制动汽车，在保持踏板力 700N 达到 1min 时，踏板不允许有缓慢向前移动的现象。

5.3 二手车技术状况的检测

二手车技术状况的仪器检查在二手车鉴定评估中主要用于对被评估二手车动态检查性能把握不准和不熟悉，并且对评估准确性要求较高的情况，常用于较高档的冷僻车型和司法评估。

二手车的技术状况好坏是由汽车的各种性能参数决定的，这些性能参数反映了二手车在特定性能方面的情况。它们涉及汽车的行驶安全性、能源消耗情况、对环境的影响情况等，采用特定的检测仪器和特定的试验方法，获得这些参数的具体值，然后对比相应的国家法规和标准，评定二手车性能。

良好的技术状况是保障二手车行驶安全的根本，同时也是正确评估二手车价格的基本依据。如何获得二手车的技术状况，评判二手车的技术状况是否达到要求，是每一个二手车鉴定评估师必须掌握的知识。

二手车技术状况的仪器检查在汽车检测站按规定的技术要求进行。

5.3.1 汽车的动力性能检测

汽车动力性的好坏直接影响汽车运输效率的高低，它是汽车最重要的基本性能。汽车在使用一定时期后，技术状况会发生变化，汽车的动力性也会发生变化。汽车技术状况不良，首先表现为动力性不足，燃料消耗增大。汽车动力性的检测方法有道路试验和室内台架试验两大类。室内台架试验不受客观条件影响，测试条件易于控制，所以在汽车检测站得到了广泛应用。

1. 汽车动力性评价指标

汽车检测部门常用汽车的最高车速、加速能力、最大爬坡度、发动机最大输出功率、底盘输出最大驱动功率作为动力性评价指标。

（1）最高车速 v_{max}

最高车速是指汽车以制造厂规定的最大总质量状态在风速≤3m/s 的条件下，在干燥、清洁、平坦的混凝土或沥青路面上，能够达到的最高稳定行驶速度。

（2）加速时间 t

汽车加速能力是指汽车在行驶中迅速增加行驶速度的能力，通常用汽车加速时间来评价。加速时间是指汽车以制造厂规定的最大总质量状态在风速≤3m/s 的条件下，在干燥、清洁、平坦的混凝土或沥青路面上，由某一低速加速到某一高速所需的时间。加速时间有原地起步加速时间和超车加速时间。

① 原地起步加速时间，是指用规定的低挡起步，选择适当的换挡时机逐步换到最高挡后以最大的加速度，加速到某一规定的车速或达到一定距离所需的时间。一般常用 0～100km/h 的时间或 0～400m 距离所需的时间，起步加速时间越短，动力性越好。

② 超车加速时间，指用最高挡或次高挡，由某一预定车速开始，全力加速到某一高速所需的时间，超车加速时间越短，汽车高挡加速性能越好。

2. 汽车动力性检测项目与有关标准

汽车动力性检测项目主要有：加速性能检测、最高车速检测、滑行性能检测、发动机输出功率检测、汽车底盘输出功率检测。

动力性检测可依据的标准有：JT/T 198—2004《汽车技术等级评定标准》、GB/T 18276—2000《汽车动力性台架试验方法和评价指标》、GB/T 3798—2005《汽车大修竣工出厂技术条件》、GB/T 18344—2001《汽车维护、检测、诊断技术规范》等。

3. 汽车动力性台架检测方法

汽车动力性室内台架试验，主要是用无负荷测功仪检测发动机功率，用底盘测功机检测汽车的最大输出功率、最高车速和加速能力。室内台架试验不受气候、驾驶技术等客观条件的影响，只受测试仪本身测试精度的影响，测试条件易于控制，所以汽车检测站广泛采用汽车动力性室内台架试验方式。

（1）汽车底盘输出功率的检测方法

通过底盘测功机检测车辆的最大底盘驱动功率，用以评定车辆的技术状况等级。汽车底盘输出功率的检测方法如下。

① 在动力性检测之前，必须按汽车底盘测功机说明书的规定进行试验前的准备。台架举升器应处于升状态，无举升器者滚筒必须锁定；车轮轮胎表面不得夹有小石子或坚硬之物。

② 汽车底盘测功机控制系统、道路模拟系统、引导系统、安全保障系统等必须工作正常。

③ 在动力性检测过程中，控制方式为恒速控制，当车速达到设定车速（误差±2km/h）并稳定 5s 后（时间过短，检测结果重复性较差），计算机方可读取车速与驱动力数值，并计算汽车底盘输出功率。

④ 输出检测结果。

（2）发动机功率的检测方法

无负荷测功法又称动态测功法，是发动机在低速运转时，突然全开节气门或置油门齿杆位置为最大，使发动机加速运转，用加速性能直接反映最大功率。这种方法不加负荷，可在试验台上进行，也可就车进行。

用发动机无负荷测功仪检测发动机功率，使用方便，检测快捷，在规范操作的前提下，可为发动机动力性检测与管理提供有效依据，还可以用于同一发动机调试前后、维修前后的功率对比，因此也得到了广泛使用。

① 起动发动机并预热至正常状态，同时接通无负荷测功仪电源，连接传感器。

② 按仪器使用说明书进行操作。

③ 从测功仪上读取（或算出）发动机的功率值。

无负荷测功仪既可以制成单一功能的便携式测功仪（图 5-6），又可以和其他测试仪表组合成台式发动机综合测试仪。

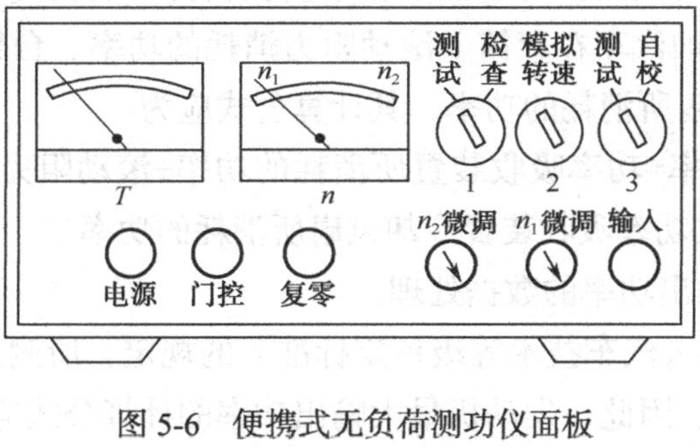

图 5-6　便携式无负荷测功仪面板

（3）底盘测功试验台的结构

汽车底盘测功机在试验时能对试验条件进行控制，使周围环境条件的影响降到最小，同时通过功率吸收加载装置来模拟道路行驶阻力，控制行驶状况，故能进行符合实际行驶状况的复杂循环试验，因而得到了广泛应用。

底盘测功试验台，是一种在不解体情况下检验汽车使用性能的检测设备。其基本功能为：测试汽车驱动轮输出功率；测试汽车的加速性能；测试汽车的滑行能力和传动系统的传动效率；检测校验车速表；辅以油耗计、废气分析仪等设备，对汽车的燃油经济性和废气排放性能进行检测。

底盘测功试验台一般由滚筒装置、功率吸收装置（即加载装置）、测量装置、辅助装置四部分组成。图 5-7 为国产 DCC-10C 型汽车底盘测功试验台机械部分的结构示意图。该试验台适用于轴质量不大于 10t、驱动车轮输出功率不大于 150kW 车辆的检测。

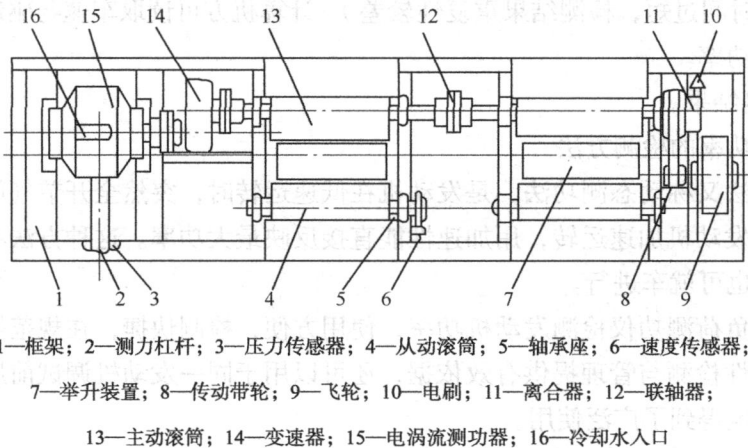

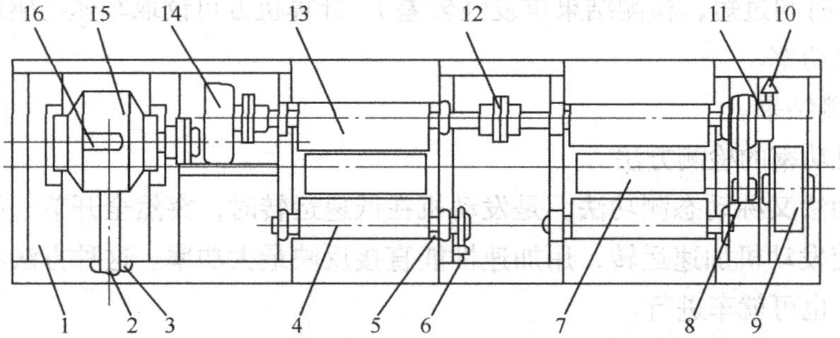

1—框架；2—测力杠杆；3—压力传感器；4—从动滚筒；5—轴承座；6—速度传感器；

7—举升装置；8—传动带轮；9—飞轮；10—电刷；11—离合器；12—联轴器；

13—主动滚筒；14—变速器；15—电涡流测功器；16—冷却水入口

图 5-7　底盘测功试验台机械部分结构示意图

（4）数据处理

① 检测底盘输出功率的数据处理。

目前底盘测功机显示的数值，有的是功率吸收装置的吸收功率的数值，有的则是驱动轮输出的最大底盘输出功率的数值。对于显示功率吸收装置所吸收功率数值的，在进行检测结果的数据处理时，必须增加汽车在滚筒上滚动阻力消耗的功率、台架机械阻力消耗的功率及风冷式功率吸收装置的风扇所消耗的功率，其计算公式应为

汽车底盘最大输出功率=功率吸收装置所消耗的功率+滚动阻力所消耗的功率+台架机械阻力所消耗的功率+风冷式功率吸收装置冷却风扇所消耗的功率

② 检测发动机最大输出功率的数据处理。

依据 JT/T 198—1995《汽车技术等级评定标准》的规定，所测发动机最大输出功率应与发动机的额定功率相比较。因此，发动机最大输出功率的计算公式应为

发动机最大输出功率 P_{max}=附件消耗功率 P_1+传动系消耗功率 P_2+底盘最大输出功率 DP_{max}

所以，在测得底盘最大输出功率之后，应加上传动系消耗功率 P_2 及附件消耗功率 P_1，才可确定发动机最大输出功率 P_{max}。若该汽车发动机额定功率为净功率，不包括发动机附件消耗功率 P_1，则处理后的发动机最大输出功率为 $P_{max}=P_2+DP_{max}$。

用发动机无负荷测功仪测得的发动机功率 P 为净功率，若该汽车发动机的额定功率为总功率，而不是净功率，则所测得的功率 P 应加上发动机附件消耗功率 P_1 后才可与额定功率相比较。

4．传动效率检测

将底盘测功仪上测得的驱动轮输出功率与发动机飞轮输出功率进行对比，可计算出传动效率：

$$\eta_t=P_k/P_e$$

式中，P_k——驱动轮输出功率，kW；

P_e——发动机飞轮输出功率，kW。

用汽车底盘传动系机械传动效率的正常值作为检验标准，传动效率正常值见表 5-3。

表 5-3 传动效率正常值

汽车类型		传动效率 η_t
轿车		0.90～0.92
载货汽车和公共汽车	单级主传动器	0.90
	双级主传动器	0.84
4×4 越野汽车		0.85
6×4 载重汽车		0.80

汽车在使用中，传动效率随着传动系统技术状况的变化而变化。新车的传动效率并不是最高的，只有传动系完全结合后，各部件调整最佳时，才能使其传动效率达到最高。随着车辆的继续使用，磨损逐渐变大，润滑条件变差，配合情况逐渐恶化，摩擦损失也逐渐增加，因而传动效率也就逐渐降低。一般发动机功率大于额定功率的 75%才符合要求。

5.3.2 发动机汽缸密封性检测

汽缸密封性与汽缸体、汽缸盖、汽缸垫、活塞、活塞环和进排气门等零件的技术状况有关。在发动机使用过程中，由于这些零件磨损、烧蚀、结焦或积炭，导致汽缸密封性下降，使发动机功率下降，燃油消耗率增加，使用寿命大大缩短。汽缸密封性是表征发动机技术状况的重要参数。

在不解体的条件下，检测汽缸密封性的常用方法有：测量汽缸压缩压力，测量曲轴箱窜气量，测量汽缸漏气量或汽缸漏气率，测量进气管负压等。在就车检测时，只要进行其中的一项或两项，就能确定汽缸密封性的好坏。

1．汽缸压缩压力的检测

检测活塞到达压缩行程终了上止点时汽缸压缩压力的大小，可以判断汽缸的密封性。检测方法有用汽缸压力表检测和用汽缸压力测试仪检测。在此介绍用汽缸压力表检测汽缸压缩压力，汽缸压力表如图 5-8 所示。

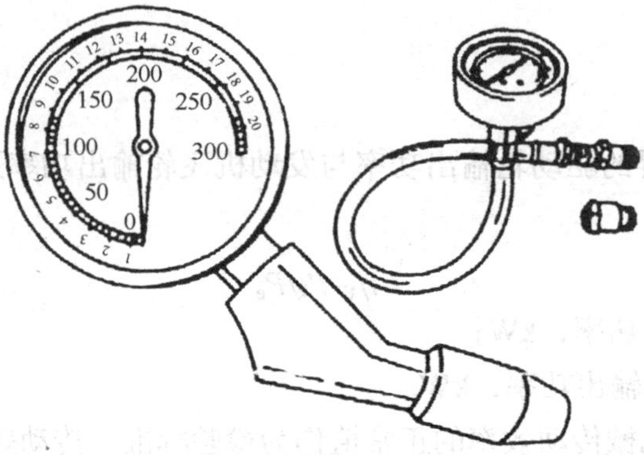

图 5-8　汽缸压力表

（1）检测方法

发动机正常运转，使水温达 75℃以上。停机后，拆下空气滤清器，用压缩空气吹净火花塞或喷油器周围的灰尘和脏物，然后卸下全部火花塞或喷油器，并按汽缸次序放置。对于汽油发动机，还应把分电器中央电极高压线拔下并可靠搭铁，以防电击和着火；然后把汽缸压力表的橡胶接头插在被测缸的火花塞孔内，扶正压紧。节气门和阻风门置于全开位置，用起动机转动曲轴 3 ~ 5s（不少于四个压缩行程），待压力表头指针指示并保持最大压力后停止转动。取下汽缸压力表，记下读数，按下单向阀使压力表指针回零。按上述方法依次测量各缸，每缸测量次数不少于两次。

就车检测柴油机汽缸压力时，应使用螺纹接头的汽缸压力表。如果该机要求在较高转速下测量，则除受检汽缸外，其余汽缸均应工作。其他检测条件和检测方法与汽油机相同。

（2）诊断参数标准

汽缸压缩压力标准值一般由制造厂提供。根据 GB/T 15746.2—1995《汽车修理质量检查评定标准·发动机大修》附录 B 的规定：大修竣工发动机的汽缸压力应符合原设计规定，每缸压力与各缸平均压力的差，汽油机不超过 8%，柴油机不超过 10%。

（3）结果分析

测得的结果如高于原设计规定，可能是由于燃烧室积炭过多、汽缸衬垫过薄或缸体与缸盖结合平面经多次修理加工过甚。测得的结果如低于原设计规定，可向该缸火花塞或喷油器孔内注入适量机油，然后用汽缸压力表重测汽缸压力并记录。

如果第二次测出的压力比第一次高，说明汽缸、活塞环、活塞磨损过大或活塞环对口、卡死、断裂及缸壁拉伤等原因造成汽缸不密封。如果第二次测出的压力与第一次相近，说明进、排气门或汽缸衬垫不密封。如果两次检测某相邻两缸压力均较低，说明该两缸相邻处的汽缸衬垫烧损窜气。

2. 曲轴箱窜气量的检测

检测曲轴箱窜气量，也是检测汽缸密封性的方法之一。特别是在发动机不解体的情况下，使用该方法诊断汽缸活塞摩擦副的工作状况具有明显的作用。

（1）曲轴箱窜气量的检测方法

曲轴箱窜气量的检测一般采用专用气体流量计进行，如图 5-9 所示，具体检测步骤如下。

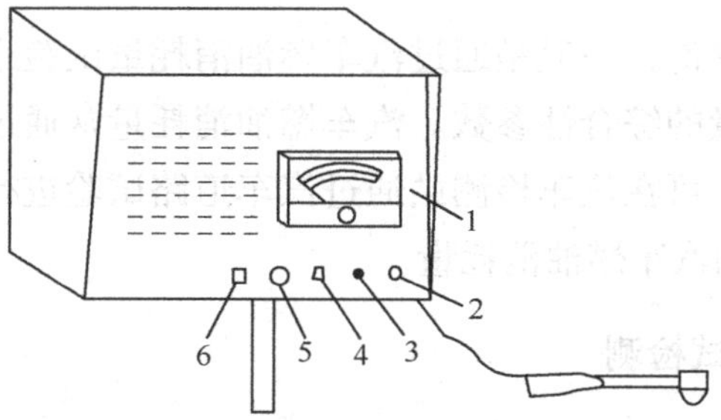

1—指示仪表；2—预测按钮；3—预调旋钮；4—挡位开关；5—调零旋钮；6—电源开关

图 5-9 曲轴箱窜气量检测仪

① 打开电源开关，按仪器使用说明书的要求对检测仪进行预调。

② 密封曲轴箱，即堵塞机油尺口、曲轴箱通风进出口等，将取样头插入机油加注口内。

③ 起动发动机，待其运转平稳后，仪表箱仪表的指示值即为发动机曲轴箱在该转速下的窜气量。

曲轴箱窜气量除与发动机汽缸活塞组技术状况有关外，还与发动机转速和负荷有关。因此在检测时，发动机应加载，节气门全开（或柴油机最大供油量），在最大转矩转速（此时窜气量达最大值）下测试。

（2）曲轴箱窜气量诊断参数标准

曲轴箱窜气量大，一般是由于汽缸、活塞、活塞环磨损量大，使各部分间隙大；还可能是活塞环对口、结胶、积炭、失去弹性、断裂及缸壁拉伤等原因造成，应结合使用、维修和配件质量等情况进行深入诊断。

3. 进气管负压的检测

进气管负压（也称真空度）是进气管内的压力与大气压力的差值，发动机进气管负压的大小随汽缸活塞组零件的磨损而变化，并与气门组零件的技术状况、进气管的密封性以及点火系和供油系的调整有关。因此，检测进气管负压，可以诊断发动机多种故障。

进气管负压用真空表检测，无须拆任何机件，而且快速简便，应用极广。一般发动机综合分析仪也具有进气管负压检测功能。

根据 GB/T 15746.2—1995《汽车修理质量检查评定标准·发动机大修》的规定，在正常工作温度和标准状况下，发动机怠速运转时，进气歧管真空度应符合原设计规定，其波动范围：六缸汽油机一般不超过 3kPa，四缸汽油机一般不超过 5kPa。

进气管负压随海拔升高而降低。海拔每升高 1000m，负压约减少 10kPa，检测时应根据所在地的海拔高度进行折算。

5.3.3 汽车燃油经济性能检测

对汽车燃油经济性的评价，一般是通过汽车燃油消耗量试验来确定的，它是用以评价在用汽车技术状况与维修质量的综合性参数。汽车燃油消耗量常通过燃油消耗检测仪测定燃油消耗的容积或质量来表示。可在汽车检测站通过汽车道路试验进行检测，更多的是在底盘测功试验台上模拟路试来检测汽车燃油消耗量。

1. 汽车燃油经济性路试检测

汽车燃油消耗量与发动机类型、制造工艺、调整状况、道路条件、气候情况、海拔高度、驾驶技术等多种因素有关。应根据 GB/T 12545.1—2001《乘用车燃料消耗量试验方法》及 GB/T 12545.2—2001《商用车燃料消耗量试验方法》的规定，进行汽车燃料消耗量的试验。

汽车检测站在进行路试时，一般以等速行驶燃料消耗量试验来检测汽车燃油消耗量，即汽车在常用挡位（直接挡）从车速 20km/h（当最低稳定车速高于 20km/h 时，从 30km/h 开始）开始，以间隔 10km/h 的整数倍的各预选车速，通过 500m 的测量路段，测定燃油消耗量 Δ（mL）和通过时间 t（s），每种车速试验往返各进行两次，直到该挡最高车速的 90%以上（至少不少于 5 种预选车速）。两次试验时间间隔（包括达到预定车速所需的助跑时间）应尽量短，以保持稳定的热状态。

各平均实测车速 v 及其相应的等速油耗量的平均值 Q_0 为

$$Q_0=\Delta/500(\mathrm{mL/m})=0.2\Delta\ (\mathrm{l/100km})$$

$$v=3.6\times 500/t(\mathrm{km/h})$$

式中，t、Δ是预选车速下的平均值。

各种车速下油耗测试值对其平均值的相对误差不应超过±2.5%。

2. 汽车燃油经济性台架检测

检测汽车燃油经济性，按照国标规定应采用道路试验，但是用道路试验的方法评价汽车燃油经济性会受到条件限制，因此常以整车在底盘测功试验台上按照国标模拟道路试验检测其燃油经济性。

（1）台架试验中常见的两种检测油耗的方法

其一为质量法，即采用质量式油耗传感器在底盘测功试验台上进行油耗检测；其二为容积法，即采用行星活塞油耗传感器在底盘测功试验台上进行油耗检测。当汽车驶上底盘测功试验台后拆卸燃油管路，接上油耗传感器，排除油路中的空气，然后在底盘测功试验台上进行加载，使加载量符合该车在路试状态下的各种阻力，然后进行油耗检测。

（2）台架试验中模拟加载量的确定

由于各个车型的实际情况不同（包括迎风面积、汽车总质量、汽车与地面接触的轮胎个数等），所以不同的车型在底盘测功试验台上应有不同的加载量，模拟加载量的确定方法是：首先，汽车（整合过的新车或接近新车的在用车）在额定总质量状态下，以直接挡从20km/h 开始做燃油消耗量试验，往返采样各三次，得出 20km/h 下该车平均等速油耗；然后每间隔 10km/h 一直到该车最高车速的 90%，做同样的试验。这样依次得出从 20km/h 到最高车速 90%的等速平均百公里油耗。其次，汽车在整备质量状态下，在底盘测功试验台上也从20km/h 开始对底盘测功机加载模拟该车满载时在 20km/h 路试状态下所受的外界阻力，直至加上某一载荷后得出 20km/h 等速百公里油耗值与车速为 20km/h 路试所得的平均百公里油耗值相同，则上述对底盘测功机的加载量即为车速 20km/h 时的模拟加载量。然后按照上述试验方法依次得出各个车速下的加载量。

（3）油耗测量数据的采集

在汽车技术等级评定油耗检测的台架方法中，其油耗数据的重复性应满足以下公式：

$$Q_{1\max}-Q_{1\min}/Q_{AV}\leqslant 2\%$$

式中，$Q_{1\max}$——台架方法中最大百公里耗油量；

$Q_{1\min}$——台架方法中最小百公里耗油量；

Q_{AV}——平均油耗。

即 50km/h 的工况必须测 3 个数据，取均值且满足上式，则 Q_{AV} 定为该车检测到的实际耗油量。如果发现数据重复性达不到上述要求，必须排除仪器及发动机或底盘的有关故障后重新进行测量。然后以标准的 Q_{AV} 与厂方给出的油耗 Q_0 比较：一级车 $Q_{AV}\leqslant Q_0$，二级车 $Q_0<Q_{AV}\leqslant 110\%Q_0$，三级车 $Q_{AV}>110\%Q_0$。

5.3.4 汽车制动性能检测

汽车制动性能检测有台式检验和道路试验检验。根据 GB 7258—2004《机动车运行安全技术条件》的规定，当汽车经台架检验后对其制动性能有质疑时，可用道路试验检验，并以满载路试的检验结果为准。

台式检验的主要检测项目有：制动力、制动力平衡要求、车轮阻滞力、制动协调时间。制动性能路试检验的主要检测项目有：制动距离、充分发出的平均减速度、制动稳定性、制动协调时间、驻车制动坡度。

1．台式检验制动性能

（1）台式检验制动力的技术要求

GB 7258—2004《汽车运行安全技术条件》对台式检验制动力的要求，见表 5-4。

表 5-4　台式检验制动力要求

单位：%

汽车类型	制动力总和与整车质量的百分比		轴制动力与轴荷[①]的百分比	
	空载	满载	前轴	后轴
三轮汽车	≥45		—	≥60[②]
乘用车、总质量不大于 3500kg 的货车	≥60	≥50	≥60[②]	≥20[②]
其他汽车、汽车列车	≥60	≥50	≥60[②]	—
摩托车	≥60	≥50	≥60	≥55
轻便摩托车	—	—	≥60	≥50
注：① 表示用平板制动检验乘用车时应按动态轴荷计算 ② 表示空载和满载状态下测试均应满足此要求				

（2）行车制动性能检验要求

① 汽车、汽车列车、无轨电车和农用运输车在制动试验台上测出的制动力应符合的要求，见表 5-4。

② 检验时制动踏板力或制动气压应符合以下要求。

● 满载检验时，气压制动系统：气压表的指示气压≤额定工作气压；液压制动系统：踏板力，座位数小于或等于 9 的载客汽车≤500N，其他车辆≤700N。

● 空载检验时，气压制动系统：气压表的指示气压≤600kPa；液压制动系统：踏板力，座位数小于或等于 9 的载客汽车≤400N，其他汽车≤450N。

③ 制动力平衡要求。在制动力增长全过程中，左、右轮制动力差与该左、右轮中制动力大者比较，对前轴不得大于 20%，对于后轴不得大于 24%。

④ 汽车和无轨电车的单车制动协调时间应不大于 0.6s。

⑤ 汽车和无轨电车车轮阻滞力要求：进行制动力检测时车辆各轮的阻滞力均不得大于该轴轴荷的 5%。

（3）驻车制动性能检验要求

当采用制动试验台检验车辆（两轮、边三轮摩托车和轻便摩托车除外）驻车制动的制动力时，车辆空载，乘坐一名驾驶员，使用驻车制动装置，驻车制动力的总和应不小于该车在测试状态下整车重力的 20%；对总质量在整备质量 1.2 倍以下的车辆，此值为 15%。在空载状态下，驻车制动装置应能保证车辆在坡度为 20%（总质量在整备质量 1.2 倍以下的车辆为 15%）、轮胎与路面间的附着系数不小于 0.7 的坡道上正、反两个方向保持固定不动，其时间不少于 5min。

当车辆经台架检验后对其制动性能有质疑时，可用规定的路试检验进行复检，并以满载路试的检验结果为准。

2．台式制动性能检验方法

（1）用反力式滚筒制动试验台检测

制动试验台滚筒表面应干燥，没有松散物质及油污。驾驶员将车辆驶上滚筒，位置摆正，变速器置于空挡，启动滚筒，使用制动，测取各轮制动力、每轴左右轮在制动力增长全过程中的制动力差、制动协调时间、车轮阻滞力和驻车制动力等参数值并记录车轮是否抱死。

在测量制动时，为了获得足够的附着力以避免车轮抱死，允许在车辆上增加足够的附加质量或施加相当于附加质量的作用力，附加质量或作用力不计入轴荷；也可采取防止车轮移动的措施，如加三角垫块或采取牵引等方法。

（2）用平板制动试验台检验

制动试验台平板表面应干燥，没有松散物质及油污。驾驶员以 5～10km/h 的速度将车辆对正平板台并驶上平板，变速器放在空挡，急踩制动，使车辆停住，测得各轮制动力、每轴左右轮在制动力增长全过程中的制动力差、制动协调时间、车轮阻滞力和驻车制动力等参数值。

3．路试制动性能检验方法

制动性能路试检测应遵循 GB 7258—2004《汽车运行安全技术条件》的规定。

路试路面应为平坦、坡度不超过 1%、干燥和清洁的水泥或沥青路面。轮胎与路面之间的附着系数不小于 0.7，风速不大于 5m/s。在试验路面上应画出标准中规定的制动稳定性要求的相应宽度试车道的边线。被测车辆沿着试验车道的中线行驶至高于规定的初速度后，置变速器于空挡。当滑行到规定的初速度时急踩制动使车辆停住。用速度计或其他测试方法测量车辆的制动距离、车辆的平均减速度与制动协调时间。制动性能路试检测项目的技术要求应符合国家标准的规定。

4．制动数据分析

造成制动数据不合格的因素很多，主要有以下几个方面。

① 各车轮制动力均偏低：主要原因为制动踏板自由行程太大，制动液中有空气或制动液变质，制动主缸故障，真空助力器或液压助力系统有故障。

② 同制动回路两车轮制动力均偏小：该回路中有空气或分泵、管路漏油，也有可能是总泵中相应主腔密封不良。

③ 单个车轮制动力偏小：该车轮制动器有故障。

④ 后轴车轮均存在制动力偏小现象：可能是感载比例阀故障，也可能是制动力分配系统设计原因。

⑤ 制动力平衡不合格：除以上②、③原因外，两侧制动器间隙不一致，轮毂失圆，轮胎花纹、磨损程度、气压不一致也是可能的原因。

⑥ 各车轮阻滞力都超限：主要原因有制动主缸卡滞，制动踏板自由行程调整不当，制动踏板传动机构卡滞，由于加了错误型号的制动液造成制动缸内皮碗膨胀卡滞。

⑦ 个别车轮阻滞力超限：主要原因有制动轮缸回位不良，车轮制动器间隙调整过小，制动蹄回位弹簧故障，驻车制动机构卡滞。

⑧ 各车轮制动协调时间过长：主要原因有制动踏板自由行程过大，车轮制动器间隙过大。

⑨ 驻车制动不合格：主要原因有驻车制动调整不良，驻车制动机构因长期不用造成锈蚀卡滞。

5.3.5 车轮侧滑检测

为保证汽车转向车轮无横向滑移地直线滚动，要求车轮外倾角与车轮前束适当配合；否则，车轮就可能在直线行驶过程中产生侧滑现象。当侧滑现象严重时，将破坏车轮的附着条件，使汽车丧失定向行驶能力，并导致轮胎异常磨损。在车辆年度审检中，应用侧滑试验台对车辆侧滑量进行检测。

1. 汽车侧滑量要求

侧滑量是指汽车直线行驶位移量为 1km 时，转向轮的横向位移量。侧滑量的单位是 m/km。GB 7258—2004《机动车运行安全技术条件》和 GB 18565—2001《营运车辆综合性能要求和检验方法》对汽车有关转向轮定位参数的检测做了如下一些规定。

① 机动车转向轮转向后应能自动回正，以使机动车具有稳定的直线行驶能力。

② 机动车前轮定位值应符合该车有关技术条件。

③ 用侧滑仪检测时，机动车转向轮的横向侧滑量不得超过 5m/km。

2，侧滑量检测原理

汽车转向轮的前束与外倾角对其侧滑的影响比较大。

（1）转向轮前束引起的侧滑

转向轮有了前束后，在滚动过程中力图向内收拢，只是由于转向桥不可能缩短，因此在实际滚动过程中才不至于真正向内滚拢。但由此而形成的这种内向力势必成为加剧轮胎磨损的隐患。

假设让两个只有前束而没有外倾的转向轮向前驶过图 5-10 所示的滑动板，可以看到左右转向轮下的滑动板在转向轮内向力的反作用力的推动下，出现分别向外侧滑移的现象。其单边转向轮的外侧滑量 S_t 为

$$S_t = \frac{L' - L}{2}$$

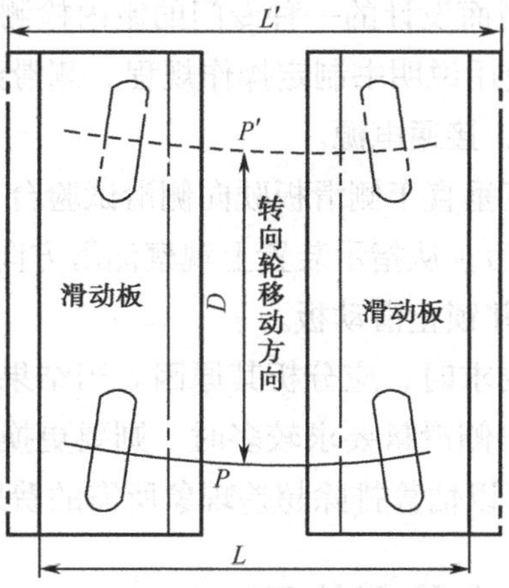

图 5-10 由车轮前束引起滑动板的侧滑

（2）转向轮外倾角引起的侧滑

由于转向轮外倾角的存在，在滚动过程中车轮将力图向外张开，只是由于转向桥不可能伸长，因此在实际滚动过程中才不至于真正向外滚开。但由此而形成的这种外张力势必成为加剧轮胎磨损等的隐患。

假设让两个只有外倾而没有前束的转向轮同时向前驶过两块相对于地面可以左右滑动的滑动板，就可以看到左右转向轮下的滑动板在转向轮外张力的反作用力的推动下分别向内侧滑移，如图 5-11 所示。其单边转向轮的内侧滑量 S_c 为：

$$S_c=(L'-L)/2$$

图 5-11 由车轮外倾角引起滑动板的侧滑

侧滑试验台就是应用上述滑动板原理来检测转向轮的侧滑量的。

3. 侧滑量检测方法

动态检测法是使汽车以一定的行驶速度通过侧滑试验台，从而测量转向轮的横向侧滑量。汽车侧滑试验台是用以检测汽车前轮侧滑量的一种专门设备。而汽车前轮的侧滑量主要受转向轮外倾角及转向轮前束值的影响。所以，侧滑试验台就是为检测汽车转向轮外倾角与前束值这两个参数配合是否恰当而设计的一种专门的室内检测设备。不同型号的侧滑试验台其使用方法有所区别，应根据使用说明书制定操作规程。侧滑试验台一般的检测步骤如下。

① 拔掉滑动板的锁止销钉，接通电源。

② 汽车以 3～5km/h 的速度垂直于侧滑板驶向侧滑试验台，使前轮平稳通过滑动板。

③ 当前轮完全通过滑动板后，从指示装置上观察侧滑方向并读取、打印最大侧滑量。

④ 检测结束后，切断电源并锁止滑动板。

当检测结果不符合侧滑量要求时，应分析其原因。当结果超出侧滑量要求较少时，一般可以通过调整排除；当结果超出侧滑量要求较多时，则要更换部分零件，甚至需要矫正车身才能排除。明确超差原因，就可以估算排除超差现象所需的费用。

5.3.6 汽车前照灯技术状况检测

汽车前照灯检测是汽车安全性能检测的重要项目。前照灯诊断的主要参数是发光强度和光束照射位置。当发光强度不足或光束照射位置偏斜时，会造成夜间行车驾驶员视线不清，或使迎面来车的驾驶员眩目，将极大地影响行车安全。所以，应对前照灯的发光强度和光束照射位置进行检测、校正。

1. 汽车前照灯技术要求

根据 GB 7258—2004《机动车运行安全技术条件》的规定，汽车前照灯的检验指标为光束照射位置的偏移值和发光强度（cd）。

（1）前照灯远光光束发光强度要求

前照灯远光光束发光强度最小值要求见表 5-5。

表 5-5 前照灯远光光束发光强度最小值要求

单位：cd（坎德拉）

汽车类型		检查项目					
		新注册车			在用车		
		一灯制	二灯制	四灯制①	一灯制	二灯制	四灯制①
三轮汽车		8000	6000	—	6000	5000	—
最高设计车速小于 70km/h 的汽车		—	10000	8000	—	8000	6000
其他汽车		—	18000	15000	—	15000	12000
摩托车		10000	8000	—	8000	6000	—
轻便摩托车		4000	—	—	3000	—	—
拖拉机运输机组	标定功率>18kW		8000	—	—	6000	—
	标定功率≤18kW	6000②	6000	—	5000②	5000	—

注：① 是指前照灯有四个远光光束，采用四灯制的汽车其中两只对称的灯达到两灯制的要求时视为合格

② 是指允许手扶拖拉机运输机组只装用一只前照灯

（2）前照灯光束照射位置要求

① 前照灯近光光束：前照灯照射在距离 10m 的屏幕上，乘用车前照灯近光光束明暗截止线转角或中点的高度应为（0.7～0.9）H（H 为前照灯基准中心高度，下同），其他汽车（拖拉机运输机组除外）应为（0.6～0.8）H。汽车（装用一只前照灯的汽车除外）前照灯近光光束水平方向位置向左偏不允许超过 170mm，向右偏不允许超过 350mm。

② 前照灯远光光束：前照灯照射在距离 10m 的屏幕上时，要求在屏幕中心离地高度，对乘用车为（0.9～1.0）H，对其他汽车为（0.8～0.95）H。汽车（装用一只前照灯的汽车除外）前照灯远光光束的水平位置要求，左灯向左偏不允许超过 170mm，向右偏不允许超过 350mm；右灯向左或向右偏均不允许超过 350mm。

2．汽车前照灯的检测

汽车前照灯检测方法有屏幕检测法和前照灯校正仪检测法。

（1）用屏幕法检测前照灯光束照射位置

GB 7258—2004《机动车运行安全技术条件》规定，用屏幕法检测前照灯光束照射位置时，检查用场地应平整，屏幕与场地应垂直，被检验的车辆应在空载、轮胎气压正常、乘坐 1 名驾驶员的条件下进行检验。将车辆停置于屏幕前，并与屏幕垂直，使前照灯基准中心距屏幕 10m，在屏幕上确定与前照灯基准中心离地面距离 H 等高的水平基准线，以及以车辆纵向中心平面在屏幕上的投影线为基准确定的左右前照灯基准中心位置线。分别测量左右远近光束的水平或垂直照射位置的偏移值，如图 5-12 所示。

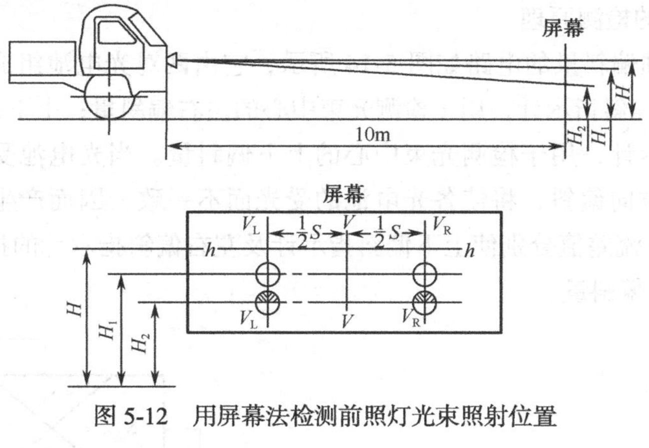

图 5-12 用屏幕法检测前照灯光束照射位置

屏幕上画有三条垂直线和三条水平线。

中间垂直线 V–V 与被检车辆的纵向中心垂直面对齐。

两侧的垂直线 V_L–V_L 和 V_R–V_R 分别为被检车辆左右前照灯基准中心的垂直线。

水平线中的 h–h 线与被检车辆前照灯的基准中心等高，距地面高度为 H；H 为被检车辆前照灯基准中心距地面的高度，其值视被检车型而定。

中间水平线与被检车辆前照灯远光光束的中心等高，距地面高度为 H_1，H_1=(0.85～0.90)H。

下侧水平线与被检车辆前照灯近光光束的中心等高，距地面高度为 H_2，H_2=(0.60～0.80)H。

检测时，先遮盖住一边的前照灯，然后打开前照灯的近光开关，未被遮盖的前照灯的近光明暗截止线转角或光束中心应落在图 5-12 中下侧水平线与 V_L-V_L 或 V_R-V_R 线的交点位置上，否则为光束照射位置偏斜。其偏斜方向和偏斜量可在屏幕上直接测量。用同样的方法检测另一边前照灯近光束照射位置。

根据检测标准，检测调整前照灯光束的照射位置时，对远、近双光束灯应以检测调整近光光束为主。对于远光单光束前照灯，则要检测远光光束的照射位置。其光束中心应落在中间水平线与 V_L-V_L 或 V_R-V_R 线的交点位置上。

用屏幕法检测前照灯简单易行，但只能检测出光束的照射位置，不能检测发光强度。为适应不同车型的检测，须经常更换屏幕，检测效率低，同时需要占用较大场地。因此，目前广泛采用前照灯校正仪对汽车前照灯进行检测。

（2）用前照灯校正仪检测发光强度和光轴偏斜量

前照灯校正仪是按一定测量距离放在被检车辆的对面，用来检测前照灯发光强度与光轴偏斜量的专用设备。光轴偏斜量表示光束照射位置。

① 发光强度的检测原理。

测量前照灯发光强度的电路由光度计、可变电阻和光电池等组成，如图 5-13 所示。按规定的距离使前照灯照射光电池，光电池便产生相应的光电流使光度计指针摆动，指示出前照灯的发光强度。

② 光轴偏斜量的检测原理。

测量前照灯光轴偏斜量的电路如图 5-14 所示，它由两对光电池组成，左右一对光电池 $S_左$、$S_右$上接有左右偏斜指示计，用于检测光束中心的左右偏斜量；上下一对光电池 $S_上$、$S_下$上接有上下偏斜指示计，用于检测光束中心的上下偏斜量。当光电池受到前照灯光束照射时，如果光束照射方向偏斜，将使各光电池的受光面不一致，因而产生的电流大小也不一致。光电池产生的电流差值分别使上下偏斜指示计及左右偏斜指示计的指针摆动，从而检测出光轴的偏斜方向和偏斜量。

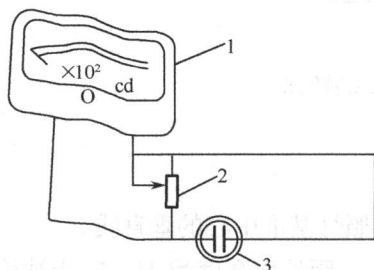

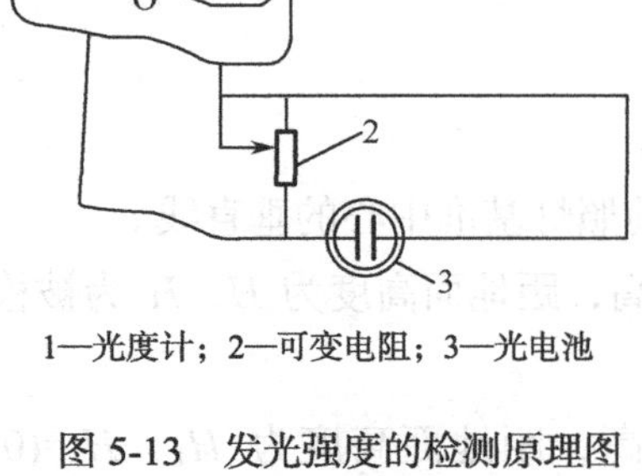

1—光度计；2—可变电阻；3—光电池

图 5-13　发光强度的检测原理图

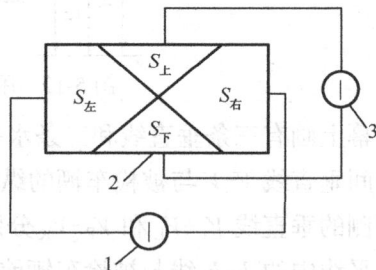

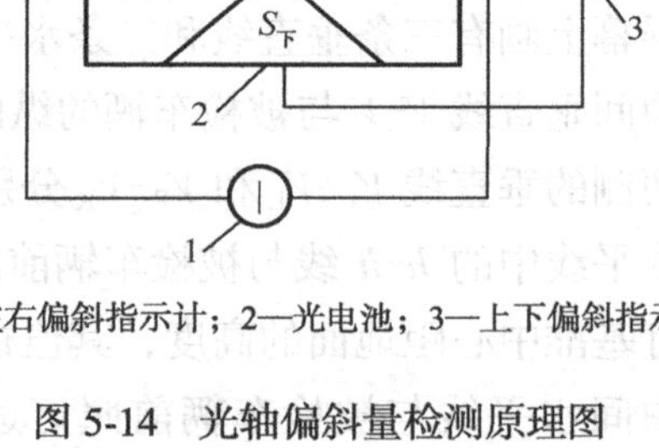

1—左右偏斜指示计；2—光电池；3—上下偏斜指示计

图 5-14　光轴偏斜量检测原理图

专业的二手车鉴定估价人员在拿到前照灯检测不合格的报告后，通常要对不合格项目进行认真分析，确认修理方法和相应的修理费用。

5.3.7 汽车四轮定位检测

汽车车轮定位检测有静态检测和动态检测两种类型。静态检测是在汽车停止的状态下，根据车轮旋转平面与各定位角间存在的直接或间接的几何关系，用专用的检测设备测量其是否符合规定。动态检测是在汽车以一定车速行驶的状态下，用测量仪器检测车轮定位产生的侧向力或由此引起的车轮侧滑量。

1. 四轮定位参数及四轮定位仪

由于汽车行驶速度越来越高，汽车的操纵稳定性对行车安全影响越来越大。汽车四轮定位参数包括前轮前束、前轮外倾角、主销后倾角、主销内倾角、后轮前束、后轮外倾角等。

如果能对汽车四轮定位参数进行检测，不仅能确定所有车轮定位正确与否，还能确定前轴、后轴、悬架、车架等的技术状况，为底盘不解体诊断提供可靠依据。因此，四轮定位仪的应用越来越广泛。

四轮定位仪是专门用来测量车轮定位参数的设备。四轮定位仪可检测的项目包括：前轮前束、前轮外倾角、主销后倾角、主销内倾角、后轮前束、后轮外倾角、轮距、轴距、推力角和左右轴距差等。

目前使用的四轮定位仪有光学式和电脑式，它们的测量原理基本是一致的，但不同类型的四轮定位仪的使用方法有一定的差异，因此应严格按使用说明书的要求和方法进行操作。

2. 四轮定位检测

下面以电脑式四轮定位仪为例，说明四轮定位的检测。

电脑式四轮定位仪由主机、显示器、打印机、前后车轮检测传感器、传感器支架、转盘、刹车锁、转向盘锁及导线等零部件构成。配有专用软件和数据光盘，可读取近 10 年来世界各地汽车四轮定位参数，且可更新。还配有数码视频图像数据库，可显示检查和调整位置等。

为便于检测和调整，被检汽车须放在地沟上或举升平台上，地沟或举升平台应处于水平状态，四轮定位仪则安装在地沟两旁或举升平台上，图 5-15 显示了四轮定位仪安装在举升平台上的情况。

（1）检测前的准备

① 把汽车开上举升平台，托住车轮，把汽车举升 0.5m（第一次举升）。

② 托住车身，把汽车举升至车轮能自由转动（第二次举升）。

③ 拆下各车轮，检查轮胎磨损情况，要求各轮胎磨损基本一致。

④ 检查轮胎气压，使其符合标准值。

⑤ 做车轮动平衡试验，动平衡试验完成后，将车轮装回车上。

⑥ 检查车身高度，检查车身四个角的高度和减振器技术状况，如车身不平应先调平；同时检查转向系统和悬架是否松旷，如松旷则应先紧固或更换零件。

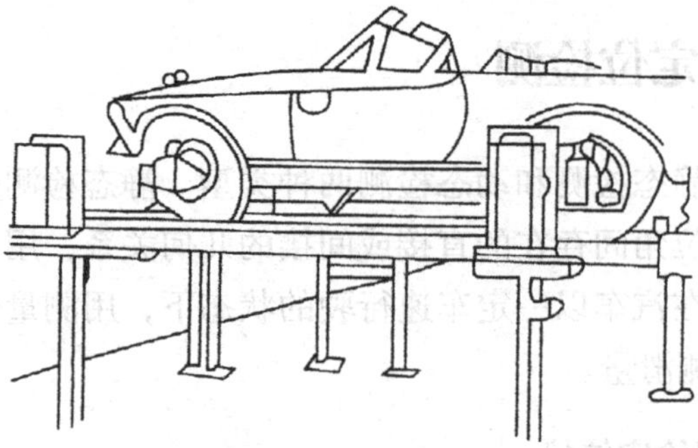

图 5-15　四轮定位仪安装在举升平台上

（2）检测步骤

① 把传感器支架安装在轮辋上，再把传感器（定位校正头）安装到支架上，并按使用说明书的规定调整。

② 开电脑主机进入测试程序，输入被测汽车的车型和生产年份。

③ 进行轮辋变形补偿，转向盘位于直驶位置，使每个车轮旋转一周，即可把轮辋变形误差输入电脑。

④ 降下第二次举升量，使车轮落到平台上，把汽车前部和后部向下压动 4～5 次，使各部位落到实处。

⑤ 用刹车锁压下制动踏板，使汽车处于制动状态。

⑥ 将转向盘左转至电脑显示“OK”，输入左转角度数值；然后将转向盘右转至电脑显示“OK”，输入右转角度数值。

⑦ 将转向盘回正，电脑显示出后轮的前束及外倾角数值。

⑧ 调下转向盘，并用转向盘锁锁止转向盘，使之不能转动。

⑨ 将安装在四个车轮上的定位校正头的水平仪调到水平线上，此时电脑显示出转向轮的主销后倾角、主销内倾角、转向轮外倾角和前束的数值。电脑将比较各测量数值，得出“无偏差”、“在允许范围内”或“超出允许范围”的结论。

⑩ 若结论为“超出允许范围”，则按电脑提示的调整方法进行针对性调整。调整后仍不能解决问题的，则应更换有关零部件。

⑪ 再次压试汽车，将转向轮左右转动，观察屏幕上的数值有无变化，若有变化应重新调整。

⑫ 拆下定位校正头和支架，进行路试，检查四轮定位调整的效果。

5.3.8 汽车车速表检测

汽车行驶速度对交通安全有很大影响，尤其在限速路段，驾驶员必须按照车速表的指示值，准确地控制车速。为此，要求车速表本身一定要准确可靠。如果车速表的指示误差过大，驾驶员就难以正确控制车速，且极易因判断失误而造成交通事故。为确保车速表的指示精度，必须对车速表进行检测、校正。

1. 车速表误差的测量原理

车速表误差的测量须采用滚筒式车速表试验台，将被测汽车车轮置于滚筒上旋转，模拟汽车在道路上的行驶状态。

测量时，由被测车轮驱动滚筒旋转或由滚筒驱动车轮旋转，滚筒端部装有速度传感器（测速发电机），测速发电机的转速随滚筒转速的增加而增加，而滚筒的转速与车速成正比，因此测速发电机发出的电压也与车速成正比。

滚筒的线速度、圆周长与转速之间的关系，可用下式表达：

$$v=nL\times60\times10^{-6}$$

式中，v——滚筒的线速度，km/h；

L——滚筒的圆周长，mm；

n——滚筒的转速，r/min。

因车轮的线速度与滚筒的线速度相等，故上述计算值即为汽车的实际车速值，由车速表试验台上的速度指示仪表显示，称为试验台指示值。

车轮在滚筒上转动的同时，汽车驾驶室内的车速表也在显示车速值，称为车速表指示值。将试验台指示值与车速表指示值相比较，即可得出车速表的指示误差。

$$车速表指示误差=\frac{车速表指示值-试验台指示值}{试验台指示值}\times100\%$$

车速表试验台有三种类型：无驱动装置的标准型，它依靠被测车轮带动滚筒旋转；有驱动装置的驱动型，它由电动机驱动滚筒旋转；把车速表试验台与制动试验台或底盘测功试验台组合在一起的综合型。

2. 车速表的检测方法

车速表的检测方法因试验台的牌号、形式而异，应根据使用说明书进行操作。车速表试验台通用的检测方法如下。

① 接通试验台电源。

② 升起滚筒间的举升器。

③ 将被检车辆开上试验台，使输出车速信号的车轮尽可能与滚筒呈垂直状态地停放在试验台上。

④ 降下滚筒间的举升器，至轮胎与举升器托板完全脱离为止。

⑤ 用挡块抵住位于试验台滚筒之外的一对车轮，防止汽车在测试时滑出试验台。

⑥ 测试结束后，轻轻踩下汽车制动踏板，使滚筒停止转动。对于驱动型试验台，必须先关断电动机电源，再踩制动踏板。

⑦ 升起举升器，去掉挡块，将汽车驶离试验台。

3．车速表诊断参数标准

GB 7258—2004《机动车运行安全技术条件》中规定：车速表允许误差范围为-5%～+20%。例如，当实际车速为 40km/h 时，汽车车速表指示值应为 38～48km/h。超出上述范围，车速表即不合格。

5.3.9 汽车排气污染物检测

1．汽车排气污染物的成分及其危害

随着汽车保有量的增加，汽车排气污染物造成的环境污染日趋严重。所以对汽车排气污染物的监控与防治，已到了刻不容缓的地步。要搞好汽车排气污染物的监控与防治，首先必须做好检测工作。用废气分析仪和烟度计测定排气污染物的浓度，目的是控制排气污染物的扩散，使其限定在被允许的范围内，以达到保护生态环境和维持自然界生态平衡的目的。

汽车排放的污染物主要有：一氧化碳（CO）、碳氢化合物（HC）、氮氧化物（NO_x）、微粒物（PM，由炭烟、铅氧化物等重金属氧化物和烟灰等组成）和硫化物等。这些污染物由汽车的排气管、曲轴箱和燃油系统排出，分别称为排气污染物（又称尾气）、曲轴箱污染物和燃油蒸发污染物。此外，还有含氯氟烃（CFCl）和二氧化碳（CO_2）等各种有害成分，它们直接或间接危害人类的健康。

（1）一氧化碳

一氧化碳是汽油烃类成分燃烧的中间产物。CO 是一种无色、无刺激性的气体。它能和血液中的血红蛋白结合成为一氧化碳血红蛋白，阻止氧的输送。当其浓度在人体血液中超过 60%时，即可因窒息而导致死亡。

（2）碳氢化合物

碳氢化合物总称为烃类，是发动机未燃尽的燃料分解产生的气体，它与二氧化氮的混合物在强烈日照下，可在大气中产生臭氧等过氧化物，对人的眼、鼻和咽喉黏膜有较强的刺激作用，可引起结膜炎、鼻炎、支气管炎等，并伴随有难闻的臭味，严重时可致癌。

（3）氮氧化物

氮氧化物主要指一氧化氮（NO）和二氧化氮（NO_2），它是由排气管排出的。汽油机排出的氮氧化物中 NO 占 99%，而柴油机排出的氮氧化物中 NO_2 比例稍大。高浓度的 NO 能引起神经中枢障碍，并且容易氧化成剧毒的 NO_2。NO_2 有特殊的刺激性臭味，严重时会引起肺气肿。

（4）浮游微粒

汽油机中主要微粒为铅化物、硫酸盐、低分子物质；柴油机中主要微粒为石墨形的含碳物质（炭烟）和高分子量有机物（润滑油的氧化和裂解产物），柴油机的微粒量比汽油机多30～60 倍，成分比较复杂。特别是炭烟，主要由直径为 0.1～10mm 的多孔性炭粒构成，它除了会被人体吸入肺部沉淀下来外，还往往黏附有 SO_2 及致癌物质，严重危害人体健康。

（5）光化学烟雾

光化学烟雾是指汽车内燃机排气中的 NO_x 和 HC 排入大气后在紫外线作用下进行光化学反应，由光化学过氧化物形成的黄色烟雾，其主要成分是 O_3，它是一种极强的氧化剂，当其浓度达到 15～20ppm 时，可使人患肺气肿直至死亡。

（6）硫氧化物

汽车内燃机尾气中硫氧化物的主要成分为二氧化硫（SO_2）。当汽车使用催化净化装置时，就算很少量的 SO_2，也会逐渐在催化剂表面堆积，造成催化剂中毒，不但危害催化剂的使用寿命，还危害人体健康，而且 SO_2 还是形成酸雨的主要物质。

（7）二氧化碳

世界工业化进程引起的能源大量消耗，导致大气中的 CO_2 剧增，其中约 30%来自汽车排气。大气中的 CO_2 因对红外热辐射的吸收而形成温室效应，会使全球气温上升，南北极冰层融化，海平面上升，大陆腹地沙漠趋势加剧，从而使人类和动植物赖以生存的生态环境遭到破坏。因此，近年来对 CO_2 的控制也已上升为汽车排放研究的重要课题。

2．汽车排气污染物的检测标准

（1）欧盟轻型汽车的排放限值

轻型汽油车的排放限值，见表 5-6；轻型柴油车的排放限值，见表 5-7。

表 5-6　轻型汽油车的排放限值

标准	生效时间	排放限值/（g/kW）		标准	生效时间	排放限值/（g/kW）		
		CO	HC+NO_x			CO	HC	NO_x
欧洲Ⅰ	1992	2.72	0.97	欧洲Ⅲ	2000	2.3	0.2	0.15
欧洲Ⅱ	1995.10	2.20	0.50	欧洲Ⅳ	2005	1.0	0.1	0.08

表 5-7　轻型柴油车的排放限值

标准	生效时间	排放限值/（g/kW）		微粒	标准	生效时间	排放限值/（g/kW）			
		CO	HC+NO_x				CO	HC	NO_x	微粒
欧洲Ⅰ	1992	2.72	0.97	0.14	欧洲Ⅲ	2000	0.64	0.56	0.50	0.050
欧洲Ⅱ①	1995.10	2.20	0.50	0.08	欧洲Ⅳ	2005	0.50	0.30	0.25	0.025
欧洲Ⅱ②		1.00	0.90	0.10						

注：① 间接喷射式

② 直接喷射式

（2）欧盟重型车用柴油机排放限值。

欧盟重型车用柴油机排放限值见表 5-8。

表 5-8　欧盟重型车用柴油机排放限值

标　准		欧洲Ⅰ	欧洲Ⅱ	欧洲Ⅲ	欧洲Ⅲ
测试循环		ECE R49	ECE R49	ESC	ETC
生效时间		1992	1996	2000	2000
排放限值/（g/kW）	CO	4.50	4.00	2.10	5.45
	HC	1.10	1.10	0.66	—
	MMHC	—	—	—	0.78
	CH_4	—	—	—	1.60
	NO_x	8.0	7.0	5.0	5.00
	微粒	0.61	0.15	0.10	0.16
	PM	0.36①	0.25②	0.13②	0.21②
动态烟度/m^{-1}		—	—	0.8	—

注：① 使用额定功率小于等于 85kW 的柴油机

② 使用单缸排量小于 0.7L、额定转速大于 3000r/min 的柴油机

3．汽车排气污染物的检测

（1）汽油车排气污染物的检测

① 基本检测原理。

汽车排气中的 CO、HC、NO 和 CO_2 等气体，对红外线分别具有吸收一定波长的性质，而且红外线被吸收的程度与废气浓度之间有一定的关系，如图 5-16 所示。不分光红外线分析法就是根据这一原理，即废气吸收一定波长红外线能量的变化，来检测废气中各种污染物的含量的。在各种气体混在一起的情况下，这种检测方法具有测量值不受影响的特点。

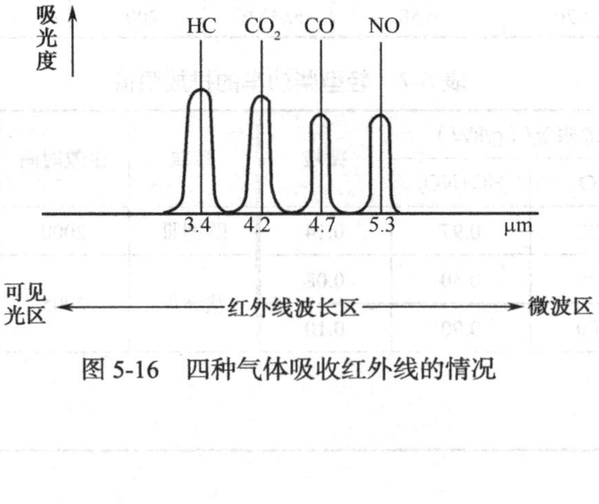

图 5-16　四种气体吸收红外线的情况

利用不分光红外线分析法制成的分析仪，既可以制成单独检测 CO 或 HC 含量的单项分析仪，也可以制成能测量这两种气体含量的综合分析仪。排气中 CO 的浓度是直接测量的；而排气中 HC 的成分非常复杂，因此要把各种 HC 成分的浓度换算成正己烷（n-C_6H_{14}）的浓度后，再作为 HC 浓度的测量值。

② 汽油车排气污染物的测定。

汽油车排气污染物测定方法分多工况法、等速工况法和单怠速法。检测站主要以单怠速法测量汽油车的排气污染物。

单怠速法的具体步骤如下：按规定转速使被测车发动机做怠速运转，使发动机达到规定热车温度；将废气分析仪的量程开关放在最大挡；被检车以 70%额定转速运转 60s 后，降至规定怠速转速，插入采样导管，深度等于 400mm；边看指示针边变换量程转换开关，选择合适的排气气体浓度的挡位，维持 1.5s 后，读取 30s 内的最高值和最低值，其平均值为测量结果。

（2）柴油机排气烟度测试

① 以制造厂规定的怠速转速预热发动机，并使之达到规定测量温度，同时在加速踏板上安装好踏板开关。发动机加速 2～3 次，吹净排气管和消声器中的烟尘。

② 发动机怠速运转 5～6s，并进行空气清扫 2～3s。

③ 脚踩住踏板开关，并迅速将踏板踩踏到底持续 4s。

④ 放开加速踏板 11s，同时读数并走纸，再用压缩空气清扫 3～4s，调整吸入泵，并连续按③的方法操作四次，取后三次读数的平均值。

5.4　二手车成新率计算方法

在中国，人们常用成新率来表示一个已用过的物品的新旧程度。旧物品的新与旧本身是一个模糊的概念，很难用精确的数值来描述。为了比较准确地反映旧物品的新旧程度，人们想到了用全新的、未使用过的相同物品与之比较，评价旧物品剩余新的部分占全新品的比例。这就是成新率的基本理念。所谓二手车成新率，是指二手车的功能或使用价值占其新车功能或使用价值的比例。也可以理解为二手车的现时技术性能占其全新技术性能的比例。它与有形损耗率一起反映了同一车辆的损耗与剩余两个方面。损耗表示车辆的损失部分，剩余表示车辆保留的部分。根据物质守恒定律，成新率和有形损耗率有如下关系：

成新率=1-有形损耗率

因此，成新率是二手车剩余价值的计算参数。由于它反映了二手车的损耗，所以可作为重置成本法的损耗评价指标，如何科学、准确地确定该项指标是二手车鉴定评估中的重点和难点。目前在二手车鉴定估价中，成新率的计算方法有多种。实际评估时，可根据被评估车辆的客观情况灵活选用不同的成新率计算方法。

5.4.1 使用年限法

1. 计算方法

使用年限法是通过确定被评估二手车的尚可使用年限与规定使用年限的比值来确定二手车成新率的一种方法。其计算公式为

$$C_Y=\frac{Y_g-Y}{Y_g}\times100\%=\left(1-\frac{Y}{Y_g}\right)\times100\%$$

式中，C_Y——使用年限成新率；

Y——二手车实际已使用年限，年或月；

Y_g——车辆规定使用年限，年或月；

(Y_g-Y)——二手车的尚可使用年限，年或月。

用使用年限法估算二手车成新率基于这样的假设：二手车在规定的使用寿命期间，实体性损耗与时间呈线性递增关系，二手车价值的降低与其损耗大小成正比。因此，可利用二手车的实际已使用年限与该车型规定使用年限的比值来判断其实体贬值率（程度），进而估算被评估二手车成新率。

2. 已使用年限与规定使用年限

（1）已使用年限

已使用年限是对汽车运行量和工作量的一种计量，这种计量是以汽车正常使用为前提的，包括正常的使用时间和使用强度。已使用年限有以下两种计算方法。

① 推算法。

推算法是根据被评估二手车从新车在公安交通管理机关注册登记之日起到评估基准日止所经历的时间推算得出已使用年限，即

已使用年限=评估基准日-注册登记日

这个时间可以用年、月或日为单位计算。实际计算中，评估基准日并不恰好与注册登记日同日，如果以年为单位计算实际已使用年限，结果误差太大；如果以日为单位计算实际已使用年限，需要精确计算实际已使用天数，结果精确，但工作量较大，比较麻烦；一般以月为单位计算实际已使用年限，即将评估基准日和注册登记日都取到月份，这样计算简单，结果误差也较小，比较切合实际。

这种方法的优点是简单、易懂，应用方便。缺点是计算得到的已使用年限并没有真正反映二手车的实际使用损耗。如二手车很少使用，则该车的技术状况是保持得很好的，从成新率角度看应该是很新的，但用该方法计算却反映该车一直在使用，因此计算出的成新率比较小，即损耗较大，与真实情况不一致。

② 折算法。

折算法是以行驶里程作为汽车运行量的计量单位，将汽车累计行驶里程与年平均行驶里程比较，折算为已使用年限的一种方法。其计算公式为

$$\text{折算年限}=\frac{\text{累计行驶里程}}{\text{年平均行驶里程}}$$

用行驶里程折算出已使用年限，综合考虑了汽车已使用时间和实际运行情况，从理论上讲，这种方法既反映了汽车的使用情况（包括管理水平、使用水平、维护保养水平），又反映了汽车使用强度和损耗，比推算法更符合实际。

折算法计算已使用年限的优点是行驶里程很好地反映了汽车已使用状况，体现了汽车的使用损耗。缺点是汽车的年平均行驶里程一般没有记录而不易获得，从而使折算年限计算困难；折算年限不能真实反映汽车的实际使用年限和停驶年限；实际计算中，年平均行驶里程采用的是行业统计数据，或采用累计行驶里程除以已使用年限计算值，对评估具体二手车来说，计算结果与实际偏差可能较大。

基于上述原因，目前全国二手车评估中，通常采用推算法计算二手车的已使用年限，即取该车从新车在公安交通管理机关注册登记日起至评估基准日所经历的时间。

（2）规定使用年限

车辆规定使用年限是指《汽车报废标准》中对被评估车辆规定的使用年限。各种类型汽车规定使用年限应按《汽车报废标准》和 2001 年 3 月 1 日国家发布的《关于调整汽车报废标准若干规定的通知》的规定执行。各类汽车规定使用年限，见表 5-9。

表 5-9 各类汽车规定使用年限

车型	使用年限/年
一般非运营性 9 座（含 9 座）以下载客汽车	15
旅游载客汽车和 9 座以上非运营载客汽车	10
载货汽车（不含微型载货汽车）	10
微型载货汽车，各类出租汽车	8

3. 使用年限法的应用前提条件

用使用年限法计算成新率的前提条件是车辆在正常使用条件下，按正常使用强度（年平均行驶里程）使用。我国各类汽车年平均行驶里程，见表 5-10。

表 5-10 我国各类汽车年平均行驶里程

汽车类型	年平均行驶里程/万千米	汽车类别	年平均行驶里程/万千米
微型、轻型货车	3～5	租赁车	5～8
中型、重型货车	6～10	旅游车	6～10
私家车	1～3	中、低档长途客运车	8～12
公务、商务用车	3～6	高档长途客运车	15～25
出租车	10～15		

4．使用年限法的特点

利用使用年限法计算得到的成新率实际上反映的是车辆的时间损耗及时间折旧率，与车辆的日常使用强度和车况无关。

如果车辆的日常使用强度较大，在运用已使用年限指标时，应考虑乘以一个适当系数加以调整。例如，对于某些以双班制运行的车辆，其实际使用时间为正常使用时间的两倍，因此该车辆的已使用年限，应是车辆从开始使用到评估基准日所经历时间的两倍。

在《汽车报废标准》中除了规定使用年限外，还规定了行驶里程，因此也可以使用下面介绍的行驶里程法估算成新率。

5.4.2 行驶里程法

1．计算方法

行驶里程法是通过确定被评估二手车的尚可行驶里程与规定行驶里程的比值来确定二手车成新率的一种方法。其计算公式为

$$C_S=\frac{S_g-S}{S_g}\times 100\%=\left(1-\frac{S}{S_g}\right)\times 100\%$$

式中，C_S——行驶里程成新率；

S——二手车实际累计行驶里程，km；

S_g——车辆规定行驶里程，km；

（S_g-S）——被评估二手车的尚可行驶里程，km。

上式反映了二手车使用强度对其成新率的影响。

2．累计行驶里程与规定行驶里程

（1）累计行驶里程

二手车累计行驶里程是指被评估二手车从开始使用到评估基准日所行驶的总里程。

（2）规定行驶里程

车辆规定行驶里程是指《汽车报废标准》中规定的该车型的行驶里程。

3．行驶里程法的应用前提条件

应用行驶里程法计算成新率的前提条件是车辆里程表的记录必须是原始的，不能被人为更改过。

4．行驶里程法的特点

行驶里程较使用年限更真实地反映了二手车使用强度及使用过程中实际的物理损耗，反映了二手车使用强度对其成新率的影响。累计行驶里程越大，车辆的实际有形损耗也越大。但行驶里程法没有考虑使用条件、维护保养对二手车成新率的影响。

5.4.3 部件鉴定法

1．计算方法

部件鉴定法（也称技术鉴定法）是指评估人员在鉴定二手车各组成部分技术状况的基础上，按各组成部分对整车的重要性和价值的大小加权评分，最后确定成新率的一种方法。

采用部件鉴定法估算二手车成新率的计算公式为

$$C_B=\sum_{i=1}^{n}(c_i \times \beta_i)$$

式中，C_B——部件鉴定法二手车成新率；

c_i——二手车第 i 项部件的成新率；

β_i——二手车第 i 项部件的价值权重。

2．计算步骤

此方法的基本步骤如下。

① 先确定二手车各主要总成、部件，再根据各部分的制造成本占整车制造成本的比重，确定其权重$\beta_i(i=1，2，\cdots，n)$，表 5-11 为汽车各部分的价值权重参考表。

② 以全新车辆对应的各总成、部件功能为满分（100 分），功能完全丧失为零分，根据被评估二手车各相应总成、部件的技术状态估算出其成新率 $c_i(i=1，2，\cdots，n)$。

③ 将各总成、部件估算出的成新率与权重相乘，得到各总成、部件的权重成新率$(c_i\times\beta_i)$（$i=1，2，\cdots，n$）。

④ 最后将各总成、部件的权重成新率相加，即得出被评估车辆的成新率。

在不同种类、档次的车辆上，各组成部分对整车的重要性及其价值占整车价值的比重各不相同，有些类型车辆之间相差还很大。因此，表 5-11 只能供评估人员参考，不可作为唯一标准。在实际评估时，应根据被评估车辆各部分价值占整车价值的比重，调整各部分的权重。

表 5-11 汽车各部分的价值权重参考表

序号	车辆各主要总成、部件名称	价值权重/%		
		轿车	客车	货车
1	发动机及离合器总成	26	27	25
2	变速器及万向传动装置总成	11	10	15
3	前桥、前悬架及转向系总成	10	10	15
4	后桥及后悬架总成	8	11	15
5	制动系	6	6	5
6	车架	2	6	6
7	车身	26	20	9
8	电器仪表	7	6	5
9	轮胎	4	4	5
合计		100	100	100

3. 特点及适用范围

从上述计算步骤可见，部件鉴定法依靠专业技术人员对部件进行技术鉴定，计算加权成新率比较费时费力，但评估值更接近客观实际，可信度高。它既考虑了二手车实体性损耗，又考虑了二手车维修或换件等追加投资使车辆价值发生的变化。

这种方法一般用于价值较高的二手车鉴定评估。

5.4.4 整车观测法

1. 计算方法

整车观测法是指评估人员采用人工观察的方法，辅以简单的仪器检测，判定被评估二手车的技术状况等级以确定成新率的一种方法。整车观测法观察和检测的技术指标主要包括二手车的现时技术状态、使用时间及行驶里程、主要故障经历及大修情况、整车外观和完整性等。二手车技术状况分级可参考表 5-12。

表 5-12 二手车技术状况分级表

车况等级	新旧情况	有形损耗率/%	技术状况描述	成新率/%
1	使用不久	0～10	刚使用不久，行驶里程一般在 3 万～5 万千米，在用状态良好，能按设计要求正常使用	100～90
2	较新车	11～35	使用 1 年以上，行驶 15 万千米左右，一般没有经过大修，在用状态良好，故障率低，可随时出车使用	89～65

续表

车况等级	新旧情况	有形损耗率/%	技术状况描述	成新率/%
3	旧车	36 ~ 60	使用 4 ~ 5 年，发动机或整车经过大修一次，大修较好地恢复了原设计性能，在用状态良好，外观中度受损，恢复情况良好	64 ~ 40
4	老旧车	61 ~ 85	使用 5 ~ 8 年，发动机或整车经过二次大修，动力性能、经济性能、工作可靠性都有所下降，外观油漆脱落受损，金属件锈蚀程度明显。故障率上升，维修费用、使用费用明显上升。但车辆符合《机动车安全技术条件》，在用状态一般或较差	39 ~ 15
5	待报废处理车	86 ~ 100	基本到达或到达使用年限，通过《机动车安全技术条件》检查，能使用但不能正常使用，动力性、经济性、可靠性下降，燃料费、维修费、大修费用增长速度快，车辆收益与支出基本持平，排放污染和噪声污染到达极限	15 以下

表 5-12 中的数据是判定二手车成新率的经验数据，只能供评估人员参考，不能作为唯一标准。

2．特点及适用范围

（1）特点

① 人为因素影响比较大。由于该法对二手车技术状况的评判是采用人工观察方法进行的，所以成新率的估值是否客观、实际取决于评估人员的专业水准和评估经验。

② 整车观测法简单易行，但其判断结果没有部件鉴定法准确。

（2）适用范围

① 用于初步估算中、低档二手车的价格。

② 用于二手车收购估价。

5.4.5　综合调整系数法

1．估算方法

综合调整系数法是以使用年限法为基础，综合考虑二手车的实际技术状况、维护保养情况、原车制造质量、二手车用途及使用条件等多种因素对二手车价值的影响，以调整系数形式确定成新率的一种方法。其计算公式为

$$C_K=C_Y\times K\times 100\%$$

式中，C_K——综合成新率；

C_Y——使用年限成新率；

K——综合调整系数，取值范围为 0 ~ 1。

2．综合调整系数

影响二手车成新率的主要因素有二手车技术状况、二手车维护保养、二手车原始制造质量、二手车用途和二手车使用条件。可采用表 5-13 推荐的综合调整系数，用加权平均的方法进行调整。

根据被评估二手车是否需要进行项目修理或换件维修，综合调整系数有以下两种确定方法。

① 二手车无须进行项目修理或换件时，可直接采用表 5-13 所推荐的调整系数，应用综合调整系数公式进行计算。

② 二手车需要进行项目修理或换件，或需要进行大修时，可采用“一揽子”评估方法，综合考虑确定表 5-13 所列因素的影响。

所谓“一揽子”评估方法就是综合考虑修理费用对二手车成新率估算值的影响，直接确定一个合理的综合调整系数而进行价值评估的一种方法。采用“一揽子”评估方法后，综合调整系数不再用公式进行计算，而是直接给出。

表 5-13　二手车成新率综合调整系数参考表

序　号	影响因素	因素分级	调整系数	权重/%
1	技术状况	好	1.0	30
		较好	0.9	
		一般	0.8	
		较差	0.7	
		差	0.6	
2	维护保养	好	1.0	25
		较好	0.9	
		一般	0.8	
		差	0.7	
3	制造质量	进口车	1.0	20
		国产名牌车（走私罚没车）	0.9	
		国产非名牌车	0.7	
4	车辆用途	私用	1.0	15
		公务、商务	0.9	
		营运	0.7	
5	使用条件	好	1.0	10
		一般	0.9	
		差	0.8	

综合调整系数计算公式为

$$K=K_1\times30\%+K_2\times25\%+K_3\times20\%+K_4\times15\%+K_5\times10\%$$

式中，K——综合调整系数，取值范围为 0～1；

K_1——二手车技术状况调整系数；

K_2——二手车维修保养调整系数；

K_3——二手车原始制造质量调整系数；

K_4——二手车用途调整系数；

K_5——二手车使用条件调整系数。

表 5-13 中的因素分级和调整系数只是一个参考，实际确定综合调整系数时，应根据具体情况做适当的调整，但各因素的调整系数取值不要超过 1，综合调整系数计算结果也不能超过 1。

3．调整系数的选取

（1）二手车技术状况调整系数 K_1

在对车辆做技术鉴定的基础上对车辆技术状况进行分级，然后取调整系数来修正车辆的成新率。其取值范围参照表 5-13，一般为 0.6～1.0，技术状况好的取上限，反之取下限；技术状况特别差的车辆，系数可以取得更小。

（2）二手车维护保养调整系数 K_2

维护保养调整系数反映了使用者对车辆使用、维护、保养的水平。不同的使用者，对车辆使用、维护、保养的实际执行情况差别较大，因而直接影响到车辆的使用寿命和成新率。其取值范围参照表 5-13，一般为 0.7～1.0，维护保养好的取上限，反之取下限；维护保养特别差的车辆，系数可以取得更小。

（3）二手车原始制造质量调整系数 K_3

确定该系数时，应了解被评估的二手车是国产车还是进口车，是进口车还应了解进口国别，是国产车还应了解是名牌产品还是一般产品。一般来说，通过国家正规手续进口的车辆质量优于国产车辆，名牌产品优于一般产品，但又有较多例外，故在确定此系数时应较慎重。对依法没收领取牌证的走私车辆，其原始制造质量调整系数建议视同国产名牌产品考虑。按照目前汽车产业的技术发展和制造工艺水平，汽车原始制造质量都较好，其系数取值范围为 0.7～1.0。

（4）二手车用途调整系数 K_4

二手车用途（或使用性质）不同，其繁忙程度不同，使用强度亦不同。一般车辆按用途可分为私人工作和生活用车，机关和企事业单位的公务和商务用车，从事客运、货运、城市出租的营运用车。不同用途的汽车其年均行驶里程差异较大。以普通小轿车为例，一般来说，私人工作和生活用车每年行驶里程少于 3 万千米，公务、商务用车每年不超过 6 万千米，而营运出租车可高达 15 万千米。可见二手车用途不同，其使用强度差异很大，二手车用途调整系数取值范围为 0.7～1.0，使用强度小的取上限，反之取下限。

（5）二手车使用条件调整系数 K_5

我国地域辽阔，各地自然条件差别很大，车辆的使用条件对其成新率影响很大。使用条件可分为道路使用条件和特殊环境使用条件。

① 道路使用条件。道路使用条件可分为清洁道路、沙石泥土路和野外无道路三类。

清洁道路指铺设沥青或水泥的硬地道路，道路扬尘少，如市内道路、高速公路等。

沙石泥土路指沙石铺设或泥土路面，道路扬尘大，如（矿山、乡村）临时道路、乡村没铺设沥青的道路。

野外无道路指汽车在空旷野外行驶，道路扬尘比较大，如荒漠、田野、沙漠等。

② 特殊环境使用条件。特殊环境使用条件主要指特殊自然条件，包括寒冷、沿海、风沙、山区等地区。

大多数车辆使用条件都比较好，调整系数取值范围一般为 0.8 ~ 1.0。取值时应根据二手车实际使用条件适当取值。如果二手车长期在清洁道路上行驶，其系数可取 0.9 ~ 1.0；如果二手车长期在扬尘较大的道路或特殊环境使用条件下工作，其系数可取得小些。

4．特点及适用范围

综合调整系数法较为详细地考虑了影响二手车价值的各种因素，并用一个综合调整系数指标来调整二手车成新率，评估值准确度较高，因而适用于具有中等价值的二手车鉴定评估。这是目前我国二手车鉴定评估中最常用的方法之一。

5.4.6 综合成新率法

1．计算方法

用使用年限法、行驶里程法和部件鉴定法计算二手车成新率只从单一因素考虑了二手车的新旧程度，是不完全也是不完整的。为了全面反映二手车的新旧状态，可以采用综合成新率来反映二手车的新旧程度。所谓综合成新率，就是采用定性和定量分析的方法，综合多种单一因素对二手车成新率的估算结果，并分别赋以不同的权重，计算加权平均成新率。这样，就可以尽量减小使用单一因素计算成新率给评估结果所带来的误差，因而是一种较为科学的方法。以下介绍一种综合使用年限法、行驶里程法、技术鉴定法和整车观测法估算二手车成新率的方法。

综合成新率法的数学计算公式为

$$C_Z=C_1 \cdot \alpha_1+C_2 \cdot \alpha_2$$

式中，C_Z——综合成新率；

C_1——二手车理论成新率；

C_2——二手车现场查勘成新率；

α_1、α_2——权重系数，取值范围为 0 ~ 1，且$\alpha_1+\alpha_2=1$。

权重系数的取值由评估人员根据被评估二手车的实际情况而定。

2. 二手车理论成新率 C_1

二手车理论成新率包括用使用年限法和行驶里程法计算的成新率，是根据二手车实际使用时间和行驶里程计算得到的，是一种对二手车成新率的定量计算，它反映了二手车理论损耗和理论剩余价值，其结果一般不能人为改变。计算公式为

$$C_1=C_Y\times\beta_1+C_S\times\beta_2$$

式中，C_Y——使用年限成新率；

C_S——行驶里程成新率；

β_1、β_2——权重系数，取值范围为 0～1，且$\beta_1+\beta_2=1$。

权重系数β_1 和β_2 的大小根据二手车实际现状（主要看已使用年限和累计行驶里程）确定，如二手车实际使用年限短，但行驶里程大，则β_1 可取得大些；反之，二手车虽然使用年限长，但行驶里程小（如平常较少使用），则β_2 可取得大些。

3. 二手车现场查勘成新率 C_2

二手车现场查勘成新率是由评估人员根据现场查勘情况而确定的一个综合评价值。具体确定步骤如下：评估人员先对二手车做技术状况现场查勘（包括静态检查和动态检查），得出鉴定评价意见，然后对整车和重要部件分别做综合评分，累加评分，其结果就是二手车现场查勘成新率。可见二手车现场查勘成新率是一个定性与定量相结合的结果。它体现了评估人员对二手车技术状况的实际判断。

（1）二手车技术状况现场查勘

被评估二手车技术状况现场查勘的主要内容如下。

① 车身外观：包括车身颜色、光泽、有无退色及锈蚀情况、车身是否被碰撞过、车灯是否齐全、前后保险杠是否完整等。

② 车内装饰：包括装潢程度、颜色、清洁程度、仪表及座位是否完整和破损等。

③ 发动机工作状况：包括发动机动力状况、有否更换部件（或替代部件）和修复现象、是否有漏油现象等。

④ 底盘：包括有无变形、有无异响、是否有漏油现象、变速器状况是否正常、前后桥状况是否正常、传动系统工作状况是否正常、转向系统情况是否正常、制动系统工作状况是否正常等。

⑤ 电器系统：包括电源系统是否工作正常、发动机点火器是否工作正常、空调系统是否工作正常、音响系统是否工作正常等。

以上查勘情况，一般应由评估委托方或车辆所有单位技术人员签名，以确认查勘情况是真实、客观的，不存在与实际车况不相符合的情况。确定查勘情况后，评估人员必须对被评估车辆做出查勘鉴定结论。上述资料经过整理，就可以编制成表 5-14 所示的二手车技术状况调查表。

表 5-14　二手车技术状况调查表

评估委托方：×××　　　　　　　　　　　评估基准日：2002 年 4 月 30 日

<table>
<tr><td rowspan="6">车辆基本情况</td><td>明细表序号</td><td colspan="2">01</td><td>车辆牌号</td><td colspan="2">粤×.×××</td><td colspan="2">厂牌型号</td><td>上海别克/BUICK/GL8</td></tr>
<tr><td>生产厂家</td><td colspan="2">上海通用</td><td>已行驶里程</td><td colspan="2">50000km</td><td colspan="2">规定行驶里程</td><td>500000km</td></tr>
<tr><td>购置日期</td><td colspan="2">2001 年 2 月</td><td>登记日期</td><td colspan="2">2001 年 2 月</td><td colspan="2">规定使用年限</td><td>15 年（180 个月）</td></tr>
<tr><td>大修情况</td><td colspan="8">无大修</td></tr>
<tr><td>改装情况</td><td colspan="8">无改装</td></tr>
<tr><td>耗油量</td><td colspan="2">正常</td><td>是否达到环保要求</td><td>是</td><td>事故次数及情况</td><td colspan="3">无事故</td></tr>
<tr><td colspan="10">现场查勘情况</td></tr>
<tr><td rowspan="12">车辆实际技术状况</td><td rowspan="3">外形车身部分</td><td>颜色</td><td>白</td><td>光泽</td><td>较好</td><td>退色</td><td>无</td><td>锈蚀</td><td>无</td></tr>
<tr><td>有否被碰撞</td><td>轻微</td><td>严重程度</td><td>—</td><td>修复</td><td>—</td><td>车灯是否齐全</td><td>齐全</td></tr>
<tr><td>前、后保险杠是否完整</td><td>完整</td><td colspan="6">其他：车头右侧及左前车门有轻碰刷痕</td></tr>
<tr><td rowspan="2">车内装饰部分</td><td>装潢程度</td><td>一般</td><td>颜色</td><td>浅色</td><td>清洁</td><td>较好</td><td>仪表是否齐全</td><td>是</td></tr>
<tr><td>座位是否完整</td><td>是</td><td colspan="6">其他</td></tr>
<tr><td rowspan="2">发动机总成</td><td>动力状况评分</td><td>85</td><td>有否更换部件</td><td>无</td><td>有否修补现象</td><td>无</td><td>有否替代部件</td><td>无</td></tr>
<tr><td>漏油现象</td><td colspan="7">严重□　一般□　轻微□　无☑</td></tr>
<tr><td rowspan="3">底盘各部分</td><td>有否变形</td><td>无</td><td>有否异响</td><td>无</td><td>变速器状况</td><td>工况正常</td><td>后桥状况</td><td>正常</td></tr>
<tr><td>前桥状况</td><td>正常</td><td>传动状况</td><td>工况正常</td><td>漏油现象</td><td colspan="3">严重□　一般□　轻微□　无☑</td></tr>
<tr><td>转向系统情况</td><td colspan="3">工况正常</td><td>制动系统情况</td><td colspan="3">工况正常</td></tr>
<tr><td rowspan="2">电器系统</td><td>电源系统是否工作正常</td><td>工况正常</td><td>发动机点火器是否工作正常</td><td>工况正常</td><td>空调系统是否有效</td><td>工况正常</td><td>音响系统是否正常工作</td><td>工况正常</td></tr>
<tr><td colspan="8">其他</td></tr>
<tr><td colspan="2">鉴定意见</td><td colspan="8">维护保养情况较好，磨损正常，整体车况较好</td></tr>
</table>

资产占有单位技术人员签字：×××　　　　　　　评估人员签字：×××

（2）确定二手车现场查勘成新率

在对二手车做技术状况现场查勘的基础上，对整车和重要部件做定性分析并以评分形式给予量化，总分就是二手车现场查勘成新率，见表 5-15。

表 5-15 二手车成新率评定表

序　号	项目名称	达标程度	参考标准分	评　分
1	整车（满分 20 分）	全新	20	—
		良好	15	15
		较差	5	—
2	车架（满分 15 分）	全新	15	12
		一般	7	—
3	前后桥（满分 15 分）	全新	15	12
		一般	2	—
4	发动机（满分 30 分）	全新	30	—
		轻度磨损	25	26
		中度磨损	17	—
		重度磨损	5	—
5	变速器（满分 10 分）	全新	10	—
		轻度磨损	8	8
		中度磨损	6	—
		重度磨损	2	—
6	转向及制动系统（满分 10 分）	全新	10	—
		轻度磨损	8	8
		中度磨损	5	—
		重度磨损	2	—
总分（现场查勘成新率/%）			100	81

必须指出的是，被评估二手车理论成新率和现场查勘成新率的权重分配、使用年限成新率和行驶里程成新率的权重分配，要根据被评估二手车类型、使用状况、维修保养状况综合考虑，要科学、合理地确定权重分配。这与二手车鉴定评估人员的实际工作经验和专业判断能力有很大的关系，在实践中要注意学习和总结。

第6章 二手车鉴定评估实务

CHAPTER 6

6.1 二手车鉴定评估前的准备

6.1.1 二手车业务洽谈

业务洽谈是承接评估业务的第一步。与客户洽谈的主要内容有车主基本情况、车辆情况、委托评估目的、时间要求等。

1. 车主基本情况

车主即二手车所有人，指拥有车辆所有权的单位或个人。接受委托前应了解委托者是否为车主，是车主即有车辆处置权；如果不是车主本人，还要看是否有车主签名的处置委托书及委托者身份证明，相符者也有车辆处置权，否则无车辆处置权。同时还应了解车主单位（或个人）名称、隶属关系和所在地等。

2. 委托评估的目的

评估目的是指委托者评估二手车的经济行为。常见的二手车委托评估目的有交易、转籍、拍卖、置换、抵押、担保、咨询、司法裁决等经济行为。根据评估目的，选择合适的计价标准和评估方法。我国二手车市场的业务以交易为主，委托者委托评估的目的大多数是为二手车成交提供参考底价。

3. 评估对象及其基本情况

① 二手车类别，是乘用车，还是商用车等。

② 二手车名称、型号、生产厂家、出厂日期。

③ 二手车初次注册登记日期、行驶里程。

④ 二手车来历，是第一次交易，还是再次交易；对第一次交易的车辆，要了解其新车

来历，是正常市场上购买的，还是走私罚没处理车，或是捐赠免税车。

⑤ 车籍，指车辆注册登记地。

⑥ 使用性质，是私家车、公务用车、商用车，还是专业运输车或出租营运车。

⑦ 手续是否齐全，是否年检。

对上述基本情况了解清楚以后，就可以做出是否接受委托的决定。如果接受委托，就要签订二手车鉴定评估委托书。

4．实地考察

对于评估数量较多的业务，在签订二手车鉴定评估委托书之前，应到车辆停放地点实地考察评估对象的情况。实地考察的目的是了解鉴定估价的工作量、工作难易程度、车辆现时状态（在用、已停放很久不用、在修、停驶待修等）。

6.1.2　签订二手车鉴定评估委托书

二手车鉴定评估委托书是受托方与委托方对各自权利、责任和义务的协议，是一项具有经济合同性质的契约。二手车鉴定评估委托书应写明的内容和样式，见表 6-1。

二手车鉴定评估委托书必须符合国家法律、法规和资产评估业的管理规定。涉及国有资产的二手车鉴定评估业务，应由委托方提供国有资产管理部门关于评估立项申请的批复文件，经核实后，方能接受委托，签署委托书。

表 6-1　二手车鉴定评估委托书

编号：______

__________机动车鉴定评估机构：

因□交易　□转籍　□拍卖　□置换　□抵押　□担保　□咨询　□司法裁决需要，特委托你单位对车辆（号牌号码________车辆类型________发动机号________车架号________）进行技术状况鉴定并出具评估报告书。

附：委托评估车辆基本信息

车　　主		身份证号码/法人代码证书		联系电话	
住　　址				邮政编码	
经 办 人		身份证号码		联系电话	
住　　址				邮政编码	
车辆情况	厂牌型号			使用用途	
	载重量/座位/排量			燃料种类	
	初次登记日期	年　月　日		车身颜色	

续表

车辆情况	已使用年限	年　个月	累计行驶里程/万千米		
	大修次数	发动机/次		整车/次	
	维修情况				
	事故情况				
价值反映	购置日期	年　月　日		原始价格/元	
	车主报价/元				
备注：					

填表说明：

（1）若被评估车辆使用用途曾经为营运车辆，须在备注栏中予以说明；

（2）委托方必须对车辆信息的真实性负责，不得隐瞒任何情节，凡由此引起的法律责任及赔偿责任由委托方负责；

（3）本委托书一式两份，委托方、受托方各一份。

委托方：（签字、盖章）　　　　　　　　　　　经办人：（签字、盖章）

年　月　日　　　　　　　　　　　　　　　　　年　月　日

6.1.3　拟定鉴定评估实施方案

鉴定评估实施方案是二手车鉴定评估机构根据二手车鉴定评估委托书的要求而制定的规划和安排。其主要内容包括：评估目的、评估对象、评估范围、评估基准日、具有鉴定评估资格的评估人员及协助评估人员工作的其他人员安排、现场工作计划、评估程序、评估具体工作和时间安排、拟采用的评估方法及其具体步骤等。

确定鉴定评估实施方案后，下达二手车鉴定评估作业表（表 6-2），进行鉴定评估工作。

表 6-2　二手车鉴定评估作业表

车　主				所有权性质	□公　□私	联系电话		
住　址						经办人		
原始情况	厂牌型号				号牌号码		车辆类型	
	车辆识别代号（VIN）					车身颜色		
	发动机号				车型号			
	载重量/座位/排量					燃料种类		
	注册登记日期	年　月			车辆出厂日期	年　月		
	已使用年限	年　月		累计行驶里程	万千米	使用用途		

续表

<table>
<tr><td rowspan="2">检查核对交易证件</td><td>证件</td><td colspan="5">□原始发票 □机动车登记证书 □机动车行驶证
□法人代码证或身份证 □其他</td></tr>
<tr><td>税费</td><td colspan="5">□购置附加税 □车船使用税 □车辆保险 □其他</td></tr>
<tr><td>结构特点</td><td colspan="6"></td></tr>
<tr><td>现时技术状况</td><td colspan="6"></td></tr>
<tr><td colspan="2">维护保养情况</td><td colspan="2"></td><td>现时状态</td><td colspan="2"></td></tr>
<tr><td rowspan="2">价值反映</td><td>账面原值/元</td><td colspan="2"></td><td>车主报价/元</td><td colspan="2"></td></tr>
<tr><td>重置成本/元</td><td></td><td>成新率/%</td><td></td><td>评估价格/元</td><td></td></tr>
<tr><td colspan="7">鉴定评估目的：</td></tr>
<tr><td colspan="7">鉴定评估说明：</td></tr>
</table>

注册二手车鉴定评估师（签名）： 复核人（签名）：

年 月 日 年 月 日

填表说明：

（1）现时技术状况：必须如实填写对车辆进行技术鉴定的结果，客观、真实地反映出二手车主要部分（含车身、底盘、发动机、电器、内饰等）以及整车的现时技术状况；

（2）鉴定评估说明：应详细说明重置成本的计算方法、成新率的计算方法以及评估价格的计算方法。

6.2 二手车鉴定评估现场工作内容

6.2.1 检查核对有关证件

核查证件是检验被鉴定评估车辆的合法证件资料，这些资料包括机动车来历证明、法定证件和税费缴付凭证三类。如果对这些证件资料有疑问，应向委托方提出，由委托方向发证机关（单位）索取证明材料，或由鉴定评估机构自行向发证机关（单位）查询核实。

1. 机动车来历证明

机动车来历证明一般是车辆销售发票，它是二手车来源的合法证明。机动车来历证明主要包括以下几个方面。

① 在国内购买的机动车，其来历证明分为新车来历证明和二手车来历证明。

新车来历证明，是指新车销售企业开具的正式“机动车销售统一发票”（即原始购车发票）。第一次交易的二手车其来历证明是原始购车发票。

二手车来历证明，是指二手车销售统一发票（图 6-1）。该发票必须盖有工商验证章和二手车销售企业（或二手车交易市场）发票专用章才合法有效。第二次及多次交易的二手车其来历证明是上次交易的二手车销售统一发票。

在国外购买的机动车，其来历证明是该车销售单位开具的销售发票及其翻译文本，但海关监管的机动车不需要提供来历证明。

② 人民法院调解、裁定或者判决转移的机动车，其来历证明是人民法院出具的已经生效的调解书、裁定书或者判决书，以及相应的协助执行通知书。

③ 仲裁机构仲裁裁决转移的机动车，其来历证明是仲裁裁决书和人民法院出具的协助执行通知书。

式样11　　　　总局保留

二手车销售统一发票

发票联

发票代码 144001027150

发票号码

开票日期：

机打代码 机打号码 机器编号		税控码			
买方单位/个人		单位代码/身份证号码			
买方单位/个人住址				电话	
卖方单位/个人		单位代码/身份证号码			
卖方单位/个人住址				电话	
车牌照号		登记证号		车辆类型	
车架号/车辆识别代码		厂牌型号		转入地车辆管理所名称	
车价合计（大写）				小写	
经营、拍卖单位					
经营、拍卖单位地址				纳税人识别号	
开户银行、帐号				电话	
二手车市场		纳税人识别号			
		地址			
开户银行、帐号				电话	
备注：					

开票单位（盖章）　　开票人　　手写无效

第一联 发票联

第二联 转移登记联　第三联 出入库联　第四联 记帐联　第五联 存根联

图 6-1　二手车销售统一发票

④ 继承、赠予、中奖和协议抵偿债务的机动车，其来历证明是继承、赠予、中奖和协议抵偿债务的相关文书和公证机关出具的公证书。

⑤ 资产重组或者资产整体买卖中包含的机动车，其来历证明是资产主管部门的批准文件。

⑥ 国家机关统一采购并调拨到下属单位未注册登记的机动车，其来历证明是全国统一的机动车销售发票和该部门出具的调拨证明。

⑦ 国家机关已注册登记并调拨到下属单位的机动车，其来历证明是该部门出具的调拨

证明。

⑧ 经公安机关破案发还的被盗抢且已向原机动车所有人理赔完毕的机动车，其来历证明是保险公司出具的权益转让证明书。

⑨ 更换发动机、车身、车架的车辆来历证明，是销售单位开具的发票或者修理单位开具的发票。

2. 机动车法定证件

机动车法定证件包括机动车行驶证、机动车登记证书、机动车号牌、机动车安全技术检验合格标志。

通过核查机动车的法定证件可以及时发现该车是否合法、是否为涉案车辆；同时，可登录公安机关交通管理部门“全国被盗抢汽车查询系统”，确认车辆是否为被盗抢车。要杜绝盗抢车、走私车、拼装车和报废车的非法交易，避免二手车交易市场成为非法车辆销赃的场所，切实维护消费者的合法权益。

（1）机动车行驶证

机动车行驶证是由公安车辆管理机关依法对车辆进行注册登记核发的证件，它是机动车取得合法行驶权的凭证。《中华人民共和国道路交通安全法》第十一条规定，机动车行驶证是车辆上路行驶必需的证件。

在二手车鉴定评估的手续检查中，机动车行驶证也是检查二手车合法性的凭证之一。机动车行驶证上标注有机动车的重要信息，如图 6-2 所示。

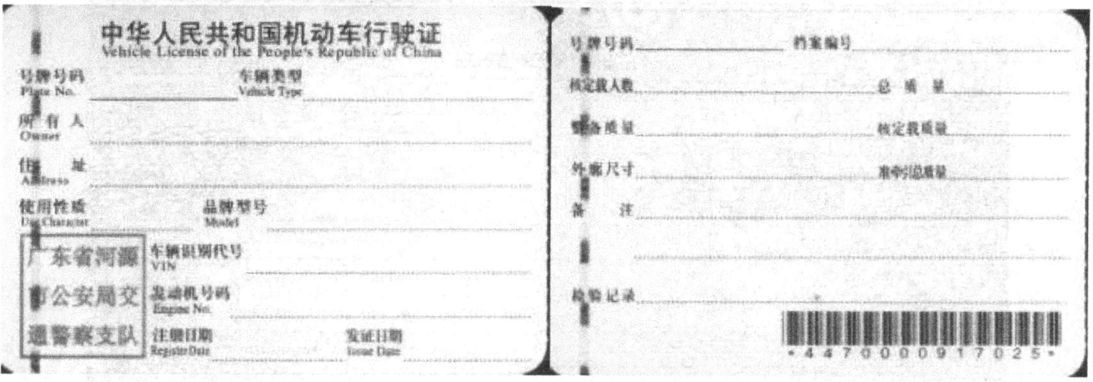
中华人民共和国机动车行驶证
Vehicle License of the People's Republic of China
号牌号码 Plate No.　车辆类型 Vehicle Type
所有人 Owner
住址 Address
使用性质 Use Character　品牌型号 Model
车辆识别代号 VIN
发动机号码 Engine No.
注册日期 Register Date　发证日期 Issue Date
广东省河源市公安局交通警察支队

号牌号码　档案编号
核定载人数　总质量
整备质量　核定载质量
外廓尺寸　准牵引总质量
备注
检验记录
447000091702\5

图 6-2　机动车行驶证

通过查验机动车行驶证上的车辆照片、号牌号码、车辆识别代号、发动机号与车辆实物标注是否一致，是否有改动、凿痕、锉痕、重新打刻等情况，车辆颜色与车身装置是否与行驶证一致等，可以初步判断二手车是否合法。通过查验行驶证副页上的检验记录确定二手车是否在有效期内。过期的二手车必须经检验合格、补办相关手续后才能交易。

（2）机动车登记证书

机动车登记证书是机动车已办理了注册登记的证明文件，由公安机关交通管理部门车辆管理所签发。它是机动车的“户口本”和所有权证明，具有产权证明的性质。机动车的详细信息及机动车所有人的资料都记载在上面（图 6-3）。当证书上所记载的登记信息发生变动时，机动车所有人应当及时到车辆管理所办理变更登记；当机动车所有权转移时，原机动车所有人应当将机动车登记证书做变更登记后随车交给现机动车所有人。因此，机动车登记证书是机动车从“生”到“死”的完整记录。机动车登记证书有正副两个版本，信息一致，正本存放在车辆管理所，副本在车主手中，不随车携带。

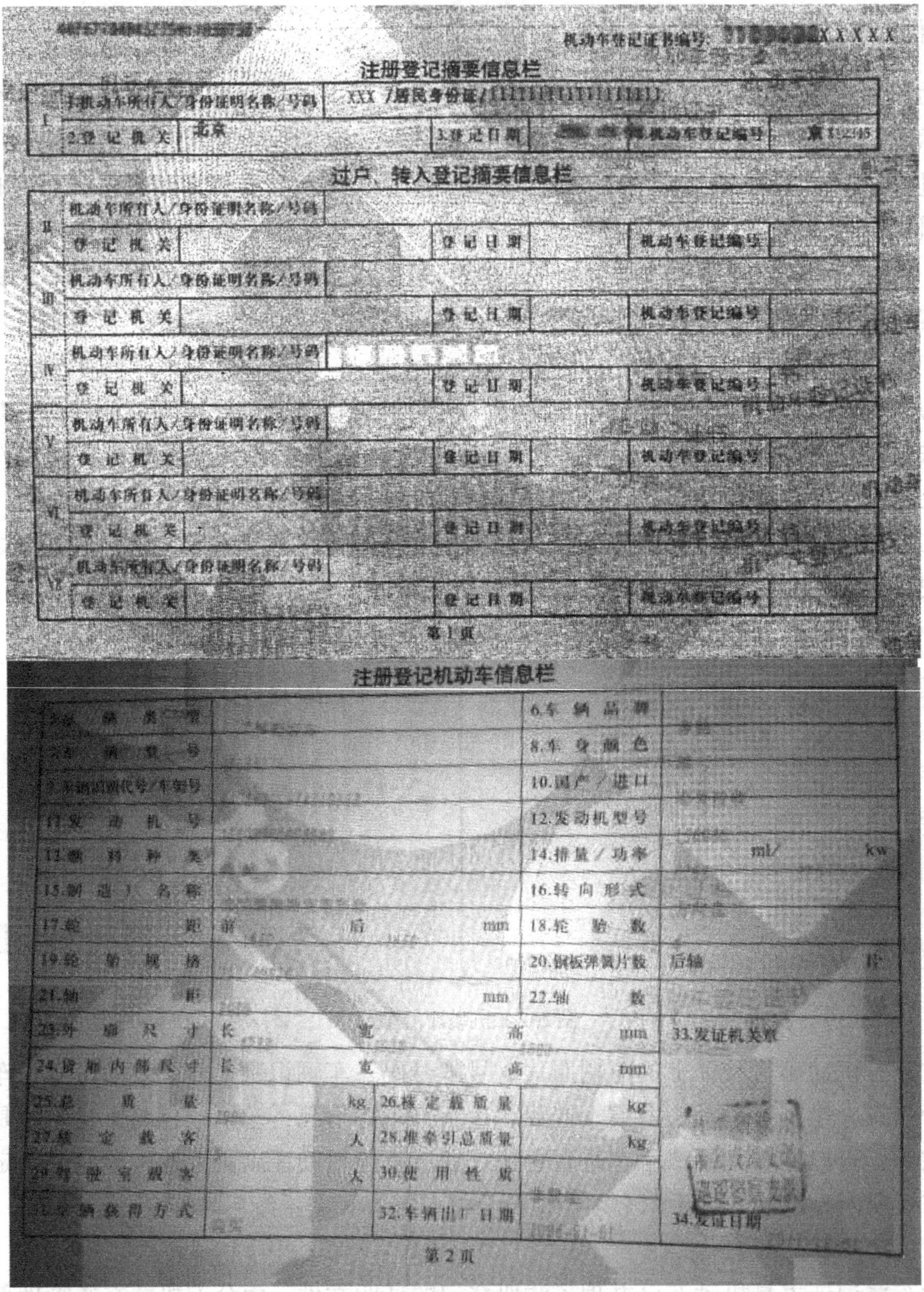

机动车登记证书编号：XXXXX

注册登记摘要信息栏

I	1.机动车所有人/身份证明名称/号码	XXX /居民身份证/111111111111111111				
	2.登记机关	北京	3.登记日期		4.机动车登记编号	京 12345

过户、转入登记摘要信息栏

II	机动车所有人/身份证明名称/号码					
	登记机关		登记日期		机动车登记编号	
III	机动车所有人/身份证明名称/号码					
	登记机关		登记日期		机动车登记编号	
IV	机动车所有人/身份证明名称/号码					
	登记机关		登记日期		机动车登记编号	
V	机动车所有人/身份证明名称/号码					
	登记机关		登记日期		机动车登记编号	
VI	机动车所有人/身份证明名称/号码					
	登记机关		登记日期		机动车登记编号	
VII	机动车所有人/身份证明名称/号码					
	登记机关		登记日期		机动车登记编号	

第1页

注册登记机动车信息栏

5.车辆类型		6.车辆品牌	
7.车辆型号		8.车身颜色	
9.车辆识别代号/车架号		10.国产/进口	
11.发动机号		12.发动机型号	
13.燃料种类		14.排量/功率	ml/ kw
15.制造厂名称		16.转向形式	
17.轮距	前 后 mm	18.轮胎数	
19.轮胎规格		20.钢板弹簧片数	后轴 片
21.轴距	mm	22.轴数	
23.外廓尺寸	长 宽 高 mm	33.发证机关章	
24.货厢内部尺寸	长 宽 高 mm		
25.总质量	kg	26.核定载质量 kg	
27.核定载客	人	28.准牵引总质量 kg	
29.驾驶室载客	人	30.使用性质	
31.车辆获得方式		32.车辆出厂日期	34.发证日期

第2页

图 6-3　机动车登记证书

二手车鉴定评估人员必须认真查验机动车登记证书。机动车登记证书与机动车行驶证相比，它的内容更详细，一些评估参数必须从机动车登记证书中获取，如车辆获得方式、国产/进口等。

丢失机动车登记证书的，在车辆交易时需要先到车辆管理部门进行补办。补办时须携带机动车所有人的身份证明和交验车辆按以下要求补办。

① 填写补领、换领机动车牌证申请表（表 6-3）。

② 提交机动车所有人的身份证明。

③ 属于补领机动车登记证书的，还要提交车辆识别代号（车架号码）拓印膜。

④ 属于换领机动车登记证书的，应将原机动车登记证书交回。

⑤ 被行政执法部门依法没收并拍卖、被仲裁机构依法仲裁裁决或者被人民法院调解、裁定、判决的机动车，现机动车所有人未得到机动车登记证书的，须持行政执法部门、仲裁机构或人民法院出具的证明，或者人民法院出具的协助执行通知书。

⑥ 机动车所有人为自然人办理补领机动车登记证书业务的，应本人到场申请，不能委托他人代理。机动车所有人因死亡、出境、重病残和不可抗力等原因不能到场补领机动车登记证书的，应当出具有关证明。

表 6-3 补领、换领机动车牌证申请表

<table>
<tr><td colspan="2">机动车登记证书编号</td><td colspan="3"></td><td colspan="2">号牌号码</td></tr>
<tr><td>申请事项</td><td colspan="6">□补领机动车号牌 □补领行驶证 □补领登记证书 □换领机动车号牌 □换领行驶证 □换领登记证</td></tr>
<tr><td rowspan="4">机动车所有人</td><td>姓名/名称</td><td colspan="3"></td><td>联系电话</td><td></td></tr>
<tr><td>住所地址</td><td colspan="3"></td><td>邮政编码</td><td></td></tr>
<tr><td>身份证明名称</td><td></td><td>号码</td><td colspan="2"></td><td colspan="2">□常住人口
□暂住人口</td></tr>
<tr><td>居住/暂住证明名称</td><td colspan="2"></td><td>号码</td><td colspan="3"></td></tr>
<tr><td rowspan="3">机动车</td><td>机动车品牌型号</td><td colspan="5"></td></tr>
<tr><td>车辆识别代号/车架号</td><td colspan="5"></td></tr>
<tr><td>发动机号码</td><td colspan="5"></td></tr>
<tr><td rowspan="3">申请明细</td><td>相关凭证</td><td colspan="5">□未得到登记证书证明 □《协助执行通知书》</td></tr>
<tr><td>补换领原因</td><td colspan="3">□丢失 □灭失 □损坏 □未得到登记证书
□首次申领登记证书</td><td colspan="2" rowspan="2">机动车所有人签章：
（个人签字/单位盖章）
年 月 日</td></tr>
<tr><td>补换领机动车号牌</td><td colspan="3">□1 面 □2 面</td></tr>
</table>

续表

<table>
<tr><td>申请方式</td><td colspan="4">□由机动车所有人申请
□机动车所有人委托＿＿＿＿＿＿＿＿＿＿代理申请</td><td></td></tr>
<tr><td rowspan="7">代理人</td><td colspan="2">姓名/名称</td><td colspan="2"></td><td>联系电话</td></tr>
<tr><td colspan="2">住所地址</td><td colspan="3"></td></tr>
<tr><td colspan="2">身份证明名称</td><td>号码</td><td></td><td rowspan="5">代理人签章：

（个人签字/单位盖章）
年 月 日</td></tr>
<tr><td rowspan="4">经办人</td><td>姓名</td><td colspan="2"></td></tr>
<tr><td>身份证明名称</td><td>号码</td><td></td></tr>
<tr><td>住所地址</td><td colspan="2"></td></tr>
<tr><td>签字</td><td colspan="2">年 月 日</td></tr>
</table>

填表说明：

1. 填写时使用黑色、蓝色墨水笔，字体工整；

2. 标注有“□”符号的为选择项目，选择后在“□”中画“√”；

3. 机动车所有人的住所地址栏，属于个人的，填写实际居住的地址；属于单位的，填写组织机构代码证书上签注的地址；

4. 机动车栏的“机动车厂牌型号”、“车辆识别代码／车架号”、“发动机号码”项目，按照车辆的技术说明书、合格证等资料标注的内容与车辆核对后填写；

5. 申请方式栏，属于由机动车所有人委托代理单位或者代理人代为申请的，除在“□”内画“√”外，还应当在下画线处填写代理单位或者代理人的全称；

6. 机动车所有人的签字/盖章栏，属于个人的，由机动车所有人签字；属于单位的，加盖单位公章；

7. 代理人栏，属于个人代理的，填写代理人的姓名、住所地址、身份证明名称、号码，在代理人栏内签名，不必填写经办人姓名等项目；属于单位代理的，应填写代理人栏的所有内容，代理单位应盖单位公章，经办人应签字。

（3）机动车号牌

机动车号牌是指准予机动车在中华人民共和国境内道路上行驶的法定标志，其号码是机动车登记编号。机动车登记编号由省、自治区、直辖市的汉字简称，用英文字母表示的发牌机关的代号，阿拉伯数字和英文字母组成。机动车号牌由车辆管理所在新车注册登记或转籍登记时核发，其号码与机动车行驶证一致。它是机动车取得合法行驶权的标志。《中华人民共和国道路交通安全法》中第十一条规定，机动车号牌应当按照规定悬架并保持清晰、完整，不得故意遮挡、污损。目前，我国规定使用的机动车号牌是按公安部颁布的行业标准《中华人民共和国机动车号牌》（CA 36—2007）制作的。该标准规定了 19 种车辆类别号牌，不同车辆类别其号牌有不同规格和颜色。小型汽车（如轿车）号牌的规格是 440mm ×

140mm，颜色为蓝底白字白框线。

（4）机动车安全技术检验合格标志

机动车必须定期进行安全技术检验，检验合格后，由公安机关发放合格标志。根据《中华人民共和国道路交通安全法实施管理条例》第十三条的规定，机动车检验合格标志应贴在机动车前窗右上角。若无合格标志或合格标志过期无效，则不能交易。

3．税费缴付凭证

根据《二手车流通管理办法》的规定，二手车交易必须提供车辆购置税、车船税、车辆保险单等税费缴付凭证。

1）车辆购置税

车辆购置税是国家向所有在国内购置应税车辆的纳税人（包括单位和个人）征收的一种税。其目的是解决发展公路运输事业与国家财力紧张的突出矛盾，筹集交通基础建设资金。纳税依据是《中华人民共和国车辆购置税暂行条例》。车辆购置税是一种汽车消费税。企业购置的应税车辆属于固定资产，按规定交纳的车辆购置税应计入汽车的成本。车辆购置税实行一车一申报制度，一次性缴纳。它是购买车辆后支出的最大一项费用。

车辆购置税由车辆登记注册地的主管税务机关征收。按《中华人民共和国车辆购置税暂行条例》规定，车辆购置税实行从价定率的办法计算应纳税额。应纳税额的计算公式为

$$车辆购置税额=计税价格\times税率$$

（1）计税价格

计税价格是计算应税商品应征税额时使用或依据的价格。计税价格包括纳税人缴纳给销售者的全部价款和价外费用，但不包括增值税税款。根据纳税人取得车辆途径和用途不同，计税价格按以下方法计算。

① 购买自用车辆。其计税价格为

$$计税价格=购车价/(1+17\%)$$

式中，17%为增值税税率。因为“机动车销售统一发票”上开具的购车价是含增值税的，所以在计算计税价格时，应该将减去 17%增值税后的汽车售价作为计税依据，以避免重复纳税。

② 购买进口自用车辆。其计税价格为

$$计税价格=关税完税价格+关税+消费税$$

③ 纳税人自产、受赠、获奖或者以其他方式取得并自用的车辆，计税价格为国家税务总局核定的应税车辆最低计税价格。

由于各地、各经销商销售的汽车价格有差异，为了防止经销商和消费者串通低开购车发票金额，有效地制止逃税行为，国家税务总局设置了最低计税价格。所谓最低计税价格，是指国家税务总局依据车辆生产企业提供的车辆价格信息并参照市场平均交易价格核定的不同类型应税车辆的最低计税价格。计税价格遵循“就高不就低”的原则，即如果购车发票上的价格高于最低计税价格，则以发票价格缴税；如果低于最低计税价格，则按最低计税

价格缴税。换句话说，计税价格有两种计算基准：低按最低计税价格计算，高按实际购车价格计算。

（2）税率

统一按10%的税率征收车辆购置税。

例如，某纳税人在雪佛兰4S店购买了一辆1.4L手动挡汽车，机动车销售统一发票上注明的价税合计为60900元，增值税税率为17%，不含税价为60900/(1+17%) = 52051.28元；在车辆购置税纳税申报表上注明的申报计税价格为52051.28元，计税价格为61000元，税率为10%，则应纳税额为61000×10%=6100元。本例是按最低计税价格计算和征收车辆购置税。

检查时，看该车是否有车辆购置税完税证明（图6-4），核对完税证明上的纳税人姓名、厂牌型号、发动机号、车架号是否与该车的机动车行驶证或机动车登记证书记录的一致；核对完税证明上是否盖有车辆购置税征税专用章（红章），是盖在征税栏还是免税栏。红章盖在征税栏表明该车已缴纳车辆购置税，红章盖在免税栏表明该车是免（减）征车辆购置税的。

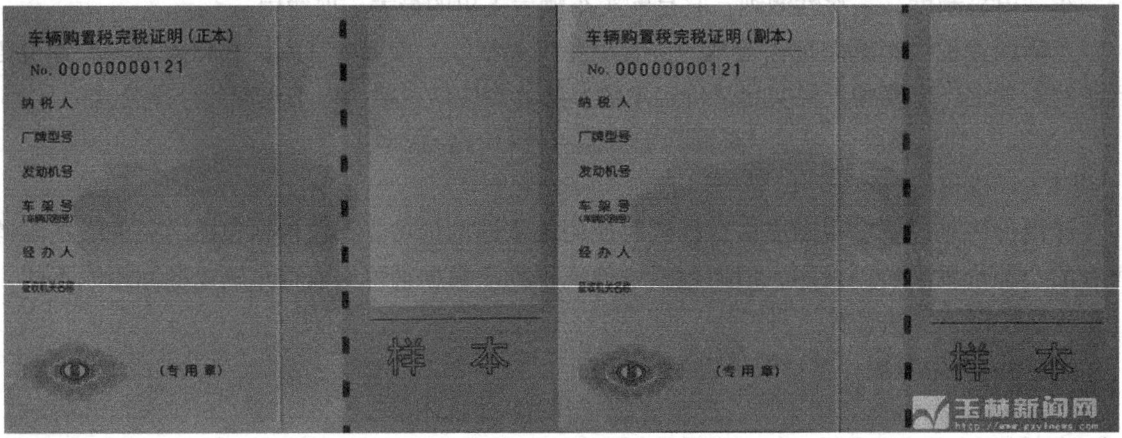

图6-4 车辆购置税完税证明

车辆购置税的免税、减税范围按下列规定执行。

① 外国驻华使馆、领事馆和国际组织驻华机构及其外交人员自用的车辆，免税。

② 中国人民解放军和中国人民武装警察部队列入军队武器装备订货计划的车辆，免税。

③ 设有固定装置的非运输车辆，免税。

④ 有国务院规定予以免税或者减税的其他情形的，按照规定免税或者减税。

⑤ 挖掘机、平地机、叉车、装载车（铲车）、起重机（吊车）、推土机这六种车辆，免税。

除了免税车辆外，其他各类汽车均属于应税车辆。免税车辆作为二手车交易时必须补交车辆购置税。

2）车船税

车船税是依照法律规定，对在我国境内的车辆、船舶，按照规定的税目、计税单位和年税额标准计算征收的一种税。车船税征收依据是 2012 年 1 月 1 日起实施的《中华人民共和国车船税法》和《中华人民共和国车船税法实施条例》。相关规定如下。

① 车船税的纳税人。在中华人民共和国境内属于本法所附《车船税税目税额表》规定的车辆、船舶（以下简称车船）的所有人或者管理人，为车船税的纳税人。根据这一规定，需要缴纳车船税的征税范围是《车船税税目税额表》所列的车辆、船舶。

② 车船税按年征收，当年有效。

③ 车船税由地方税务机关负责征收。

④ 车船税的纳税地点为车船的登记地或者车船税扣缴义务人所在地。

⑤ 车船税的扣缴义务人。从事机动车第三者责任强制保险业务的保险机构为机动车车船税的扣缴义务人，应当在收取保险费时依法代收车船税，并出具代收税款凭证。

⑥ 已缴纳车船税的车船在同一纳税年度内办理转让过户的，不另纳税，也不退税。这个规定说明，二手车交易后车船税随着车辆自然转移，不用过户。

⑦ 乘用车车船税按照排气量区间划分为 7 个档次征收，征收标准见表 6-4。

表 6-4 乘用车车船税征收标准表

税目		计税单位	年基准税额/元	备注
乘用车［按发动机汽缸容量（排气量）分档］	1.0L（含）以下的	每辆	60 ~ 360	核定载客人数 9 人（含）以下
	1.0L 以上至 1.6L（含）的		300 ~ 540	
	1.6L 以上至 2.0L（含）的		360 ~ 660	
	2.0L 以上至 2.5L（含）的		660 ~ 1200	
	2.5L 以上至 3.0L（含）的		1200 ~ 2400	
	3.0L 以上至 4.0L（含）的		2400 ~ 3600	
	4.0L 以上的		3600 ~ 5400	

⑧ 车辆所有人或者管理人在申请办理车辆相关登记、定期检验手续时，应当向公安机关交通管理部门提交依法纳税或者免税证明。公安机关交通管理部门核查后办理相关手续。根据这一规定，在对二手车进行证件检查时一定要核查是否已经缴纳当年度的车船税。没有依法纳税或者免税证明的，不予办理相关手续。

3）机动车保险费

机动车保险是各种机动车在使用过程中发生肇事造成车辆本身以及第三者人身伤亡和财产损失后的一种经济补偿制度。机动车保险费是用户为了避免机动车发生意外事故时造成较大损失，为转嫁风险而向保险公司缴纳与保险责任相适应的费用。机动车保险实际上是一种运用社会集体力量共同建立规避风险基金进行补偿或给付的经济保障。我国机动车保险分为公益性保险和商业险两种。机动车保险实行按年度购买制度，当年有效。

（1）公益性保险

在我国公益性保险是指机动车交通事故责任强制保险（简称“交强险”）。它是所有机动车必须购买的保险，因此是二手车必须核查的项目。交强险是由保险公司对被保险机动车发生道路交通事故造成本车人员、被保险人以外的受害人的人身伤亡、财产损失，在责任限额内予以赔偿的强制性责任保险。交强险是我国首个由国家法律规定实行的强制保险制度，具有强制性、广覆盖性及公益性的特点。从交强险的定义和性质看，它实质上是一种第三者责任保险，只有第三者（受害人或车辆）才能得到赔偿。

（2）商业险

商业险通常称为机动车保险，它不是强制性购买的，但却是绝大多数车主自愿购买的保险，购买时一般选择全险（即所有险种）或部分险种购买。因此，商业险不是必须核查的保险。

机动车保险分为基本险和附加险两大类。所谓基本险是指可以单独投保和承保的险种。所谓附加险是指不能单独投保和承保的险种，投保人只能在投保基本险的基础上，根据自己的需要选择加以投保。基本险和附加险又分别有不同险种。基本险（又称为主险）分为车辆损失险、第三者责任险和车辆盗抢险。附加险分为车上责任险、无过失责任险、车载货物掉落责任险、玻璃单独破碎险、车辆停驶损失险、自燃损失险、新增设备损失险、不计免赔特约险。基本险与附加险有这样的关系：如果附加险的条款和基本险条款发生抵触，对抵触之处的解释以附加险条款为准；如果附加险条款未做规定，则以基本险条款为准。保险人按照承保险别分别承担保险责任。

① 车辆损失险。车辆损失险是指保险车辆遭受保险责任范围内的自然灾害（不包括地震）或意外事故，造成保险车辆本身损失，保险人依据保险合同的规定给予赔偿的保险。

② 第三者责任险。第三者责任险，是指保险期间，被保险人或其允许的合法驾驶人在使用被保险机动车过程中发生意外事故，致使第三者遭受人身伤亡或财产直接损毁，被保人依法给予赔偿的经济赔偿责任。保险合同中的第三者是指因被保险机动车发生意外事故遭受人身伤亡或者财产损失的人，但不包括被保险机动车本车上人员、投保人、被保险人和保险人。第三者责任险在我国很多地方曾是强制实行的保险险种，没有投保第三者责任险的新车，公安车辆管理机关不发牌证，在用车每年年检不能通过。

③ 盗抢险。盗抢险全称是机动车辆全车盗抢险。盗抢险的保险责任为全车被盗窃、被抢劫、被抢夺造成的车辆损失，以及在被盗窃、被抢劫、被抢夺期间受到损坏或车上零部件、附属设备丢失需要修复的合理费用。可见，机动车辆全车盗抢险的保险责任包含两部分：一是因被盗窃、被抢劫、被抢夺造成的保险车辆的损失，二是因保险车辆被盗窃、被抢劫、被抢夺造成的合理费用支出。对上述两部分费用由保险公司在保险金额内负责赔偿。

（3）交强险与第三者责任险的区别

交强险与第三者责任险的区别主要表现在以下 6 个方面。

① 交强险实行强制性投保和强制性承保。交强险其强制性一方面体现在所有上道路行驶的机动车的所有人或管理人必须依法投保该险种，另一方面体现在具有经营交强险资格的保险公司不能拒绝承保和随意解除合同。第三者责任险的投保和承保均是自愿的。

② 赔偿原则不同。目前实行的商业机动车第三者责任险，保险公司是根据被保险人在交通事故中所承担的事故责任来确定其赔偿责任的。交强险实施后，无论被保险人是否在交通事故中负有责任，保险公司均要按照相关条例以及交强险条款的具体要求在责任限额内予以赔偿。

③ 保障范围不同。为有效控制风险，减少损失，商业机动车第三者责任险规定有不同的责任免除事项和免赔率（额）。而交强险除被保险人故意造成交通事故等少数几种情况外，其保险责任几乎涵盖了所有道路交通风险，且不设免赔率与免赔额。

④ 交强险不以盈利为目的，并且与其他保险业务分开管理、单独核算。而商业机动车第三者责任险则无须与其他车险险种分开管理、单独核算。

⑤ 商业机动车第三者责任险即无论人伤还是物损均在一个限额下进行赔偿，并由保险公司自行制定责任限额水平。交强险由法律规定实行分项责任限额，即分为死亡伤残赔偿限额、医疗费用赔偿限额、财产损失赔偿限额，以及被保险人在道路交通事故中无责任的赔偿限额。

⑥ 在商业机动车第三者责任险中不同保险公司的条款和费率存在差异。交强险实行统一的保险条款和基础费率，并且费率与交通违法情况挂钩，即根据上一年度是否发生道路交通安全违法行为和道路交通事故，降低或者提高下一年度保险费率。

6.2.2 鉴定二手车现时车况

二手车鉴定评估人员通过现场查勘鉴定二手车现时技术状况，其目的是公正、科学地确定委托评估车辆的技术现状及价值。这项工作完成后，鉴定评估人员应客观地给出鉴定评估过程的描述和评估结论。二手车技术状况的鉴定参照第5章介绍的方法进行。

现场查勘的目的是公正、科学地确定委托评估车辆的成新率。现场查勘主要进行静态检查，条件许可时应进行路试检查，以全面了解被评估车辆的基本情况，并对被评估车辆的技术状况做出合理的判断。

1．被评估车辆的基本情况

被评估车辆的基本情况主要包括：车辆号牌号码、厂牌型号、车辆识别代号、车辆类型。发动机号、车架号、载重量/座位/排量、已使用年限、累计行驶里程、车辆出厂日期、初次登记日期以及车辆使用用途等。

2. 被评估车辆的技术状况

被评估车辆的技术状况主要包括如下内容。

① 车身外观（颜色、光泽、有无退色及锈蚀情况、是否被碰撞过、车灯是否齐全、前后保险杠是否完整和其他情况等）。

② 车内装饰（装潢程度、颜色、清洁程度、仪表及座位是否完整和其他有关装饰情况等）。

③ 发动机工作状况（动力状况、有否更换部件、有否修复现象、有否替代部件、是否有漏油现象等）。

④ 底盘（有否变形、有否异响、变速器状况是否正常、前后桥状况是否正常、传动系统工作状况是否正常、是否有漏油现象、转向系统情况是否正常、制动系统工作状况是否正常等）。

⑤ 电器系统（电源系统是否工作正常、发动机点火器是否工作正常、空调系统是否工作正常、音响系统是否工作正常等）。

以上查勘情况，一般应由评估委托方或车辆所有单位技术人员签名，以确认查勘情况是客观的、真实的，不存在与实际车辆状况不相符合的情况。确定查勘情况后，评估人员必须对被评估车辆做出查勘鉴定结论。上述资料经过整理，就可以编制成二手车鉴定评估作业表（表 6-2）。

6.2.3 对二手车进行拍照留档

车辆拍照是评估人员根据车牌号或评估登记号，使用数码照相机拍摄被评估车辆照片，并存入系统留档。

1. 拍摄距离

拍摄距离是指拍摄立足点与被拍照二手车之间的距离。一般要求全车影像尽量充满整个照片。

2. 拍摄角度

拍摄角度表示拍摄立足点与被拍照二手车的方位关系。一般分为上下关系和左右关系。

（1）上下关系

拍摄角度的上下关系可分为俯拍、平拍和仰拍三种。俯拍是指在比被拍摄物高的位置向下拍摄。平拍是指拍摄点在物体的中间位置，镜头平置拍摄，此种拍摄方法的效果就是人两眼平视的效果。仰拍是指相机放置在较低部位，镜头由下向上拍摄，这种拍摄效果易发生变形。

（2）左右关系

拍摄角度的左右关系一般根据拍摄者确定的拍摄方位，分为正面拍摄和侧面拍摄两种。正面拍摄是指面对被拍摄的物体或部位的正面进行拍摄。侧面拍摄是指在被拍摄物体的正侧面进行拍摄。

3．光照方向

光照方向是指光线与相机拍摄方向的关系。一般分为正面光、侧面光和逆光三种。对二手车拍照应尽量采用正面光，以使二手车的轮廓分明、牌照号码清晰、车身颜色真实。

4．对二手车拍照的要求

① 车身擦洗干净。
② 前挡风玻璃及仪表盘上无杂物。
③ 机动车号牌无遮挡。
④ 关闭各车门。
⑤ 转向盘回下，前轮处于直线行驶状态。

5．二手车常见拍摄位置

对二手车拍照一般要拍摄前面、侧面、后面三个方向的整体外形照，以及发动机舱、驾驶室、后备厢等局部位置的照片。

（1）整体外形照采用平拍。其中，前面照（也称为标准照）在与车左前侧呈 45° 的方向拍摄（图 6-5），机动车行驶证首页上的照片就是标准照；侧面照从正侧面拍摄（图 6-6）；后面照在与车右后侧呈 45° 的方向拍摄（图 6-7）。

（2）局部位置照片采用俯拍，如图 6-8 所示。

图 6-5 二手车的标准照

图 6-6 二手车的侧面照

图 6-7　二手车的后面照

图 6-8　二手车的局部照

6.3　二手车评估价格估算

评定估算工作就是对所收集的被评估车辆的数据资料、技术鉴定资料进行整理，根据评估目的选择适用的估价标准和评估方法，本着客观、公正的原则对车辆进行评定估算，确定评估结果。

6.3.1　价格估算方法的选择

第 4 章介绍了重置成本法、现行市价法、收益现值法、清算价格法和折旧法五种估价方法，这些方法是二手车价格估算的基本方法。每种方法都有其特点及适用条件。

1．重置成本法的适用条件

重置成本法比较充分地考虑了车辆的各方面损耗，反映了车辆市场价格的变化，评估结果更趋于公平合理，在不易估算车辆未来收益，或难于在市场上找到可类比对象的情况下可广泛应用。在确定成新率的各种方法中，综合调整系数法将车况和配置以及车辆使用情况用适当的调整系数表征出来，比较清晰地解析了车辆残值的构成，使整个评估过程显得有理有据，适用于价值较高的中高档车辆评估。

2．现行市价法的适用条件

现行市价法要求评估方在当地或周边地区二手车交易市场能找到可类比的参照车辆，并且参照车辆的交易是近期的、可比较的。因此，它特别适用于产权转让的畅销车型的评估，如二手车收购（尤其是成批收购）和典当等业务。

3．收益现值法的适用条件

收益现值法是在被评估二手车在剩余经济使用寿命内能够带来预期利润的前提下进行评

估的，因此比较适用于投资营运车辆的评估。

4．清算价格法的适用条件

清算价格法是从车辆资产债权人的角度出发，以车辆快速变现为目的进行评估的，因此适用于企业破产、资产抵押、停业清理等急于出售变现的车辆评估，如法院、海关委托评估的涉案车辆。

5．折旧法的适用条件

折旧法是从二手车使用产生价值转移后剩余价值的角度估算二手车价格的。其中二手车价值转移可采用加速折旧法计算，使二手车剩余价值相对比较小，这对二手车收购方来说是比较有利的。因此，折旧法比较适用于二手车的收购估价。

估价方法的多样性，为鉴定估价人员提供了选择评估方法的途径。选择估价方法时应考虑以下因素。

① 必须严格与二手车鉴定评估的计价标准相适应。

② 要受所收集数据和信息资料的制约。

③ 要充分考虑二手车鉴定估价工作的效率，选择简单易行的方法。

基于上述因素，在五种估价方法中，只有重置成本法、现行市价法、收益现值法和清算价格法适用于鉴定估价。若采用现行市价法评估，由于目前我国二手车交易市场发育不完全，很难找到与被评估车辆相同的车辆，以及相同的使用日期、使用强度、使用条件等；采用收益现值法时，由于投资者对预期收益额预测难度大，易受较强的主观判断和未来不可预见因素的影响；采用清算价格法评估车辆时，又受其适用条件的局限，故上述三种评估方法在二手车鉴定估价中很少采用。而重置成本法具有收集资料信息便捷，操作简单易行，评估理论强并结合对车辆的技术鉴定，评估结果有理有据，可信度高等优点，因此成为鉴定评估中应用最广的一种评估方法。本书推荐将重置成本法作为二手车价格的估算方法。

6.3.2 确定二手车成新率

二手车成新率可根据鉴定评估目的和评估对象的实际情况选择相应的模型计算。在这些计算成新率的方法中，由于综合调整系数法以使用年限法为基础，以调整系数形式调整二手车成新率，调整系数综合考虑了二手车的实际技术状况、维护保养情况、原车制造质量、二手车用途及使用条件等多种因素对二手车价值的影响，评估准确度较高，因此是目前二手车鉴定评估业务中最常用的方法之一。综合成新率法是以现场查勘车辆技术状况为基础的，也是二手车鉴定评估业务中常用的方法。本书推荐用这两种方法计算二手车成新率。

6.3.3 市场价格调查与评估值计算

1. 市场价格调查

市场询价是指到当地新车市场调查与被评估二手车相同或近似车型在评估基准日的新车销售价格。市场询价的目的是确定被评估二手车新车的现时市场价格，作为评估时的重置成本。

市场询价要注意以下问题。

① 市场上有同型号新车出售的，查询其市场价格，并注意配置是否发生变化，有变化的应了解变化情况及价格差别。

② 市场上没有同型号新车出售的，查询其相似车型市场价格，并注意配置及功能差异，了解其价格差别。

③ 了解当地二手车市场行情，收集类似车辆变现能力资料。

④ 营运车辆收集车辆经营状况资料。

只有在询价的参照车辆状况与被评估车辆基本状况相一致的情况下，得到的市场价格才是可比的、可行的。

上述市场询价得到的价格只是同车型新车现行市价，还要加上车辆购置税和上牌费用，才是被评估车辆的重置成本全价，即

重置成本全价=同车型新车现行市价+车辆购置税+上牌费用

式中，车辆购置税——国家规定的计税价格×10%，10%为车辆购置税税率。

2. 评估值计算

在确定了委托评估车辆的成新率和重置成本全价后，就可以计算出委托评估车辆的评估值，计算公式为

评估值=重置成本全价×成新率

6.4 撰写鉴定评估报告

6.4.1 二手车鉴定评估报告的作用与基本要求

鉴定评估报告是一种工作制度。它规定评估机构在完成二手车鉴定评估工作之后必须按照一定的程序和要求，用书面形式向委托方报告鉴定评估过程和结果。狭义的鉴定评估报告即鉴定评估结果报告书，它既是二手车鉴定评估机构完成二手车鉴定评估后，提交给委托方的公正性的报告，也是二手车鉴定评估机构履行评估合同情况的总结，还是二手车鉴定评估

机构为其所完成的鉴定评估结论承担相应法律责任的证明文件。

1．二手车鉴定评估报告的作用

二手车鉴定评估报告不仅是评估工作的总结，而且是二手车交易双方认定二手车价格的依据。

对委托方来说，它具有以下重要作用。

① 作为产权交易的作价依据。二手车鉴定评估报告是由专业的二手车鉴定评估师，遵循评估原则和标准，按照法定的程序，运用科学的方法对被委托评估的车辆价值进行评定和估算后，通过报告的形式提出的作价意见。该作价意见不代表任何当事人一方的利益，是一种专家估价的意见，因而具有较强的公正性和科学性，可以作为二手车交易谈判底价的参考依据，或作为投资比例出资价格的证明材料，特别是对涉及国有资产的二手车给出客观公正的作价，可以有效地防止国有资产的流失，确保国有资产价格的客观、公正、真实。

② 作为法庭辩论和裁决时确认财产价格的举证材料。

③ 作为支付评估费用的依据。委托方（客户）收到评估资料及报告后没有提出异议，也就是说评估的资料及结果符合委托书的条款，委托方应以此为依据向受托方（评估机构）付费。

④ 二手车鉴定评估报告是反映和体现评估工作情况，明确委托方、受托方责任的根据。二手车鉴定评估报告采用文字的形式，对受托方进行二手车鉴定评估的目的、背景、产权、依据、程序、方法和评定的结果进行说明和总结，体现了评估机构的工作成果。同时，它也反映和体现了二手车鉴定评估机构与鉴定评估人员的权利和义务，并依此来明确委托方和受托方的法律责任。

对鉴定评估机构来说，它具有以下重要作用。

① 体现了评估机构的评估成果，包括工作情况和工作质量等。

② 是建立评估档案、归集评估档案资料的重要信息来源。

2．撰写二手车鉴定评估报告的基本要求

国家国有资产管理局以国资办发［1993］55 号文发布了《关于资产评估报告书的规范意见》，对资产评估报告书的撰写提出了比较系统的规范要求，结合二手车鉴定估价的实际情况，主要要求如下。

① 鉴定评估报告必须依照客观、公正、实事求是的原则由二手车鉴定评估机构独立撰写，如实反映鉴定估价的工作情况。

② 鉴定评估报告应有委托单位（或个人）的名称、二手车鉴定评估机构的名称和印章、二手车鉴定评估机构法人代表或其委托人和二手车鉴定评估师的签字，以及提供报告的日期。

③ 鉴定评估报告要写明评估基准日，并且不得随意更改。所有在估价中采用的税率、费率、利率和其他价格标准，均应采用基准日的标准。

④ 鉴定评估报告中应写明估价目的、范围、二手车状态和产权归属。

⑤ 鉴定评估报告中应说明估价工作遵循的原则和依据的法律法规，简述鉴定估价过程，写明评估的方法。

⑥ 鉴定评估报告中应有明确的鉴定估算价值的结果，鉴定结果应有二手车的成新率，估价结果应有二手车原值、重置价值、评估价值等。

⑦ 鉴定评估报告还应有齐全的附件。

6.4.2 二手车鉴定评估报告的基本内容

二手车鉴定评估报告主要包括以下内容。

1. 封面

二手车鉴定评估报告的封面须包含下列内容：二手车鉴定评估报告名称、鉴定评估机构出具鉴定评估报告的编号、二手车鉴定评估机构全称和鉴定评估报告提交日期等。有服务商标的，评估机构可以在报告封面载明其图形标志。

2. 首部

鉴定评估报告正文的首部应包括以下内容。

（1）标题

标题应简练清晰，含有“××××（评估项目名称）鉴定评估报告”字样，位置居中偏上。

（2）报告序号

报告序号应符合公文的要求，包括评估机构特征字、公文种类特征字（如评报、评咨、评函，正式报告应用“评报”，预报告应用“评预报”）、年份、文件序号，如××评报字［2007］第010号。

3. 绪言

绪言应写明该评估报告委托方全称、受委托评估事项及评估工作整体情况，一般应采用包含下列内容的表达格式：

“××（鉴定评估机构）接受××××的委托，根据国家有关资产评估的规定，本着客观、独立、公正、科学的原则，按照公认的资产评估方法，对××××（车辆）进行了鉴定评估。本机构鉴定评估人员按照必要的程序，对委托鉴定评估车辆进行了实地查勘与市场调查，对其在××××年××月××日所表现的市场价值做出了公允反映。现将车辆评估情况及鉴定评估结果报告如下。”

4. 委托方与车辆所有方简介

① 应写明委托方、委托方联系人的名称、联系电话及住址。
② 应写明车主的名称。

5. 鉴定评估目的

应写明本次鉴定评估是为了满足委托方的何种需要及其所对应的经济行为类型。例如：根据委托方的要求，本项目评估目的

□交易 □转籍 □拍卖 □置换 □抵押 □担保 □咨询 □司法裁决。

6. 鉴定评估对象

须简要写明纳入评估范围车辆的厂牌型号、号牌号码、发动机号、车辆识别代号/车架号、注册登记日期、年审检验合格有效日期、车辆购置税证号码、车船税缴纳有效期、保险费有效日期。

7. 鉴定评估基准日

写明车辆鉴定评估基准日的具体日期，格式为：鉴定评估基准日是××××年××月××日。

8. 评估原则

严格遵循“客观性、独立性、公正性、科学性”原则。

9. 评估依据

评估依据一般包括行为依据，法律、法规依据，产权依据，评定及取价依据等。对评估中所采用的特殊依据也应在本节内容中披露。

（1）行为依据

行为依据主要是指二手车鉴定评估委托书、法院的委托书等经济行为文件，如“二手车鉴定评估委托书第010号”。

（2）法律、法规依据

应包括车辆鉴定评估的有关条款、文件及涉及车辆评估的有关法律、法规等。

（3）产权依据

产权依据是指被评估车辆的机动车登记证书或其他能够证明车辆产权的文件等。

（4）评定及取价依据

应为鉴定评估机构收集的国家有关部门发布的统计资料和技术标准资料，以及评估机构收集的有关询价资料和参数资料等。例如：

① 技术标准资料，如《最新资产评估常用数据与参数手册》；

② 技术参数资料，如被评估二手车的技术参数表；

③ 技术鉴定资料，如车辆检测报告单；

④ 其他资料，如现场工作底稿、市场询价资料等。

10．评估方法及计算过程

简要说明评估人员在评估过程中所选择并使用的评估方法；简要说明选择评估方法的依据或原因；如评估时采用一种以上的评估方法，应适当说明原因并说明资产评估价值确定方法；对于所选择的特殊评估方法，应适当介绍其原理与适用范围；说明各种评估方法计算的主要步骤等。

11．评估过程

评估过程应反映二手车鉴定评估机构自接受评估委托起至提交评估报告的工作过程，包括接受委托、验证、现场查勘、市场调查与询证、评定估算、提交报告等过程。

12．评估结论

给出被评估车辆的评估价格。

13．特别事项说明

评估报告中陈述的特别事项是指在已确定评估结果的前提下，评估人员揭示在评估过程中已发现可能影响评估结论，但非评估人员执业水平和能力所能评定估算的有关事项；提示评估报告使用者应注意特别事项对评估结论的影响；揭示鉴定评估人员认为需要说明的其他问题。

14．评估报告法律效力

揭示评估报告的有效日期，特别提示评估基准日的期后事项对评估结论的影响以及评估报告的使用范围等。常见写法如下。

① 本项评估结论有效期为90天，自评估基准日至______年______月______日止。

② 当评估目的在有效期内实现时，本评估结果可以作为作价参考依据。超过90天，须重新评估。另外在评估有效期内若被评估车辆的市场价格或因交通事故等原因导致车辆的价值发生变化，对车辆评估结果产生明显影响，委托方也须重新委托评估机构进行评估。

③ 鉴定评估报告的使用权归委托方所有，其评估结论仅供委托方为本项目评估目的使用和送交二手车鉴定评估主管机关审查使用，不适用于其他目的；因使用本报告不当而产生的任何后果与签署本报告的鉴定评估师无关；未经委托方许可，本鉴定评估机构承诺不将本报告的内容向他人提供或公开。

15．鉴定评估报告提出日期

写明评估报告提交给委托方的具体时间，评估报告原则上应在确定的评估基准日后 1 周内提出。

16．附件

附件应包括：二手车鉴定评估委托书、二手车鉴定评估作业表、机动车行驶证复印件、机动车登记证书复印件、车辆购置税完税证明复印件、二手车鉴定评估师资格证书复印件、鉴定评估机构营业执照复印件、鉴定评估机构资质复印件、二手车照片等。

17．尾部

写明出具评估报告的评估机构名称并盖章，写明评估机构法定代表人姓名并签名，注册二手车鉴定评估师盖章并签名，高级注册二手车鉴定评估师审核签章，写明报告日期。

6.4.3 编制二手车鉴定评估报告的步骤及注意事项

1．编制二手车鉴定评估报告的步骤

编制二手车鉴定评估报告是评估工作的最后一道工序，也是评估工作中一个很重要的环节。评估人员通过评估报告不但要真实、准确地反映评估工作情况，而且要表明评估者在今后一定时期内对评估的结果和有关的全部附件资料承担相应的法律责任。二手车鉴定评估报告是记述鉴定评估成果的文件，是鉴定评估机构向委托方和二手车鉴定评估管理部门提交的主要成果。鉴定评估报告的质量，不但反映鉴定评估人员的水平，而且直接关系到有关各方的利益。这就要求评估人员编制的报告要思路清晰、文字简练准确、格式规范，有关的取证与调查材料和数据真实可靠。为了达到这些要求，评估人员应按下列步骤进行评估报告的编制。

（1）评估资料的分类整理

被评估二手车的有关背景资料、技术鉴定资料及其他可供参考的数据记录等评估资料是编制二手车鉴定评估报告的基础。一个较复杂的评估项目通常要由两个或两个以上评估人员合作完成，将评估资料进行分类整理，包括评估鉴定作业表的审核、评估依据的说明，最后形成评估的文字材料。

（2）鉴定评估资料的分析讨论

在资料整理工作完成后，应召集参与评估工作的有关人员，对评估的情况和初步结论进行分析讨论。如果发现有提法不妥、计算错误、作价不合理等方面的问题，应进行必要的调整。若采用两种不同方法评估并得出两个不同结论，需要在充分讨论的基础上得出一个正确的结论。

（3）鉴定评估报告的撰写

评估报告的负责人应根据评估资料讨论后的修正意见，进行资料的汇总编排和评估报告的撰写工作；然后就二手车鉴定评估的基本情况和评估报告初稿得到的初步结论与委托方交换意见，听取委托方的反馈意见后，在坚持客观、公正、科学、可行的前提下，认真分析委托方提出的问题和意见，考虑是否应该修改评估报告，对报告中存在的疏忽、遗漏和错误之处进行修正，待修正完毕即可撰写出正式的二手车鉴定评估报告。

（4）评估报告的审核

评估报告先由项目负责人审核，再报评估机构经理审核签发，同时要二手车鉴定评估人员签字并加盖评估机构公章。最后送达客户签收，必须要求客户在收到评估报告后，按送达回证上的要求认真填写并要求收件人签字确认。

2. 编制二手车鉴定评估报告的注意事项

编制二手车鉴定评估报告时应注意以下几个事项。

① 实事求是，切忌出具虚假报告。报告必须建立在真实、客观的基础上，不能脱离实际情况，更不能无中生有。报告拟定人应是参与鉴定评估并全面了解被评估车辆的主要鉴定评估人员。

② 坚持一致性做法，切忌表里不一。报告内容要前后一致，正文、评估说明、作业表、鉴定工作底稿、格式甚至数据要相互一致，不能出现相互矛盾的不一致情况。

③ 提交报告要及时、齐全和保密。在正式完成二手车鉴定评估报告后，应按业务约定书的约定时间及时将报告送交委托方。送交报告时，报告及有关文件要齐全。

第7章 CHAPTER 7 典型汽车鉴定与评估实例

7.1 现行市价法的运用

7.1.1 现行市价法的特点和基本程序

1. 现行市价法的特点

因为现行市价法的基本数据都来源于二手车市场，能客观地反映二手车市场目前情况，其评估的参数、指标直接从二手车市场获得，所以能较客观地反映二手车的市场价值，并能充分反映二手车的各种贬值，评估结果易于被各方理解和接受。当被评估车辆的销售市场很活跃，并能提供参照物市场交易价格的可靠资料时，现行市价法是最有效的评估方法之一。

现行市价法需要有公开及活跃的二手车市场作为基础，但我国目前二手车市场除少数大城市较为活跃外，广大的中、小城市二手车市场并不活跃，也很不完善，要找到参照物有一定的困难。

当被评估车辆与参照物之间可比较的因素较多时，比较起来也较复杂。即使是同一厂家生产的同一型号的车辆，且同一天注册登记，由于供不同的车主使用，其使用条件、使用强度、维护保养的水平等也不可能完全一样，其实体差异不会相同，比较起来很繁杂，难以掌握。

在现行市价法的三种方法中，最简单、最直接的是直接比较法，其能够客观、精确地反映二手车市场价值，也是评估中首选的方法。

2. 现行市价法的基本程序

采用现行市价法评估二手车价值时，一般可按如下程序进行（图 7-1）。

① 搜集资料。搜集被评估对象的资料（包括车辆的类别、型号、性能、生产厂家），了

解车辆的使用情况、已使用年限，鉴定车辆现时的技术状况等。

② 选定二手车市场上相同或相似的参照物。所选的参照物必须具有可比性。与被评估对象完全相同的参照物很难找，一般都存在一些差异，只要存在差异，就应进行调整。

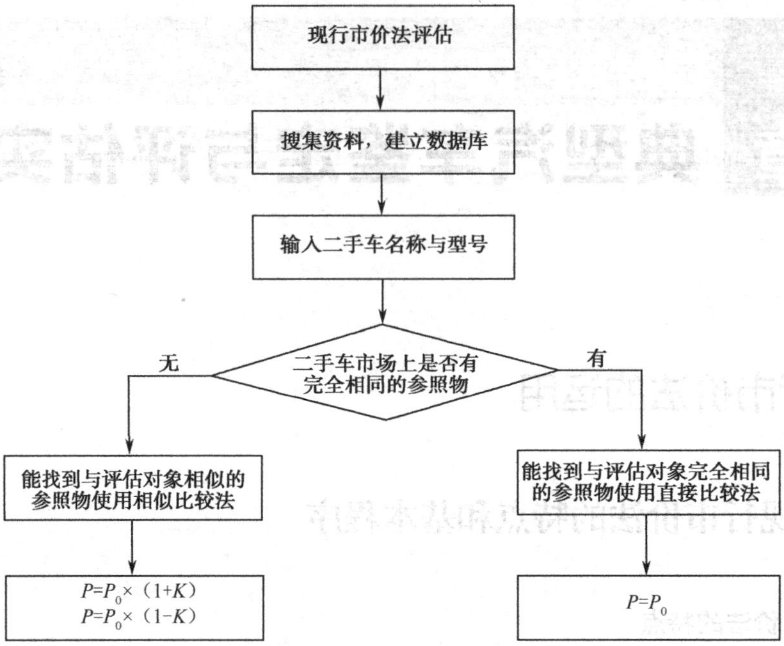

图 7-1 现行市价法计算流程

③ 分析、比较。将参照物与被评估对象进行比较，分析它们之间存在的差异，确定差异程度并进行调整。调整是针对参照物进行的，而不能对被评估对象进行调整，因为参照物已有了市场交易价格。主要是针对其价格进行调整，确定须调整的比较因素及其调整系数。

④ 计算被评估对象的评估值。在分析、比较的基础上，确定比较因素，并将各因素的调整系数确定后，代入有关计算公式进行评估值的计算，最终获得评估结论。

7.1.2 运用实例

1. 奥迪 A4-1.8T-AT 二手车评估

（1）车辆基本信息

品　牌：奥迪 A4-1.8T-AT　　登记时间：2005 年 5 月

新车包牌价格：2008 款近似配置 33 万元　　表征行驶里程：60000km

用户情况：个人用户车辆置换出售，期望出售价格为 25 万元

（2）手续、规费情况

养路费缴纳至 2008 年 12 月，车船税缴纳至 2008 年，强制第三者险缴纳至 2008 年 5 月。

（3）静态检查

车辆有多处轻微的划痕，尤其是驾驶员车门把手位置划痕比较明显；检查车架连接部分，没有发现异常情况；车辆内饰整齐，由于国产组装部件比较多，做工明显不如 2003 年之前的原装车型，但是整体状况良好，各部件操作正常；发动机舱内线路正常，发动机和变速箱等重点部分没有渗漏痕迹，各个管线接口正常，没有老化痕迹；底盘系统完整，两侧边有轻微的石子划痕，变速箱和发动机护板完整，制动盘片磨损正常，轮胎磨损正常。

（4）动态检查

车辆起动后发动机抖动不明显，噪声略高，怠速状况下车辆转速稳定性较好，换挡行驶中车辆的变速箱结合动力正常，但是在 2 挡/3 挡变换中有轻微窜动迹象，半制动后加速状况下转速有突然上升的迹象，需要检查变速箱节流阀体或变速箱油。

（5）综合评定

① 第一评估师意见：车辆总体状况良好，使用磨损不是很明显，相对来说 1.8T 发动机的后期维护费用尤其是增压器问题将影响车辆的最后成交价格，近期市场中这款车比较多，竞争比较激烈。根据市场行情，建议成交价格在 23 万～23.5 万元比较合理。

② 第二评估师意见：2004 年之前对于奥迪 A4 这类车型来说没有明显的竞争对手，良好的运动气质和奥迪 A6 所带来的奥迪品牌的“官派”成为主要卖点，但是现阶段宝马新 3 系列、奔驰 C 系列、雷克萨斯 IS 系列等竞争对手层出不穷，不论是价格还是品牌都给 A4 带来了不小的压力。根据市场行情分析，这款车的最终成交价格在 23 万元左右比较合理。

③ 总评估师意见：奥迪系列在市场内还是以 A6 为主力车型，相对来说 A4 系列性价比一般，一些个性化用户尤其是二手车用户往往更愿意选择比较有“自由气质”的车型，比如宝马 3 系列、斯巴鲁翼豹、雷克萨斯 IS 等车型，这些车辆的性价比并不比奥迪 A4 差很多，所以市场总体的竞争优势并不明显。另外，由于新款不断推出，新车价格不断下降，最终造成成交价格下降。根据市场近期行情，利用现行市价法直接比较（2005 年一汽生产的奥迪轿车的相关价格见表 7-1），建议成交价格在 20 万～23 万元比较合理。

表 7-1 2005 年一汽生产的奥迪轿车的相关价格

车型款式	收购价/万元	中间价/万元	销售价/万元	新车价/万元	排量/L	变速方式
奥迪新 A4-1.8T-MT 标准型	17.00	18.50	20.00	27.2	1.8	5 挡手动
奥迪新 A4-1.8T-MT 舒适型	17.00	18.50	20.00	—	1.8	5 挡手动
奥迪新 A4-1.8T-CVT 标准型	19.80	20.60	21.40	29.44	1.8	CVT 无级变速
奥迪新 A4-1.8T-CVT 舒适型	19.80	20.60	21.40	30.82	1.8	CVT 无级变速

续表

车型款式	收购价/万元	中间价/万元	销售价/万元	新车价/万元	排量/L	变速方式
奥迪新 A4-1.8T-CVT 舒适Ⅱ型	20.20	21.01	21.83	32.55	1.8	CVT 无级变速
奥迪新 A4-1.8T-CVT 舒适型+	20.39	21.22	22.04	33.55	1.8	CVT 无级变速
奥迪新 A4-1.8T-CVT 技术型	20.59	21.42	22.26	34.37	1.8	CVT 无级变速
奥迪新 A4-1.8T-CVT 豪华型	20.79	21.63	22.47	36.53	1.8	CVT 无级变速
奥迪新 A4-1.8T-CVT 豪华Ⅱ型	20.79	21.63	22.47	36.76	1.8	CVT 无级变速

2. 帕萨特领驭二手车评估

（1）车辆基本信息

品　　牌：帕萨特领驭　　型　　号：1.8T 手动挡

车辆类型：轿车　　国产/进口：国产

制造厂名称：上海大众　　VIN：LSVCF9F562347****

发动机号：412****　　发动机型号：CED

车身颜色：黑色　　燃油种类：汽油

排　　量：1.8L　　出厂时间：2007 年 2 月

（2）手续、规费情况

行驶证、机动车登记证书、购置费及养路费发票齐全。自用一手车。

（3）车辆配置

中控门锁、电动门窗、电动后视镜、液压助力、ABS、EBD、CD、助力转向、卤素大灯、安全带预收紧功能、双气囊、手动空调、真皮座椅。

（4）静态检查

此车从外表看没有伤痕，车底无漏油、漏水现象，发动机的卫生状况也不错，各油管接口也无漏油现象。无碰撞痕迹，可见无安全事故问题。车辆内部整齐，各部件位置正常，功能良好，没有发现改动或翻新的痕迹。备胎、千斤顶完好，轮胎磨损一般，制动片正常。

（5）动态检查

车辆起动后发动机抖动和噪声状态基本正常，车内感觉比较舒适，空调启动后发动机运转声音略有提升。变速箱结合动力基本正常，挡位清晰，转向准确，轮胎抓地力稳定，各部件工作基本正常，车辆制动系统工作正常，变速箱状态良好。

（6）综合评定

2007 年生产的上海大众帕萨特领驭的价格见表 7-2。根据静态与动态的综合评定，利用现行市价法直接比较，此车的销售价在 16 万元左右。

表 7-2　2007 年生产的上海大众帕萨特领驭的价格

车型款式	收购价/万元	中间价/万元	销售价/万元	新车价/万元	排量/L	变速方式
帕萨特领驭 1.8T-MT 舒适型	15.50	15.95	16.40	21.08	1.8	5 挡手动
帕萨特领驭 1.8T-MT 豪华型	15.81	16.27	16.73	22.88	1.8	5 挡手动
帕萨特领驭 1.8T-A/MT 舒适型	17.00	17.60	18.20	22.88	1.8	5 挡手自一体
帕萨特领驭 1.8T-A/MT 豪华型	17.34	17.95	18.56	24.28	1.8	5 挡手自一体

7.2　重置成本法的运用

7.2.1　重置成本法的基本程序

对于重置成本不高的二手车，可采用使用年限法估算其成新率；对于重置成本中等的二手车，可采用综合分析法；对于重置成本较高的二手车，可采用部件鉴定法和千分鉴定法。相关流程如图 7-2 所示。

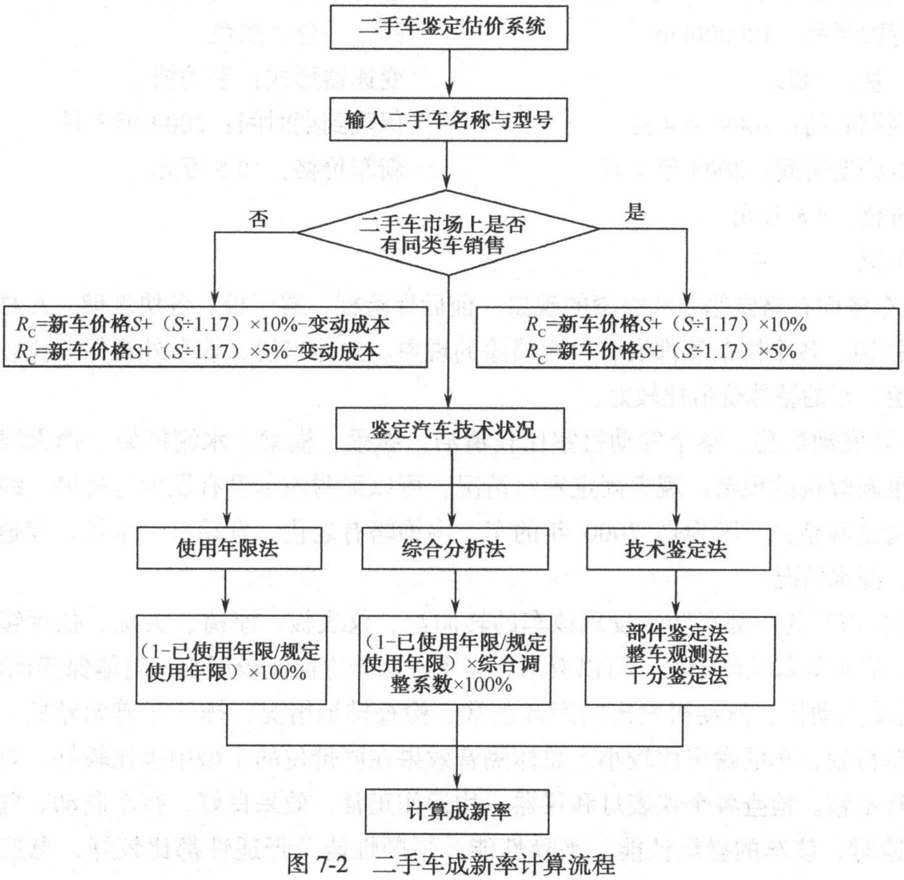

图 7-2　二手车成新率计算流程

说明：

近年来，随着国内外汽车市场竞争的日益加剧，新车价格浮动明显加快，有些车型在短期内价格就会有大幅的下跌。许多最近几年买车的消费者发现，自己刚买的新车开了不到一年时间，价格几乎缩水 30%。鉴于此，有些专业人士提出，以当前新车价格作为参照更能体现目前形势下二手车保值率的准确性，即

二手车保值率=(二手车价/当前新车售价)×100%

高保值率主要包含三个方面：良好的品牌影响力、车系高品质、稳定的价格。

51 汽车网公布的保值率较高的前 10 位汽车车型是：奥迪 A6（豪华型）、桑塔纳（中型车）、POLO（小型车）、奥拓（微型车）、别克 GL8（MPV）、宝来（紧凑型）、捷达（中型车）、奇瑞 QQ（微型车）、本田雅阁（中型车）、丰田佳美（中型车）。

7.2.2　运用实例

1．桑塔纳 2000 时代超人二手车评估

（1）车辆基本信息

品　　牌：桑塔纳 2000 时代超人　　　上牌时间：2000 年 4 月

表征行驶里程：100000km　　　颜　　色：黑色

排　　量：1.8L　　　变速器形式：手动挡

年检到期时间：2009 年 4 月　　　保险到期时间：2009 年 3 月

养路费到期时间：2008 年 4 月　　　新车价格：10.5 万元

评估价格：4.8 万元

（2）车况

① 该车漆面有略微修补和喷漆的现象，前后保险杠、翼子板、各块玻璃、A 柱、B 柱、C 柱、后视镜、各个饰条等都没有出现喷漆的现象。总体来说，该车外观保养比较干净，内饰比较清楚。车的整体价值比较好。

② 打开发动机盖，整个发动机室比较清洁，纵梁、横梁、水箱框架、挡火墙等没有出现变形或重新焊接的现象。观察固定螺钉情况，可以证明该车没有发生过碰撞。线束及接头线盒布置清楚和整齐。因为是 2000 年的车，内饰略有老化。发动机、水箱、变速器都没有出现漏油、漏水情况。

③ 观察该车的内部车厢，发现该车的转向盘、仪表板、座椅、头枕、扶手箱、门边饰板、顶篷、底板等都比较干净，可以看出，车主在保养方面比较用心，整体保养比较好。

④ 起动发动机，发动机发出的声音正常。检查排烟情况，排气味道无异臭，也未出现黑烟。开车行驶，车的噪声比较小，总体隔音效果在同价位的车型中也比较好。打开空调，冷暖效果都不错。检查各个仪表灯和仪器，均运作正常，效果良好，行车制动、驻车制动均正常。加速时，该车的操纵性能、平稳性能、平顺性能及舒适性都比较好，怠速也比较正

常，加速动力不错。但是，此车年限比较早，虽然发动机总体性能不错，但内部部分零件有点老化。

（3）车主自述

该车没有发生过事故，是个人一手车；平时比较注意保养，没有加装任何配置，期望价位在5万元左右。

（4）评估计算过程

由于车辆比较老旧，直接利用使用年限法计算评估价格。使用年限为9×12=108个月。

车辆购置税 T=计税价 P_J×10%=[新车售价 $S\div(1+17\%)$]×10%

$$=\frac{105000}{1+17\%}\times10\%=8974.4\text{（元）}$$

重置成本 R_C=新车售价 S+车辆购置税 T=105000+8974.4=113974.4（元）

$$\text{成新率}=\left(1-\frac{\text{已使用年限}}{\text{规定使用年限}}\right)\times100\%=\left(1-\frac{108}{180}\right)\times100\%=0.4$$

被评估车辆评估值 P=重置成本 R_C×成新率 C=113974.4×0.4=45589.8（元）

（5）综合评定

该车总体性能比较好，市场的认可度、市场占有率和市场保值率也比较高。由于该车市场需求量比较高，因此，该车的评估价为4.8万元。

2. 一汽丰田锐志二手车评估

（1）车辆基本信息

品　　牌：天津一汽丰田	型　　号：2.5L超级运动版
车辆类型：轿车	国产/进口：国产
制造厂名称：天津一汽丰田汽车制造厂	VIN：LFMBE20D980******
发动机号：C28****	发动机型号：2.5 LV型6缸 VVT-i
车身颜色：黑色	燃油种类：汽油
排量/功率：2.5L，145kW(6200r/min)	出厂时间：2008年9月

（2）手续、规费情况

手续齐全，车辆可随时过户，已缴付购置附加税，养路费缴纳至2008年12月，商业保险缴纳2009年9月，车船使用税已与交强险一起缴付。

（3）车辆配置

在动力方面，锐志搭载2.5LV型6缸顶置双凸轮轴电喷24气门VVT-i发动机，最大功率为145kW(6200r/min)，最大扭矩为242N · m(4400r/min)。配备有技术先进的6挡手自一体变速箱。此车为前置后驱车辆，动力输出平顺而强劲，油门响应迅速而灵敏，操作起来也比较简捷。最高时速可达225km/h。安全配置方面，锐志的配置都比较齐全，采用GOA安全车身，装备了正副安全气囊、智能钥匙及一键起动系统、遥控钥匙、电子防盗和车内中控锁等。此外，锐志还装备了膝部气囊，为保护乘客腿部安全提供了保证。悬架（前/后）采用双叉杆式悬架/多连杆式悬架，制动装置形式（前/后）采用通风盘式/实体盘式，还有VSC+TRC（车身稳定性控制系统+牵引力控制系统）、制动辅助系统（BA）、ABS（带EBD）、前扰流板扰流尾翼、全车防紫外线玻璃、后车窗及后车座车窗浅色隐私玻璃、氙气前大灯（带自动水平调节及前大灯清洗装置）、前排座8向电动调节装置（驾驶员带电动腰靠）、左右独立式自动空调（带空气过滤装置）、真皮座椅、六碟连放CD。

（4）静态检查

车辆整体外观良好，车身无轻微划痕，无重大事故痕迹，车内干净，内饰成色很新，表征行驶里程为15000km，照明灯光、仪表显示、功能控制件全部正常有效，无明显渗油迹象。底盘无刮痕，制动、悬挂系统各零部件均正常。锐志的发动机声音很小，无论在车外还是坐在车内，都不大能感觉到车子的发动声。具有简洁的中控台、豪华的中央扶手区，内饰做工相当精致。

（5）动态检查

锐志的V6发动机跟6AT变速箱配合得相当完美，从起步到加速到高速行驶感觉不到一点顿挫感。车辆起动后发动机怠速状态平稳，密封性好，车内噪声很小，起步踩油门提速测试感觉该车爆发力较好，试驾过程中发现车辆助力转向较轻松，制动性能表现良好，传动系统和悬挂系统等均正常，车辆在低、高速行驶过程中的动力均正常，减振系统不错。

（6）评估计算

由于此车使用6个月左右，基本属于新车，而且目前市场价格是23.58万～26.58万元，属于中高价位的车，所以采用部件鉴定法评估计算。

使用年限为6个月（评估日期-登记日期），新车价格取23.58万元。

$$车辆购置税\ T=计税价格\ P_J\times10\%=[新车售价\ S\div(1+17\%)]\times10\%$$

$$=\frac{235800}{1+17\%}\times10\%=20153.8（元）$$

重置成本 R_C=新车售价 S+车辆购置税 T=235800+20153.8＝255953.8（元）

由于该车使用时间不长，所以各个部件均予以较高的成新率，部件权重见表7-3。

表7-3　乘用车部件鉴定法的价值权重

车辆各主要总成、部件名称	价值权重/分数	车辆各主要总成、部件名称	价值权重/分数
	乘用车		乘用车
发动机及离合器总成	26	车架	0
变速器及传动系总成	11	车身	28
前桥、前悬架及转向系	10	电器仪表	7
后桥及后悬架总成	8	轮胎	4
制动系统	6		

C_{pi}= 部件成新率 C_i× 部件权重 K_i=0.90×26%+0.92×11%+0.98×10%+1.0×8%+0.95×6%+0.90×28%+1.0×7%+0.95×4%=0234+0.1012+0.098+0.08+0.057+0.252+0.07+0.038=0.9302

$$成新率=\left(1-\frac{已使用年限}{规定使用年限}\right)\times100\%=\left(1-\frac{6}{180}\right)\times100\%=0.967$$

值得注意的是，用部件鉴定法计算的成新率应该小于用使用年限法计算的成新率。

被评估车辆评估值 P=重置成本 R_C × 成新率 C=255953.8×0.9302=238088.2（元）

（7）综合评定

锐志的驱动形式在中级车中独树一帜，为前置后驱形式，这样的布局为锐志造就了理想的车身配重平衡，它是同级别车中唯一的一款 FR 轿车，不管是动力性还是操控性都是 FF 轿车所无法比拟的，能让更多的人感受到这种 FR 运动型轿车的驾驶乐趣。此车状况较好，关键是只使用了 6 个月，车架、发动机、变速箱、底盘状况相当不错，这款锐志汽车应该是市场上比较热门的车型。根据市场行情分析，这辆车的评估价格应该在 23.5 万元左右。

3．宝马 5 系二手车评估

（1）车辆基本信息

品　　牌：宝马（BMW）	型　　号：新 5 系 525Li
车辆类型：三厢轿车	国产/进口：国产
制造厂名称：华晨中国汽车控股有限公司	VIN：LBVNU57007SA93***
车身颜色：雪山白色	驱动形式：后驱
发动机号：N52B25BF*02316***	发动机型号：N52B25BF
排量：2497mL	压缩比：11.0
最大功率（kW）：160/6500	最大扭矩（N·m）：250/2750
燃油种类：97 号以上无铅汽油	排放标准：欧Ⅳ
油耗（L/100km）：市内 13.6，郊外 7.1，总平均 9.5	
最高车速（km/h）：242	油箱容积（L）：70
长/宽/高（mm）：4981/1846/1477	轴距（mm）：3028
出厂时间：2007 年 3 月	

（2）手续、规费情况

行驶证、机动车登记证书、购置税证、养路费单、车船使用税、桥票等手续齐全。

（3）车辆配置

直列六缸汽油发动机，四气门技术，双凸轮轴可变气门正时控制系统；带 Steptronic 六速手自一体变速箱；双球节控制臂前悬挂系统/多连杆独立悬架；通风盘式制动系统；带有 Sewotronic 电子伺服式助力转向的主动转向系统；轮胎类型与规格为 225/50 R17；天窗、雨量传感器、底盘保护、前后座中央扶手、真皮座椅、前排座椅 12 方向调节、后座头枕、前后排座椅加热、定速巡航系统、电动调节多功能转向盘、ABS、驱动防滑系统、电子稳定程序、制动力自动分配、电子差速制动、循迹控制系统、动态稳定控制系统（DSC，带 ABS 和起动辅助）、胎压监测装置、氙气前照灯、高位制动灯、前雾灯、前灯自动清洗功能、车外灯光关闭延迟、泊车辅助系统、车载电视、6 气囊气帘、安全带预收紧功能、后排安全带。

（4）静态检查

全车外观良好，右尾灯有破裂；车内整洁、干净，真皮座椅有轻微磨损；配置非常丰富，各种舒适设备使用均正常。该车只使用了两年多，各项指标完全接近新车标准。

（5）动态检查

发动机无渗油现象，舱内干净，起动轻松，发动机运转正常，怠速由高转低过程平顺，在任何转速下都没有异响；空调效果好；起步平稳，油门轻盈，反应及时，加速性能非常好，转向系统精确，制动没有侧滑和跑偏，制动良好。综合该车现时状况，鉴定此车为九成新车。宝马品牌口碑好，质量优良，操控精准，该车适合家用、公司商务用，此车各项税费均有效。

（6）评估计算

华晨宝马也属于中高档车，目前市场价格见表 7-4。

表 7-4　2007 年出厂的华晨宝马 5 系的指导价格

厂　商	品　牌	型　号	出售参考价/万元	新车指导价/万元
华晨宝马	525Li	525Li-2.5-AT/MT-后驱-典雅型-BMW7251BL	49.0	55.86
华晨宝马	525Li	525Li-2.5-AT/MT-后驱-豪华型-BMW7251BL	52.0	61.2
华晨宝马	525Li	新 5 系-2.5-AT/MT-后驱-豪华型-BMW251DL	52.0	62.56

取新车价格 55.86 万元，出厂时间为 2007 年 3 月，评估时间为 2009 年 5 月，利用综合分析法进行评估计算。

使用年限=2×12+2=26 个月

车辆购置税 T=计税价格 P_J×10%=[新车售价 S÷(1+17%)]×10%

$$=\frac{558600}{1+17\%}\times 10\% = 47743.6\text{（元）}$$

重置成本 R_C=新车售价 S+车辆购置税 T=558600+47743.6=606343.6（元）

计算综合调整系数。由于此车使用了两年零两个月，车辆技术状况良好，技术状况调整系数 K_1=0.9；车辆维护良好，使用正常，有些小问题，故维护保养调整系数 K_2=0.9；由于是华晨宝马 5 系车，各方面质量均不错，故制造质量调整系数 K_3=1.0；由于是私家车，行驶里程不是很多，说明使用强度不高，车辆工作性质调整系数 K_4=1.0；此车长期在国家三级以上公路上行驶，工作条件调整系数 K_5=1.0。

$$K=\text{影响因素 } K_i \times \text{权重 } Q_i(\%)$$
$$=K_1\times 30\%+K_2\times 25\%+K_3\times 20\%+K_4\times 15\%+K_5\times 10\%$$
$$=0.9\times 30\%+0.9\times 25\%+1.0\times 20\%+1.0\times 15\%+1.0\times 10\%$$
$$=0.27+0.225+0.20+0.15+0.10$$
$$=0.945$$

$$成新率=\left(1-\frac{已使用年限}{规定使用年限}\right)\times100\%=\left(1-\frac{26}{180}\right)\times100\%=0.856$$

被评估车辆评估值 P=重置成本 R_C×成新率 C×调整系数 K

=606343.6×0.856×0.945

=490483.5（元）

（7）综合评定

车辆档次高，家用、商务皆宜；车辆保养良好，价格稳定，保值率高；维修保养价格高；车辆整体状况良好，现评估价格为 49 万元左右。

4．雷克萨斯 LS460 标准版二手车评估

（1）车辆基本信息

品　　牌：雷克萨斯 LS460 标准版　　登记时间：2007 年 1 月

新车包牌价格：新款相似配置 125 万元　　表征行驶里程：3.5 万千米

用户情况：车主换车，期望出售价格为 105 万元

（2）静态检查

车辆非常新，属于准新车类型。全车抛光打蜡之后光泽度良好，有轻微划痕，右后侧保险杠有碰撞痕迹；车门开合良好，后备厢内没有修复痕迹，车架连接正常，焊点清晰，密封良好，做工用料好；驾驶舱内的配置丰富，整体的科技感良好，做工用料比国产日本车型要高出很多级别，没有修复和更换的痕迹；发动机舱内线路基本正常，内外侧没有任何修复痕迹，发动机和变速箱没有渗漏迹象。

（3）动态检查

由于制动盘片磨损比较明显，车辆报警灯闪烁。整体的驾驶感非常好，虽然车辆尺寸较大，但是行驶过程中感觉比较平和。加速时充分感觉到了 V8 发动机的强劲以及车辆悬挂设计的亚洲风格，人机一体化设计比较好，座椅、音响、空调等设计符合中国用户的喜好，动态状况良好。

（4）评估计算

雷克萨斯 LS460 标准版价格区间：104.8 万～200.5 万元。

取新车价格 104.8 万元，登记时间为 2007 年 1 月，评估时间为 2009 年 5 月，利用技术鉴定法中的部件鉴定法进行评估计算。

使用年限=2×12+4=28 个月

车辆购置税 T=计税价格 P_J×10%=[新车售价 S÷(1+17%)]×10%

$$=\frac{1048000}{1+17\%}\times10\%=89572.6（元）$$

由于该车使用了两年零四个月，所以除了车身以外，其他各个部件均予以较高的成新率，部件权重与成新率见表 7-5。

表 7-5　部件成新率估算明细表

车辆各主要总成、部件名称	价值权重/分数	部件成新率/%	加权成新率/%
发动机及离合器总成	26	85	22.1
变速器及传动系总成	11	80	8.8
前桥、前悬架及转向系	10	85	8.5
后桥及后悬架总成	8	90	7.2
制动系统	6	75	4.5
车架	0	0	0
车身	28	70	19.6
电器仪表	7	100	7
轮胎	4	80	3.2
合　计			80.9

C_{pi}=部件成新率 C_i × 部件权重 K_i=0.85×26%+0.80×11%+0.85×10%+0.9×8%+0.75×6%+0.70×28%+1.0×7%+0.80×4%=0.221+0.088+0.085+0.072+0.045+0.196+0.07+0.032=0.809

重置成本 R_C=新车售价 S+车辆购置税 T=1048000+89572.6=1137572.6（元）

$$成新率=\left(1-\frac{已使用年限}{规定使用年限}\right)\times100\%=\left(1-\frac{28}{180}\right)\times100\%=0.844$$

被评估车辆评估值 P=重置成本 R_C × 成新率 C=1137572.6×0.809=920296.2（元）

（5）综合评定

这款车在行业内俗称“准新车”，一般来讲购买方比较占便宜，出售方的损失比较大，像雷克萨斯这个品牌的高端车至少要损失 25%以上，因此，一般不建议用户这个时候出售。而且 10 万千米和三年内的免费维修保养也存在着一定的优势。但是车主坚持换车，车主对于价格预期较高，与实际不相符合，根据经验和市场目前的状况分析，成交价格应该在 90 万～93 万元，很难超过 95 万元。

7.3　国产热门车型的评估

7.3.1　广州本田雅阁二手车评估

在二手车市场中，日系车中的雅阁、飞度保值率都比较高，特别是广本雅阁，在同级别车型中价格十分坚挺，成交量长期位居各款日系车的三甲之列。目前二手雅阁仍然保持稳中有升的销售形势，特别是 2008 款换代新车上市之后，一手车和二手车的差价拉大，使得旧款雅阁仍然保持较高的受欢迎度；而消费者出于性价比的综合衡量，尤其追捧 2003、2004 款雅阁汽车。

1．交易量、成交价趋于稳定

由于受到油价上涨、经济增长步伐放慢等不利因素影响，二手车市场整体呈现低迷的状态。但是，比起其他车型，雅阁 2.0L、雅阁 2.3L、雅阁 2.4L 三款二手车仍然保持着良好的销售形势。据广本 4S 店的销售人员介绍，到该店置换新车的消费者将旧雅阁转让后，想更换的新车型目标也锁定在 2008 新款雅阁。

受到 2008 款雅阁上市影响，旧款雅阁在价格上出现一定让步，之后该车系的价位一直保持稳定，基本上不存在积压现象。此外，一些鉴定评估师也指出，由于雅阁属于中高端车型，因此多数车主都比较注重对车辆的保养，所以整体上二手雅阁汽车在外观和车况上都相对比较理想。

2．2003、2004 款雅阁最为抢手

目前市场上二手雅阁各款型号都比较齐全，其中，以 2003、2004 款雅阁成交量最高。据经营中高档二手车的经销商介绍，这类二手雅阁基本上是车一到，几天内就可以卖出，甚至有不少买家通过电话订购。

以 2003 年 2.0L 的二手雅阁为例，市场售价约为 13 万元；而 2003 年 2.4L 的二手雅阁售价约为 14 万元；2006、2007 款二手雅阁售价为 17 万～18 万元。相比起来，2003 和 2004 款足足便宜了 4 万多元，成为二手车市场的绝对销售主力。

在配置选择方面，多数消费者显然倾向于选择高配置的雅阁，如带有 GPS 导航的车型只比不带 GPS 导航的车型多出 4000 元，由于这类配置相当实用，能够极大地提高车主出行的便利度，因此，在价格增幅并不明显的情况下，消费者会选择高配车型。

3．旧款让利抵消新款冲击

2008 款新雅阁上市对于它的旧款二手车带来的冲击不容置疑。但是，2008 款新车除了刚推出时在价格上使旧款雅阁出现一定的让利空间外，基本上不会对其在二手市场的销量造成冲击。

而正是由于性价比因素，很多消费者都认为，新款和旧款相比，综合优势并没有人们想象中那么多。而恰恰是新旧款的差价显而易见，使得它的旧款二手车支持度保持平稳。据了解，2008 款雅阁新车售价大约为 24 万元，和最受欢迎的二手 2003 款雅阁存在 10 万元的差价。

4．售后表现

由于本田雅阁的车辆总体质量比较稳定，因而在二手车故障维修方面出现的问题并不算多。业内专家指出，除非是发生过碰撞事故的雅阁，对于正常在市场交易的雅阁，其重要零件返修的比例都较低，包括雅阁在内的本田汽车发动机都比较可靠。此外，雅阁系列的配件供应充足，价格也比较公道。

不过，据有些雅阁车主反映，雅阁的制动片和雨刮器比较容易损坏。雅阁制动片较易磨坏，需要车主注意更换成本。例如，更换后制动片，现在原装配件的市场价格达到 500 元，如果车主认为太贵，也有许多其他品牌的制动片可以选择，有些性价比显然更高。而雨刮器方面，由于雅阁的雨刮胶容易老化，车主也要经常留意。更换的价格在 4S 店约为 200 元，在其他维修店则约为 100 元。至于购买使用时间比较长的二手雅阁，业内专家建议要特别留意它的火花塞，并定时更换，在 4S 店更换火花塞花费约 80 元，而在一般维修店花费为 25 元。

5．广本雅阁评估案例

（1）评估车型：广本雅阁 2.0L

上牌时间：2005 年 1 月。

显示里程：83000km。

车辆税费：各项年缴税费、保险费等还有近半年到期。

新车包牌参考价格：216000 元（未减新车销售促销折让）。

静态检查：车辆整体外观良好，内饰整洁，但底盘有明显的未加修复的磕碰痕迹，且底盘异响比较明显，维修费用约需 10000 元。

动态检查：车辆冷车起动后，发动机运行有明显的不规律抖动，热车后恢复正常。行驶过程中车辆的动力结合正常，车辆转向、制动性能良好。

综合评定：2003 款广本雅阁 2.0L 目前在市场上还是颇受欢迎的，不过，考虑到目前 2008 款第 8 代雅阁 2.0L 的配置明显提高，价格反而有所下降，自然会造成旧款二手车跌价。这辆车底盘异响比较明显，维修费用约需 10000 元，所以，在目前市场状况下，这辆车的评估价格为 136000 元左右。

（2）评估车型：广本雅阁 2.4L

上牌时间：2004 年 6 月。

显示里程：130000km。

车辆税费：刚刚完成各项年缴税费、保险费等的续交。

新车包牌参考价格：248800 元（新车价格比对第 8 代雅阁 2.4L 基本版，未减新车销售促销折让）。

静态检查：车辆整体外观良好，内饰整洁，表显里程数也和实际车况相符。

动态检查：车辆起动后，发动机运行安静平顺，行驶过程中车辆的动力结合基本正常，车辆转向、制动性能良好。

综合评定：特别值得一提的是，这款车是一辆认证二手车，有半年 1 万千米的质量担保，而且各项费用都刚缴完毕。综合市场行情，这辆车交易价格在 148000 元左右。

（3）评估车型：广本雅阁 2.3L

上牌时间：2001 年 1 月。

显示里程：80000km。

车辆税费：各项年缴税费、保险费等还有近半年到期。

新车包牌参考价格：229800 元（该款车已停产，新车价格比对第 8 代雅阁 2.4L 基本版，未减新车销售促销折让）。

静态检查：车辆整体外观良好，但车辆的右前大灯位置有明显的重撞并修复的痕迹，内饰方面比较整洁。

动态检查：车辆冷车起动后，发动机运行基本正常，行驶过程中车辆的动力结合基本正常，倒挡和 2 挡有换挡冲击现象，车辆转向、制动性能良好。

综合评定：该款车型在城市道路和高速公路上的表现均不错，且油耗不高，二手车保值率也较高。考虑到车辆的右前大灯位置有明显的重撞并修复的痕迹，虽然未伤及大梁和 A 柱，但按事故折损贬值 15000 元；而且，里程表显示里程明显不准确，实际里程估计超过 15 万千米。在目前市场状况下，这辆车能够交易的价格在 78000 元左右。

7.3.2 国产奥迪二手车全系列鉴定评估

像奥迪这类品牌的二手车，虽然市场保有量并不如主流的中高级轿车高，但是保值率却并不低；更耐人寻味的是，在同系列的二手车型当中，奥迪 A6 一些低配版车型的走俏程度比豪华版还要高，自然其保值率也更为“坚挺”。

1. 市场地位岿然不动

二手的国产奥迪轿车，目前以 1999 年之后推向市场的奥迪 A6 为主。由于被定位为政府高档“官车”，在一般人看来，即使购买的是奥迪二手车，开出来仍然比较大气，不失体面。因此，奥迪品牌的二手车进入市场后，很快就成了高档车的一股中坚力量。据了解，目前市场上的二手奥迪 A6，即使是车龄较长的，也以 2000—2003 年上牌的居多。在市场上比较普遍的车型包括 1.8、1.8T、2.4、2.8 四个系列，价格从 18 万元到 48 万元不等。

卖方方面，一般车主出手奥迪 A4、A6 主要是由于资金周转困难，用于偿还债务等。现在市场上见到的二手国产奥迪，两三年车龄的实际使用里程基本上在 4 万～6 万千米。也许是车主或者单位用车注重“面子”之故，其漆面、内饰等方面的保养一般都比较到位，车况相对比较理想。买方方面，虽然油价上涨，但对于奥迪全系车型的影响并不算大。这个价格区间的消费者并不会过分看重油费的影响，作为固有的消费群体，目前还不会出现明显变化。

2. 二手车价格更为实在

奥迪品牌在二手车市场经销商的心目中走的是高端路线。两年左右的二手车，比起新车，在市场价格上会出现 10 万元左右的差价。但这并不代表它的贬值率较高，只是由于它自身绝对价格较高，新旧车出现的价格落差就会让人感觉更加明显。

不过，即使是同一款车型，在经营不同档次车型的二手车商报价中，价格也会出现较大差异。从二手车市场的情况来看，如 2～3 年车龄的奥迪 A4 1.8T，在一些以经营中高级轿车为主的车行，消费者得到的报价在 23 万～24 万元；而有些以经营中低档车型为主的车行，对于车况类似的二手奥迪 A4 1.8T，有时报价会便宜 2 万～3 万元；而有的车行则刚好相反，价格会比中高档二手车专营店贵 3 万～4 万元。

3. 低配车型销路顺畅

A4 和 A6 的低配版本显然要比高配版本更受二手买家关注，反映出消费者更趋理智。一些看过样车、对比过价格的消费者都认为低配版性价比高于高配版。

而对于部分打算出售爱车的奥迪车主，显然对心理价位毫不让步。如一位准备转让 2000 年上牌的奥迪 A6 2.4 的车主，始终坚守 17.5 万元的心理底价，在咨询了七八家经销商的收购价后，即使对方报出 16.5 万元的价格，最终还是表示将暂时搁置出售计划。

4. 奥迪评估案例

（1）评估车型：奥迪 A6L 2.0T

上牌时间：2007 年 7 月。

行驶里程：30600km。

新车包牌价格：435000 元（不计新车销售促销折让）。

静态检查：车辆尚在新车质保期内，整体外观良好，内饰有轻微烟头烫伤痕迹。

动态检查：发动机运行平顺，动力结合正常，车辆转向、制动性能良好。

综合评定：作为热销的高档车型，奥迪 A6L 2.0T 占有较大的市场份额。同时，目前新车销售优惠并不大。这辆车的交易价格在 333000 元左右，考虑到该车各项费用均已到期，内饰有瑕疵，应再减掉 10000 元。

（2）评估车型：奥迪 A6 1.8T

上牌时间：2001 年 10 月。

行驶里程：210790km。

新车包牌价格：该款车已经停止生产。

静态检查：车辆使用接近 7 年，外观漆面光泽度差，多处修复喷漆后有轻微色差，行李厢有小幅变形修复痕迹，内饰多处破漆，皮椅老化较严重。

动态检查：发动机运行噪声较大，有烧机油的迹象，行驶过程中变挡与急加油有轻微换挡冲击，此外转向、制动良好。

综合评定：奥迪 A6 1.8T 的市场保有量比较大，此车各项税费均有效，但由于这款车的配置较低，且车况较差，交易的价格在 153000 元左右。

（3）评估车型：奥迪 A4 2.0T

上牌时间：2007 年 10 月。

行驶里程：27833km。

新车包牌价格：300000 元（不计新车销售折让）。

静态检查：车辆尚在新车质保期内，各项税费仍然有效。此车由女车主驾驶，车况良好。

动态检查：起动车辆，发动机稍有抖动，经过检查，发现有轻微积炭；热车后运行平顺，动力结合正常，转向、制动良好。

综合评定：奥迪 A4 2.0T 知名度大，但是流通量不大，经销商收购车辆时，要考虑到积压的成本。目前这款车的交易价格在 268000 元左右。

（4）评估车型：奥迪 A4 1.8T

上牌时间：2006 年 7 月。

行驶里程：67430km。

新车包牌价格：330000 元（不计新车销售折让）。

静态检查：车辆较新，车辆刚好过新车质保期，整体外观与内饰均良好。

动态检查：车辆起动后有烧机油的迹象，行驶过程中动力结合正常，涡轮增压器工作正常，车辆转向、制动性能良好，底盘球头有异响。

综合评定：奥迪 A4 1.8T 在市场上的表现很不错，流通数量也很大。该车能够交易的价格在 258000 元左右，但考虑到其各项年缴税费、保险等过期，而且车况一般，有必要扣除几千元。因此，最终评估价格为 25 万元左右。

7.3.3 广州丰田雅力士二手车评估

1. 车辆基本信息

品　　牌：丰田	型　　号：GTM7160GB
车辆类型：轿车	国产/进口：国产
制造厂名称：广州丰田汽车有限公司	VIN：LVGCV90368G******
发动机号：029****	发动机型号：42R
车身颜色：灰色	燃油种类：汽油
排量/功率：1598mL/96.7 kW	出厂日期：2008 年 7 月 10 日

2. 手续、规费情况

车辆发票、机动车登记证、交强险至 2009 年 11 月 8 日，养路费缴至 2008 年 12 月 31 日，车船使用税缴至 2008 年 12 月 31 日，机动车行驶证齐全。

3. 车辆配置

自动挡、助力转向、ABS、8 气囊、CD 音响、电动门窗、电动折叠反光镜、倒车雷达、中控防盗、水晶大灯、金漆、金毂。

4. 静态检查

车辆整体外观良好，车架连接处没有碰撞变形的痕迹。车辆内部整齐，各部件位置正常，功能良好，没有发现改动或翻新的痕迹。发动机舱内线路基本正常。部件没有改动过的痕迹，发动机和变速箱都没有漏油痕迹。备胎、千斤顶完好，轮胎磨损一般，制动片正常。

5．动态检查

车辆起动后，发动机抖动和噪声状态基本正常，车内感觉比较舒适。变速箱结合正常，转向准确，轮胎抓地力稳定，各部件工作基本正常，车辆制动系统工作正常。

6．综合评定

整体状况良好，虽然有一些修复过的痕迹，但并不影响整车的性能，根据市场行情分析，该车估价是 9.8 万元。

7.3.4 飞度二手车评估

1．车辆基本信息

品　　牌：本田　　　　　　　　型　　号：飞度
车辆类型：轿车　　　　　　　　国产/进口：国产
制造厂：广州本田汽车制造有限公司
发动机型号：i-VTEC、SOHC
VIN：LHGE87709208****　　　　发动机号：HG1***
车身颜色：黄色　　　　　　　　燃油种类：汽油
排量/功率：1.5L/1497kW　　　　出厂时间：2008 年 11 月

2．手续、规费情况

行驶证、机动车登记证书、购置税证、养路费单、车船使用税等手续齐全。

3．车辆配置

水冷直列四缸、16 气门、i-VTEC、SOHC；手动 5 挡变速箱；电子燃油喷射，93 号及以上无铅汽油，国Ⅳ标准；前麦弗逊独立悬挂/后扭力梁式半独立悬挂（前/后）；碟/碟（前/后）；前置前驱；单碟 CD 播放机，扬声器 2 个；驾驶座高度可调节，空调带高效清洁除尘功能；电动车窗、手动空调、AM/FM 收音机、四向可调转向盘、地图灯、立体式自发光仪表、ABS、EBD、驾驶座安全气囊、预紧式前座椅三点式安全带、儿童安全锁、安全带未系提醒（司机位+副驾驶席）、ACE（高级兼容性车身结构）、发动机防盗锁止控制系统、EPS（电动随速助力转向）、DBW（电控油门）。

4．静态检查

① 识伪检查：观察外观、内装饰、发动机以及挡风玻璃上的商检标志，证明为正品车。

② 外观检查：整车漆色完整，无任何碰撞、刮蹭迹象；车门、行李厢平衡，无漏水、

漏电、漏气现象；车厢内整洁、无腐蚀。

5．动态检查

起动机无杂音，发动机无窜油、窜气情况。油温、水温正常，加速灵敏，制动稳定，操控灵活，变速器换挡顺畅。

6．综合评定

车辆证件真实有效，现时技术状况判定为无碰撞车辆，维修保养情况良好。参考新飞度1.5 MT包牌价11.398万元，采用重置成本法估算价格，市场价格大致为10.9万元。

7.3.5 标致206二手车评估

1．车辆基本信息

品　　牌：标致206	型　　号：DC7166A
车辆类型：小轿车	国产/进口：国产
制造厂名称：东风标致	VIN：LDC611L3360******
发动机号：N6A10XA3APSA6******	发动机型号：L4
车身颜色：蓝色	燃油种类：汽油
排　　量：1.6L	出厂时间：2006年5月

2．手续、规费情况

行驶证、购置本、档案登记证书（年审至2010年6月），以及养路费、路桥费、交强险发票齐全。

3．车辆配置

自动变速器、铝合金轮毂、真皮座椅、电动门窗、助力转向、中央门锁、电动后视镜、CD、ABS、EBD、安全气囊。

4，静态检查

车辆成色新，无事故痕迹，无明显腐蚀，内饰新，保养情况好，轮胎成色新。

5．动态检查

仪表工作正常，显示里程为36000km，发动机工作平稳，各项功能均正常。

6．综合评定

该车2006年6月上户，行驶36000km，车况好，车型成熟，质量稳定。该车手续齐全、合法，车辆无重大事故痕迹，原车购入成本为11万元，综合评定较好，现评估该车价格为7.6万元。

7.3.6 东风雪铁龙C2二手车评估

1．车辆基本信息

品　　牌：东风雪铁龙C2　　型　　号：1.4
车辆类型：轿车　　国产/进口：国产
产　　地：湖北　　发动机型号：多点燃油喷射
变速器类型：手动5挡　　排　　量：1.4L
车身颜色：红色　　行驶里程：33000km
上牌时间：2007年11月　　燃油种类：汽油

2．手续、费用情况

相关证件、税费齐备，无保险理赔记录。

3．车辆配置

电动门窗、助力转向、CD、ABS、遥控中央门锁、前排双安全气囊、声学降噪前挡风玻璃。

4．静态检查

车辆外表良好，无明显碰撞及刮伤，漆面色泽均匀亮丽，车辆前保险杠有部分补漆，车内空间紧凑。车底无漏油、漏水现象，各油管接口也无漏油现象。管线布局整齐统一，各地方连接牢固，无碰撞痕迹，可见无安全事故问题。车辆内部整洁，各电子部件运作正常，功能良好，没有发现改动或翻新的痕迹。底盘无刮蹭，工具齐全完好，轮胎磨损正常，制动ABS工作正常。

5．动态检查

起动车辆后，发动机运作平顺，噪声小，加速强劲有力，转弯时车身有较出色的抗倾斜能力，转向敏捷，悬架系统较硬，各电子设备运作良好，底盘无异响。

6．评估方法

现行市价法、重置成本法。

7．综合评定

此车是第一手车，车身整体造型相当活泼可爱，操控性能好，在紧凑型轿车中市场认可度高。但发动机型号偏老，空间偏小。此车新车包牌价为7.6万元，经市场行情分析，此车的综合二手评定价格为5.7万元左右。

7.3.7 伊兰特二手车评估

1. 车辆基本信息

品　　牌：现代　　型　　号：伊兰特
车辆类型：轿车　　国产/进口：国产
制造厂名称：北京现代　　VIN：LBEXDAHC67X******
发动机号：G59***　　发动机型号：直列四缸
车身颜色：黑色　　燃油种类：汽油
排　　量：1.8L　　出厂时间：2007年2月

2. 手续、规费情况

车辆相关手续齐全，各种规费无拖欠，全年保险。

3. 车辆配置

自动挡、安全气囊、助力转向、ABS、EBD、电动车窗、真皮座椅、自动空调、CD、中央门锁、电子防盗装置。

4. 静态检查

该车外观完好无损，车身漆面均匀，未见色差。发动机舱内线路布置规整，车架连接处牢固可靠，发动机无渗漏现象。室内座椅、仪表台干净整洁，无损坏。全车附件完好。

5. 动态检查

起动车辆后各仪表工作正常，发动机无异响。挂挡起步时，车身平稳，加速、制动及转向性能良好，变速器换挡顺畅，无顿挫感。

6. 综合评定

该车使用状况良好，主要部件工作正常。根据市场近期行情分析，这款车的评估价格在8万元左右。

7.3.8 东风雪铁龙爱丽舍二手车评估

1. 车辆基本信息

品　　牌：东风雪铁龙爱丽舍　　型　　号：DC7163SX
车辆类型：轿车　　国产/进口：国产
制造厂名称：东风雪铁龙　　VIN：LFVBAZ1J333******

发动机号：AW6****** 发动机型号：TU5JP/K
车身颜色：银色 燃油种类：汽油
排　　量：1.6L 出厂时间：2003 年 2 月

2．手续、规费情况

手续齐全，养路费缴至 2007 年底，保险缴至 2008 年 2 月，非贷款购车。

3．车辆配置

直列 4 缸 8 气门单顶置凸轮轴多点电喷发动机、1.6L 排量、5 速手动变速器、ABS、助力转向、前排安全气囊、四门电动窗、电动后视镜、手动空调、真皮座椅、铝合金轮毂。

4．静态检查

从外观看，该车没有明显的划痕或凹陷；从胶条上观察，可以确定车身没有喷过漆，整体保养良好。空调、照明灯光、仪表显示、雨刷系统都没有异常；离合器、制动踏板正常，挡位无紧涩感觉；该车的外观还不错，前后保险杠仅有一些蹭伤，发动机盖内各软硬管路没有锈蚀迹象，各导线布置有条理。

5．动态检查

起动该车时声音正常，比较清脆，没有异常和繁杂的声响。另外，排气管没有冒黑烟或灰烟，未闻到难闻气味，表明该车不会烧机油，发动机良好。开动后，四轮悬挂系统没有异常，行驶通过路隆时没有松旷感和异响，整车非常紧凑；转向系统轻便灵活，保证了行进中的平顺性；制动效能很好，没有出现跑偏现象。

6．综合评定

爱丽舍车型在市场上一直非常热门，一方面，其性能稳定；另一方面，它在配置和燃油经济性方面也有一定的优势，百公里油耗仅为 7L 左右，推荐该车的评估价格为 5.5 万元。

7.3.9　雪铁龙富康二手车评估

1．车辆基本信息

品　　牌：雪铁龙富康 型　　号：DC7141RPC
车辆类型：轿车 国产/进口：国产
制造厂名称：神龙汽车 VIN：LDCl31D2430******
发动机号：012**** 发动机型号：TU3JP
车身颜色：银色 燃油种类：汽油
排量/功率：1360mL/49kW 出厂时间：2003 年 5 月

2．手续、规费情况

行驶证、机动车登记证书、购置税证、养路费单、车船使用税、交强险等手续齐全。

3．车辆配置

多点电喷发动机、中控锁、电动窗、助力转向、安全气囊、雾灯、空调系统、方向调节。

4．静态检查

此车整体外观较好，漆面无明显色差，有轻微刮痕。车辆内部干净整洁，各操控开关完好有效。打开机舱盖，没有发现碰撞和修补的痕迹。车架连接处牢固可靠，发动机无渗漏现象。制动片磨损正常。

5．动态检查

点火开关起动灵活；起动后发动机怠速平稳，无明显抖动；变速器、转向盘、仪表盘、各信号灯工作正常。路试感觉提速敏捷，反应快速，噪声也不大。车在行驶过程中比较稳定，紧急制动无跑偏现象。

6．综合评定

此车车况与使用年限相符，保养较好。综上所述，评估价为3.7万元。

7.3.10 丰田花冠二手车评估

1．车辆基本信息

品　　牌：丰田	型　　号：花冠
车辆类型：轿车	国产/进口：国产
制造厂：天津一汽丰田汽车制造有限公司	VIN：LTVBR22FA60******
发动机号：1ZZB*****	发动机型号：VVT-i
车身颜色：银色	燃油种类：汽油
排　　量：1.8L	出厂时间：2006年4月

2．手续、规费情况

行驶证、机动车登记证书、购置税证、养路费单、车船使用税等手续齐全。

3．车辆配置

4缸直列顶置双凸轮轴电喷16气门（VVT-i）；自动4挡变速箱；电子燃油喷射，93号及以上无铅汽油，欧Ⅱ标准；前麦弗逊/后拖拽臂式（前/后）；碟/碟（前/后）制动系统；前置前驱；真皮座椅、电动车窗、AM/FM 收音机、CD 播放器、动力转向、方向调节、助手席椅背部文件袋、转速表、ABS（防抱死制动系统）、木纹内饰、In-Dash 内置式六碟 CD 播放系统、EBD（电子制动力分配系统）、驾驶座安全气囊、副驾驶座安全气囊、儿童安全锁、中央门锁、遥控中央门锁、智能防盗装置、后雾灯、遥控钥匙、四圆灯式晶钻前大灯、高位制动灯、忘关大灯报警、前窗遮阳处理。

4．静态检查

① 识伪检查：观察外观、内装饰、发动机以及挡风玻璃上的商检标志，证明为正品车。

② 外观检查：整车漆色完整，无任何碰撞、刮蹭迹象；车门、行李厢平衡，无漏水、漏电、漏气现象；车厢内整洁、无腐蚀。

5．动态检查

起动机无杂音，发动机无窜油、窜气情况。油温、水温正常，加速灵敏，制动稳定，操控灵活，变速器顺畅。

6．综合评定

车辆证件齐全有效，现时技术状况判定为无碰撞车辆，维修保养情况良好。因该车型已停产，参考卡罗拉 1.8 自动挡包牌价 17.2 万元，采用重置成本法估算价格，市场价格大致为 11.2 万元。

7.3.11　一汽宝来二手车评估

1．车辆基本信息

品　　牌：宝来	型　号：BORA1.8T
车辆类型：轿车	国产/进口：国产
制造厂名称：一汽大众汽车有限公司	发动机型号：BAE
颜　　色：蓝色	VIN：LFVBA11J413******
发动机号：BAE00****	燃油种类：汽油
排　　量：1.8L	出厂时间：2001 年 12 月

2．手续、规费情况

养路费缴至 2009 年 12 月底，保险缴至 2009 年 6 月，车检至 2009 年 1 月。行驶证、购置税手续齐全。

3．车辆配置

方向助力、四门电动门窗、天窗、双安全气囊、ABS+EBD、CD 音响、6 碟碟包、中控锁、防盗器、自动空调、电动后视镜、真皮座椅带电加热、改装进排气、轮胎规格 215/45R17、碳纤维发动机盖、排气卸压阀等。

4．静态检查

车内比较整洁干净，车辆外部有局部补漆痕迹。

5．动态检查

路面驾驶动力性比较好，提速迅猛，发动机、变速箱无杂音。减振无异响，通过性能平稳。

6．综合评定

总体评定车辆状况良好，一汽大众系列车型保值率比较高，评估价格在 7.8 万元左右。

7.3.12 速腾二手车评估

1．车辆基本信息

品　　牌：速腾	型　　号：FV7206AT
车辆类型：轿车	国产/进口：国产
制造厂名称：一汽大众	VIN：LFV3A21K86301****
发动机号：BJZ00****	发动机型号：L4
车身颜色：红色	燃油种类：汽油
排　　量：2.0L	出厂时间：2006 年 7 月

2．手续、规费情况

行驶证、购置费、档案登记证书、养路费、交强险手续齐全，年审至 2010 年 8 月。

3．车辆配置

手自一体智能变速器、4 轮盘刹、铝合金轮毂、真皮座椅、电动天窗、助力转向、中央门锁、电动后视镜、自动恒温空调、CD、ABS、EBD、安全气囊。

4．静态检查

车辆新，无事故痕迹，无腐蚀现象，内饰新，维修保养情况好，轮胎成色新。

5. 动态检查

仪表工作正常，显示里程为28000km，发动机工作平稳，各功能正常。

6. 综合评定

该车 2006 年 8 月上户，行驶里程为 28000km，车况好，手续齐全、合法，原车购入成本为 20 余万元。经综合评定，评估价为 13.3 万元。

7.3.13　荣威 750 二手车评估

1. 车辆基本信息

品　　牌：荣威 750	型　　号：CSA7250AA-GD
车辆类型：轿车	国产/进口：国产
制造厂名称：上海汽车	VIN：LSJW16N347J******
发动机号：A0100*****	发动机型号：25K4F
车身颜色：白色	燃油种类：汽油
排量/功率：2497mL/135kW	出厂时间：2007 年 9 月

2. 手续、规费情况

行驶证、机动车登记证书、购置税证、养路费单、车船使用税、交强险等手续齐全。

3. 车辆配置

电动车窗、中央门锁、安全气囊、助力转向、防盗设备、手动空调、真皮座椅、电动后视镜、智能定速巡航系统、ABS、CBC、EBD、TCS、MSR、VSC、ETC、USD、BBUS 全车防侵入保护。盾形皇家镀铬一体式格栅、6.5 英寸 16 : 9 宽屏高清液晶显示器、驾驶席带防夹车窗、手机蓝牙免提功能、后排遮阳帘、V-PDC 电子可视泊车辅助系统、Anti-UV 防紫外线隐秘玻璃、双镀铬排气尾管。

4. 静态检查

整车漆面均匀，无色差。打开发动机盖查看发动机，发现内部各部件排列整齐，无整修痕迹。发动机整体清洁，机油干净，没有渗漏现象。左右翼子板完好，无碰撞痕迹。打开后备厢，各附加设备完整，没有漏水、腐蚀现象。内饰干净，CD 音响效果良好，气囊完好，皮饰保存完整，各仪表工作正常。

5. 动态检查

点火开关起动灵活；起动后怠速运转平稳，无明显抖动；变速器、转向盘、仪表盘、各信号灯工作正常。路试后感觉动力性良好，提速敏捷，在行驶过程中比较稳定，制动灵敏，紧急制动无跑偏现象。

6．综合评定

此车保养较好，行驶里程较少，整车车况不错。综合考虑其上市时间不长、保有量较低等原因，评估价为 19.2 万元。

7.3.14 中华骏捷二手车评估

1．车辆基本信息

品　　牌：中华	型　　号：SY7182HS
车辆类型：轿车	国产/进口：国产
制造厂名称：华晨金杯	发动机型号：4G93
颜　　色：白色	VIN：LSYYBACC66K******
发动机号：DCD63*****	燃油种类：汽油
排　　量：1.8 L	出厂日期：2006 年 4 月 12 日

2．手续、规费情况

养路费缴至 2008 年 12 月底，保险缴至 2009 年 10 月底，车检到 2010 年 5 月，行驶证、附加费、登记证书手续齐全。

3．车辆配置

方向助力、四门电动门窗、双安全气囊、铝合金轮毂、ABS+EBD、CD 音响、中控锁、手动空调、电动后视镜、真皮座椅。

4．静态检查

车内比较整洁干净，车辆外部有局部补漆痕迹。

5．动态检查

通过路面驾驶发现，车辆动力性比较好，提速迅猛，发动机、变速箱无杂音，减振无异响，通过性能平稳。

6．综合评定

车辆总体状况良好，因中华轿车新车降价比较快，目前新车价格在 9 万元左右。综合评定其价格在 7.2 万元左右。

7.3.15 别克凯越二手车评估

1．车辆基本信息

品　　牌：别克　　型　　号：凯越 1.6LX 手动舒适版
车辆类型：轿车　　国产/进口：国产
制造厂名称：上海通用汽车制造有限公司　　VIN：LSGJR52U45S******
发动机号：***　　发动机型号：TWIN-TEC
车身颜色：白色　　燃油种类：90 号无铅汽油
排量/功率：1598mL/78kW　　出厂时间：2005 年 1 月

2．手续、规费情况

行驶证、机动车登记证书、购置税证、养路费单、车船使用税等手续齐全。

3．车辆配置

发动机为直列 4 缸，DOHC，每缸 4 气门，VGIS 可变进气歧管；变速器为 5 速手动；悬架为前麦弗逊式独立悬架，后 Twin-Link 连杆式独立悬架；转向系为齿轮齿条式带液压助力；制动器为前/后通风盘式/盘式，ABS+EBD；最高车速为 140km/h，官方 0～100km/h 的加速时间为 12.7s；90km/h 等速行驶时油耗为 6.5L/100km；排放标准为欧Ⅲ。

4．静态检查

① 识伪检查：查看外观、内装饰、发动机以及挡风玻璃上的黄色商检标志，证明该车为正品车。

② 外观检查：整车漆色完整，有轻微碰撞、刮蹭迹象；车门、行李厢平衡，无漏水、漏电、漏气现象；车厢内整洁、无腐蚀。

5．动态检查

车辆起动后发动机怠速状态平稳，起步踩油门提速测试感觉该车爆发力较好，换挡比较畅快。试驾过程中发现车辆助力转向较轻松，制动性能表现良好，传动系统和悬挂系统等工作均正常，车辆在低、高速行驶过程中的动力均属正常，减振系统效果不错。

6．综合评定

该车型流通性好，保有量高，维修保养价格便宜。该车保养情况良好，评估价格为 6.7 万元。

7.4 进口汽车的评估

7.4.1 奔驰 ML350 二手车评估

1. 车辆基本信息

上牌时间：2006 年 3 月　　　排　　量：3.5L

颜　　色：黑色

行驶里程：2.9 万千米　　　参考价格：71.5 万元

2. 原厂配置

自动 7 挡变速箱、行李架、电动天窗、真皮内饰、前后车底防划护板、油底壳保护板、铝外观踏板、深色运动型尾灯、两级雨水传感器、主动保养提示系统、驻车定位系统、全时 4 轮驱动、速度感应式动力转向系统。

3. 静态检查

该车车漆光亮如新，可以看出车主平时保养比较到位。进入车内观察内饰，座椅及转向盘都保养得较好，天花、地毯均维持着崭新感。门把手没有任何损坏的痕迹。由于原车底盘较高，观察后发现车况保持得很好，没有任何刮花的现象。

4. 动态检查

起动发动机，声音沉稳，没有噪声，悬挂正常。坐在车上感觉整台车安全且平稳。制动系统灵敏度较高，四个轮胎磨损程度一般。

5. 综合评定

这是一款个性张扬的豪华车，配置也比较高。作为二手车，总体车况较佳，但在 SUV 方面不如宝马。根据行情，这款车的估价在 71.5 万元左右。

7.4.2 宝马 X5 4.8is 二手车评估

1. 车辆基本信息

品　　牌：BMW　　　系　　列：X5

型　　号：4.8is　　　原购车价：128 万元（裸车）

产　　地：德国　　　排　　量：4799 cc

颜　　色：银色　　　　　　　　　　　　　　行驶里程：49510km

登记时间：2006 年 8 月

2．原厂配置

双顶置凸轮轴 V8/气门正时调节、可无级调节进气歧管、全景式电动天窗、真皮座椅、真皮转向盘、电动调节驾驶座椅带记忆功能、雨量自感应式雨刮、座椅加热功能、多功能转向盘、16∶9 屏幕显示型旅程电脑连电视、HiFi 高传真喇叭系统、ESP（电子车身稳定装置）、TRC（牵引力控制系统）、前后驻车距离警示系统（PDC）、GPS（卫星导航系统）、定速巡航系统、底盘升降系统。

3．静态检查

从任意角度细心观察，发现该车的外观漆面都不存在任何缺陷。原装漆面光亮如新，无任何补漆翻喷迹象。反复检查之后，未发现任何小碰小撞的痕迹，车身各大附件（如保险杠等）也没有拆装的痕迹，整体美观度好。将车身升高，观察底盘状况，未发现车架变形、弯曲等异常情况。底盘有轻微的刮花，由于是 SUV 车型，该车底盘离地间隙大于一般车，在城市路况下轻易不会伤及底盘，轻微拖底也许是爬山越野时造成的，属于可接受的正常损耗。打开车门观察驾驶室内饰，仪表、车窗、电器设备工作正常有效。该车的行驶里程已达到 4.9 万千米（才 1 年车龄）。各车门开关自如，声音厚实、有力。车内真皮座椅皮面微微起皱，其余各方面静态观察正常。

4．动态检查

起动发动机，没有发现异常抖动，噪声轻微，排气声沉稳有力；发动机怠速工况良好；起步平稳，自动变速非常顺畅。在坡路起步时，动力表现也不错，试驾中途突然下起了大雨，智能自动感应式雨刮随即自动开启；在湿滑的道路上高速行驶，轮胎抓地能力及贴地性都非常好，让人感觉十分安全；方向也没有跑偏，入弯、出弯没有出现甩尾现象。转弯时，偏硬的悬挂系统恰当地支撑着车身，其余各制动系统一切正常。

5．综合评定

在二手车市场中，宝马 X5 成交量不断攀升。该车车龄短，成色新，各方面操控性能保持着极高的原厂本色，完全没有事故，属于高质量二手车。但过高的使用频率及行驶里程给该车打了折扣，因为该车的保养费用高昂，5 万千米里程以后要做的维修保养项目费用应该从车价中剔出。所以，评估价约为 95 万元，该车车牌号码是以 8 万元拍得的吉祥号码，折算 3 万元。综合鉴定评估价应为 95 万～98 万元。

7.4.3 奥迪 Q7-4.2FSI 舒适型二手车评估

1．车辆基本信息

评估车型：德国奥迪 Q7-4.2FSI 舒适型　　登记时间：2007 年 6 月

新车包牌价格：现类似车型销售价格为 133 万元　　表征行驶里程：2.6 万千米

用户情况：车主因经济原因出售，希望价格为 110 万元

2．手续、规费情况

有效养路费缴至 2008 年 6 月，车船税缴至 2008 年，全险缴至 2008 年 6 月。登记证有效，正规发票齐全。海关进口贸易证明齐全。

3．车辆配置

双层防锈镀锌钢板车身，V 型 8 缸 4.2 LFSI 汽油发动机，tiptronic 6 挡手自一体变速箱，多方向电动座椅、电动门窗、电动天窗等。

4．静态检查

车辆整体外观正常，整体车身没有异常的修复感觉，车架连接部分牢固可靠，焊点清晰，没有修复和喷漆的痕迹。油漆颜色光亮，略有轻微的划痕。驾驶舱内部功能部件位置正常，操控良好，没有明显的使用磨损痕迹。发动机舱内线路正常，发动机罩有打开过的痕迹，没有渗漏迹象，关键部件没有修复痕迹。底盘系统中两侧有明显的“拖底”痕迹，发动机和底盘护板部分有轻微划痕，制动盘片磨损正常，轮胎磨损正常。

5．动态检查

车辆起动后，由于动力比较充足，整体的噪声比较“悦耳”，室内密封性良好，外部噪声隔绝正常，车身没有抖动现象。换挡行驶过程中车辆的动力结合相对平顺，各类电子显示仪表正常。机油灯报警，说明车辆需要进行机油补充和保养，加速过程中油门反应良好。转向准确，整体操控性良好，车辆的制动性能正常，轮胎压力略有不足。

6．综合评定

① 第一位评估师意见：100 万元左右的高端 SUV 中，中国用户普遍选择德国品牌，认为这类车型的技术领先，性能卓越。因此，根据市场行情分析，这款车的成交价格应该在 103 万～105 万元。

② 第二位评估师意见：价值越高的车，其保值率相对越低。用户有很多款价格超过 100 万元的新车可选择，不一定要购买二手车。根据市场行情分析，这款车的成交价格应该在 101 万～103 万元。

③ 总评估师意见：奥迪 Q7 虽然进入中国市场比较晚，但由于奥迪品牌在中国的“高大形象”，造成比较表面的需求假象。实际上，车辆本身的性能在使用中难以体现出来。同时，由于采用的技术比较领先，对于路况、维修、汽油等要求都比较高，造成消费用户非常狭窄。根据市场行情分析，这款车的成交价格在 100 万元左右比较合理。

7.4.4 德国大众甲壳虫二手车评估

1. 车辆基本信息

登记时间：2005 年 5 月　　新车包牌价格：新款类似配置价格为 22.2 万元

表征行驶里程：7.1 万千米　　用户情况：车主变现，希望出售价格为 17.5 万元

2. 手续、规费情况

正常缴纳购置附加费且有效，养路费缴至 2008 年 12 月，车船税缴至 2008 年，第三者保险缴至 2009 年 5 月，登记证有效，正规发票齐全。

3. 车辆配置

双层防锈镀锌钢板车身，直列 4 缸 2.0L 汽油发动机，4 速自动变速箱，前双安全气囊+前排侧气囊，前独立、后非独立悬挂，前后盘式刹车+ABS+ESP 等，中央遥控门锁+智能防盗+发动机防盗。

4. 静态检查

车辆整体基本良好，油漆颜色略显陈旧，车身有多处明显划痕和轻微修补痕迹，前后保险杠有更换过的痕迹；车门开合良好，开度正常，车架连接良好，焊点清晰，橡胶密封基本正常；驾驶舱内的配置良好，简单实用，前排宽敞（做工用料相对一般），出风口、仪表按键等感觉中等。发动机舱内线路基本正常，发动机没有明显的渗漏痕迹，水箱支架有修复痕迹，车辆常规保养部件有更换痕迹。底盘系统整体良好，悬挂正常，制动盘片磨损正常，轮胎磨损正常，备胎没有使用过的痕迹。

5. 动态检查

车辆起动时噪声略大，抖动正常，怠速稳定后噪声减小，变速箱结合动力正常，虽然是 4 挡变速箱，但是低速状态下的扭矩输出良好，车辆的起步速度相对正常，油门感觉正常，整体行驶过程中操控正常，制动感觉比较硬，轮胎噪声正常，车辆音响效果一般，驾驶视野受到宽大的 A 柱影响，油耗正常。

6. 综合评定

① 第一位评估师意见：甲壳虫部分配件与国产大众的某些车型可以通用，大大降低了

车辆的维护保养费用，价格比较合理。同类型中，宝马 MINI 的价格较高，维护保养费用高；克莱斯勒 PT 漫步者数量少，认知程度一般；标致 206CC 等车型数量少，保养略贵，配件价格高等，都影响了车辆的成交价格。根据市场行情分析，这款车的成交价格应该在 16.8 万 ~ 17.2 万元。

② 第二位评估师意见：甲壳虫系列在国内的销售缓步增长，主要是对车辆的车型进行了细分和调整，原有的 2.0L 和 1.8T 系列继续保留，但是变速箱由原来的 4 挡自动和 5 挡手自一体升级到 6 挡自动，同时增加了一些现代化的新配置车型，比如敞篷系列、专有颜色款式等，这些都带动了一定量的销售。市场内的二手车需求量比较稳定，成交价格合理。根据市场近期行情，这款车的成交价格应该在 17 万~17.3 万元。

③ 总评估师意见：伴随着个性化车辆以及家庭第二辆车观念的普及，越来越多的女性用户喜欢选择富有个性的车型。该二手车自身状况正常，虽然有一定程度的损伤，但是对于整体驾驶性能影响不大。根据近期行情分析，这款车的成交价格应该在 16.9 万 ~ 17.2 万元。

7.4.5 路虎览胜 4.4 标准版二手车评估

1. 车辆基本信息

登记时间：2004 年 8 月　　行情评估价格：77 万 ~ 80 万元

新车包牌价格：2006 款路虎览胜标准版包牌价格为 148 万元　　表征行驶里程：12.2 万千米

2. 手续、规费情况

购置附加费有效，养路费缴至 2008 年 12 月，车船使用税缴至 2007 年，保险缴至 2008 年 8 月。

3. 车辆配置

双层防锈镀锌强化钢板车身，V 型 8 缸 4.4L 汽油发动机，5 挡手自一体变速箱，前双安全气囊+后排气囊+侧气帘，前后独立悬挂+电子调节，前后盘式制动+ABS+EBC+EBD，中央遥控门锁、越野模式调整，前排电动座椅、电动门窗等，DVD 影音系统+越野模式提示。

4. 评估说明

路虎是只生产越野车的豪华品牌，其产品被称做强悍的“劳斯莱斯”，在世界范围内的知名度相当高。随着路虎在中国的推广和销售量的提升，二手车市场占有率、品牌知名度和保值率都有所提高。

5. 静态检查

路虎览胜属于标准版系列，白色车身显得比较大气，整体外观基本良好，除了周身有轻微的刮蹭修复痕迹外，其他重要部位没有修复痕迹。车辆各车门、发动机舱盖、后备厢盖开合正常，车架连接牢固，焊点清晰。车辆驾驶舱内采用皇家系列的镶边座椅，浅色调凸显出车辆的豪华和尊贵。各操控部位良好，工作正常，仪表台、座椅外表等容易老化的部分保养良好。发动机舱内线路正常，发动机与变速箱结合部分有轻微的渗油痕迹，转向助力泵采用的电子设备中电脑线盒有拆开过的痕迹，其他基本正常。底盘系统采用可调节悬挂，悬挂系统正常，有轻微的渗油，底盘有多处轻微的刮蹭，制动盘片磨损明显，轮胎磨损正常，其他底盘部分基本正常。

6．动态检查

车辆起动后发动机声音稳定，行驶过程中车辆的各项操控轻盈准确，动力结合相当平顺，虽然采用 4.4L 大排量发动机，但是换挡冲击感觉基本上没有，可调节悬挂工作正常，低速扭矩的稳定性确保了极端情况下的越野能力，除了油耗的考虑，其他都不是问题。制动盘片磨损比较明显，最好进行更换，其他系统工作正常。

7．综合评定

路虎览胜作为一款顶级的豪华越野车，其传统的优势也正在被竞争对手所侵占，奔驰新款 GL、宝马新款 X5、吉普大切诺基 V8-5.7HEMI、大众途锐 2 等车型都在原有的豪华车基础上大量增加了越野装备和技术，整体的市场竞争不断升级。对于二手车行业来说，这些车辆的竞争直接导致了价格的下降。另外，这类车辆的市场占有率所影响到的零配件、维修等问题也导致了价格的变化。因此，这款车的价格应该在 77 万～80 万元。

7.4.6 德国保时捷卡宴 3.6 二手车评估

1．车辆基本信息

车型：德国保时捷卡宴 3.6　　登记时间：2007 年 8 月
新车包牌价格：现类似车型销售价格为 90 万元　　表征行驶里程：4.6 万千米
用户情况：车主因经济原因出售，希望出售价格为 63 万元

2．手续、规费情况

购置附加费正常缴纳并有效，养路费缴至 2008 年 12 月，车船税缴至 2008 年，保险全险缴至 2008 年 8 月。登记证有效，正规发票齐全，其他海关进口贸易证明齐全。

3．车辆配置

双层防锈镀锌钢板车身，V 型 6 缸 3.6 LFSI 汽油发动机，tiptronic 6 挡手自一体变速箱，前双安全气囊、双前侧面安全气囊，前后独立悬挂，前后盘式制动+ABS+ASR，中央遥控门

锁+车身防盗系统，多方向电动座椅、电动门窗等，单碟 CD 高级影音系统，液压转向助力，液晶显示屏幕等。

4．静态检查

车辆整体外观基本良好，左前侧翼子板有明显的碰撞修复痕迹，一些部件经过了更换，喷漆工艺良好，但是通过专业检测依然能够发现。整体车架连接部位良好，焊点清晰，没有碰撞修复后的变形和弯曲迹象。驾驶舱内功能部件良好，位置正常，使用方便。发动机舱内线路经过了更换，左前侧悬挂部分有修复的痕迹，左前车灯经过整体更换，发动机和变速箱没有渗漏痕迹。在底盘系统中，左前侧悬挂有损伤修复痕迹，判断更换过新悬挂。轮胎、制动盘片磨损正常。

5．动态检查

车钥匙插在 OD 挡，开始发动机自行检测。发动机故障代码显示有问题，起动后仍没有消除，悬挂驱动系统也有报警反应，估计是车辆碰撞修复后没有进行电脑的故障清除和匹配。变速箱结合动力正常，行驶过程中挡位变换比较正常，悬挂调整需要进行适当处理。高速试车时前轮有轻微的摆动，松开转向盘后车辆偏向左侧，制动性能良好，轮胎噪声较大。

6．综合评定

① 第一位评估师意见：保时捷卡宴 SUV 在高端 SUV 中属于比较特殊的一款，一方面是保时捷的跑车风格；另一方面是卡宴的外形比较独特，并没有同档次车辆常有的“宽厚感”而依然是“流线风格”。相比较 Q7、途锐等车型，这款车的价格还算实惠，市场供需比较良好，预计成交价格在 55 万 ~ 57 万元比较合理。

② 第二位评估师意见：相对来讲，使用一年左右的二手车赔钱最多，折旧率最高，出售的损失相对比较大，购买比较划算。这款车属于事故类型的车辆，左前侧的碰撞比较明显，造成了悬挂损伤和电脑系统的故障，修复工艺一般，需要进行适当的匹配和整备。该车价格比正常的成交车辆价格要低一些，根据市场判断，这款车的成交价格在 52 万 ~ 53 万元比较合理。

③ 总评估师意见：品牌的价值影响着高档车的保值率，这款车在市场的占有率、口碑、需求量均不错，供应量不足。但是，该车的质量影响着它的价格，尤其是事故的影响非常明显。根据市场的行情分析和判断，这款车的成交价格应该在 50 万 ~ 52 万元，事故损失比较大。

参考文献

［1］杜秀菊，贾长治．二手车鉴定与评估实用教程．北京：机械工业出版社，2012.

［2］鲁植雄．二手汽车鉴定评估实用手册［M］.南京：江苏科学技术出版社，2007.

［3］屠卫星．二手车鉴定及评估［M］.北京：中国劳动社会保障出版社，2009.

［4］宠昌乐．二手车评估与交易实务［M］.北京：北京理工大学出版社，2012.

［5］中国就业培训技术指导中心．二手车鉴定评估师基础知识［M］.北京：中国劳动社会保障出版社，2013.

反侵权盗版声明

举报电话：（010）88254396；（010）88258888

传　　真：（010）88254397

E-mail：　dbqq@phei.com.cn

通信地址：北京市万寿路 173 信箱

　　　　　电子工业出版社总编办公室

邮　　编：100036